国家出版基金项目
NATIONAL PUBLICATION FOUNDATION

● 生态文明法律制度建设研究丛书

控制与救济：
我国农业用地土壤污染防治制度建设

KONGZHI YU JIUJI
WOGUO NONGYE YONGDI TURANG WURAN
FANGZHI ZHIDU JIANSHE

张天泽 ● 著

重庆大学出版社

图书在版编目（CIP）数据

控制与救济：我国农业用地土壤污染防治制度建设 /
张天泽著. --重庆：重庆大学出版社，2023.4
（生态文明法律制度建设研究丛书）
ISBN 978-7-5689-3806-8

Ⅰ.①控…　Ⅱ.①张…　Ⅲ.①农业用地—土壤污染—
污染防治—环境保护法—研究—中国　Ⅳ.
①D922.683.4

中国国家版本馆CIP数据核字（2023）第094549号

控制与救济：我国农业用地土壤污染防治制度建设
张天泽 著
策划编辑 孙英姿 张慧梓 许 璐
责任编辑：许 璐　　版式设计：许 璐
责任校对：关德强　　责任印制：张 策
*
重庆大学出版社出版发行
出版人：饶帮华
社址：重庆市沙坪坝区大学城西路 21 号
邮编：401331
电话：（023）88617190　88617185（中小学）
传真：（023）88617186　88617166
网址：http://www.cqup.com.cn
邮箱：fxk@cqup.com.cn（营销中心）
全国新华书店经销
重庆升光电力印务有限公司印刷
*
开本：720mm×960mm　1/16　印张：22.25　字数：303 千
2023 年 4 月第 1 版　　2023 年 4 月第 1 次印刷
ISBN 978-7-5689-3806-8　定价：128.00 元

丛书编委会

主　任：黄锡生

副主任：史玉成　　施志源　　落志筠

委　员（按姓氏拼音排序）：

邓　禾　　邓可祝　　龚　微　　关　慧

韩英夫　　何　江　　卢　锟　　任洪涛

宋志琼　　谢　玲　　叶　轶　　曾彩琳

张天泽　　张真源　　周海华

作者简介

张天泽，男，安徽亳州人，法学博士后。现为新疆大学法学院研究生导师，新时代依法治疆研究中心研究员。兼任中国法学会会员、全国律师协会会员、海南省现代法律科学研究院副研究员、江西理工大学中央苏区法治研究中心研究员。主要从事环境资源法学、民商经济法学的教学与研究工作。参与课题项目"研究阐释党的十九届五中全会精神国家社科基金重大项目·生态文明视野下自然资源资产产权法律制度研究"（21ZDA-091）；国家社会科学基金项目"陆海统筹生态环境治理法律制度研究"（21AZD062）等多项。参编教材《环境资源法学新编》（中国法制出版社出版）、文集《海峡两岸法学研究》（海峡两岸关系法学研究会）等多部。在《科学学研究》《北京理工大学学报（社会科学版）》《北京航空航天大学学报（社会科学版）》《中国司法鉴定》《证据科学》《经贸法律评论》等学术期刊发表论文三十余篇。获评"中国法学会先进个人"（中国法学会机关委员会）、中央第八巡视组领导巡视信访工作特别嘉奖等奖励荣誉。

总　序

　　"生态兴则文明兴，生态衰则文明衰。"良好的生态环境是人类生存和发展的基础。《联合国人类环境会议宣言》中写道："环境给予人以维持生存的东西，并给他提供了在智力、道德、社会和精神等方面获得发展的机会。"一部人类文明的发展史，就是一部人与自然的关系史。细数人类历史上的四大古文明，无一不发源于水量丰沛、沃野千里、生态良好的地区。生态可载文明之舟，亦可覆舟。随着发源地环境的恶化，几大古文明几近消失。恩格斯在《自然辩证法》中曾有描述："美索不达米亚、希腊、小亚细亚以及其他各地的居民，为了得到耕地，毁灭了森林，但是他们做梦也想不到，这些地方今天竟因此成了不毛之地。"过度放牧、过度伐木、过度垦荒和盲目灌溉等，让植被锐减、洪水泛滥、河渠淤塞、气候失调、土地沙化……生态惨遭破坏，它所支持的生活和生产也难以为继，并最终导致文明的衰落或中心的转移。

　　作为唯一从未间断传承下来的古文明，中华文明始终关心人与自然的关系。早在5000多年前，伟大的中华民族就已经进入了农耕文明时代。长期的农耕文化所形成的天人合一、相生相克、阴阳五行等观念包含着丰富的生态文明思想。儒家形成了以仁爱为核心的人与自然和谐发展的思想体系，主要表现为和谐共生的顺应生态思想、仁民爱物的保护生态思想、取物有节的尊重生态思想。道家以"道法自然"的生态观为核心，强调万物平等的公平观和自然无为的行为观，认为道是世间万物的本源，人也由道产生，是自然的组成部分。墨家在长期的发展中形成"兼相爱，交相利""天志""爱无差等"的生态思想，对当代我们共同努力探寻的环境危机解决方案具有较高的实用价值。正是古贤的智慧，让中华民族形成了"敬畏自然、行有所止"的自然观，使中华民族能够生生不息、繁荣壮大。

中华人民共和国成立以来，党中央历代领导集体从我国的实际国情出发，深刻把握人类社会发展规律，持续关注人与自然关系，着眼于不同历史时期社会主要矛盾的发展变化，总结我国发展实践，从提出"对自然不能只讲索取不讲投入、只讲利用不讲建设"到认识到"人与自然和谐相处"，从"协调发展"到"可持续发展"，从"科学发展观"到"新发展理念"和坚持"绿色发展"，都表明我国环境保护和生态文明建设作为一种执政理念和实践形态，贯穿于中国共产党带领全国各族人民实现全面建成小康社会的奋斗目标过程中，贯穿于实现中华民族伟大复兴的中国梦的历史愿景中。党的十八大以来，以习近平同志为核心的党中央高度重视生态文明建设，把推进生态文明建设纳入国家发展大计，并提出美丽中国建设的目标。习近平总书记在党的十九大报告中，就生态文明建设提出新论断，坚持人与自然和谐共生成为新时代坚持和发展中国特色社会主义基本方略的重要组成部分，并专门用一部分内容论述"加快生态文明体制改革，建设美丽中国"。习近平总书记就生态文明建设提出的一系列新理念新思想新战略，深刻回答了为什么建设生态文明、建设什么样的生态文明、怎样建设生态文明等重大问题，形成了系统完整的生态文明思想，成为习近平新时代中国特色社会主义思想的重要组成部分。

生态文明是在传统的发展模式出现了严重弊病之后，为寻求与自然和谐相处、适应生态平衡的客观要求，在物质、精神、行为、观念与制度等诸多方面以及人与人、人与自然良性互动关系上所取得进步的价值尺度和相应的价值指引。生态文明以可持续发展原则为指导，树立人与自然的平等观，把发展和生态保护紧密结合起来，在发展的基础上改善生态环境。因此，生态文明的本质就是要重新梳理人与自然的关系，实现人类社会的可持续发展。它既是对中华优秀传统文化的继承和发扬，也为未来人类社会的发展指明了方向。

党的十八大以来，"生态文明建设"相继被写入《中国共产党章程》和《中华人民共和国宪法》，这标志着生态文明建设在新时代的背景下日益规范化、制度化和法治化。党的十八大提出，大力推进生态文明建设，把生态文明建设放在突出地位，融入经济建设、政治建设、文化建设、社会建设各方面和全过程，努力建设美丽中国，实现中华民族永续发展。党的十八届三中全会提出，必须建立系统完整的"生态文明制度体系"，用制度保护生态环境。党的十八届四中全会将生态文明建设设置于"依法治国"的大背景下，进一步提出"用严格的法律制度保护生态环境"。可见，生态文明法律制度建设的脚步不断加快。为此，本人于2014年牵头成立了"生态文明法律制度建设研究"课题组，并成功中标2014年度国家社科基金重大项目，本套丛书即是该项目的研究成果。

本套丛书包含19本专著，即《生态文明法律制度建设研究》《监管与自治：乡村振兴视域下农村环保监管模式法治构建》《保护与利用：自然资源制度完善的进路》《管理与变革：生态文明视野下矿业用地法律制度研究》《保护与分配：新时代中国矿产资源法的重构与前瞻》《过程与管控：我国核能安全法律制度研究》《补偿与发展：生态补偿制度建设研究》《冲突与衡平：国际河流生态补偿制度的构建与中国应对》《激励与约束：环境空气质量生态补偿法律机制》《控制与救济：我国农业用地土壤污染防治制度建设》《多元与合作：环境规制创新研究》《协同与治理：区域环境治理法律制度研究》《互制与互动：民众参与环境风险管制的法治表达》

《指导与管控：国土空间规划制度价值意蕴》《矛盾与协调：中国环境监测预警制度研究》《协商与共识：环境行政决策的治理规则》《主导或参与：自然保护地社区协调发展之模式选择》《困境与突破：生态损害司法救济路径之完善》《疏离与统合：环境公益诉讼程序协调论》，主要从"生态文明法治建设研究总论""资源法制研究""环境法制研究""相关诉讼法制研究"四大板块，探讨了生态文明法律制度建设的相关议题。本套丛书的出版契合了当下生态文明建设的实践需求和理论供给，具有重要的时代意义，也希望本套丛书的出版能为我国法治理论创新和学术繁荣作出贡献。

2022 年 9 月 于山城重庆

前　言

　　农业在各个国家都有着特殊且重要的作用，在我国，仍处于第一产业的基础地位。农业用地土壤状况关系到农业的发展，是关系国计民生的重大问题。我国当前面临着严峻的土壤污染形势，已造成了不可忽视的社会危害，而有关的法律规制供给不足，未能为农业用地土壤污染防治提供良好的制度保障。基于我国农业用地土壤污染的现状与亟待加以预防和治理的需求，以污染防治法律制度的进一步完善为目标，人们如何能够在生态文明法治理论指导下系统构建我国农业用地土壤污染的控制与救济制度就变得至为重要。本书着眼于我国农业用地土壤污染防治法律制度的构建，就土壤污染背景、法律制度发展概况、法律渊源现状、国外相关法律制度的发展进行了考察，提出并研究了我国农业用地土壤污染法律体系、长效综合激励制度、责任惩罚制度以及农业用地土壤污染治理体系能力的建设目标与措施建议。

　　内容分为七个部分：

　　第一部分介绍了本书研究的范围、理论基础、思路、目标与方法等。以我国农业用地土壤污染防治法律制度的构建完善为研究目标，关注土壤污染防治的理论贡献和法治实践问题。在土壤污染已经成为环境保护的世界性课题，从整体上构建我国农业用地土壤污染防治法律制度甚为急迫的情况下，我国健全农业用地土壤污染法律体系的条件已经成熟，研究农业用地土壤污染制度也具有理论和实践层面的开拓指导意义。结合国内国际有关理论研究背景，围绕农业用地土壤污染防治法律制度，运用历史分析、比较分析、辩证分析、演绎归纳等研究方法，理论联系实际，把农业用地土壤污染从与土壤污染的混同中剥离开来，以专门的视角研究其制度建设问题，综合研究，更新理念，创新观点，为建立健全适合我国国情、"农情"的法律体系，展开系统而富有成效的研究。

第二部分是对农业用地土壤污染与法律制度的探讨。认识农业用地土壤污染并依法规范治理，首先需要对土壤污染有一个全面的认识。农业用地土壤污染是严重影响土壤耕作层及其他农用土层质量，使土质降低、生态恶化的一种现象，它具有致害性、隐蔽性、累积性、渗透性和复杂性等特点。农业用地土壤污染致因多面，来源广泛。典型的、严重的农业用地土壤污染事件频发，且因制度的欠缺不能得到妥善解决。在风险社会视角下，基于我国当前土壤污染较为严重的现实，正确认识法律制度在防控土壤污染、预防可能带来的社会风险上的作用是我们构建污染防治法律制度的起点和终点。从风险周期的角度看，土壤污染正处于风险多发期，开始向风险管理期过渡。污染现象有以法律制度加以规范的客观需求，土壤污染防治有着法律规制的内在属性。通过农业用地土壤保护制度建设，可走上行政良性管理之途。

第三部分论述我国农业用地土壤污染防治法律制度的现状及对未来趋势的分析和展望。当前我国仅有一些农业用地土壤污染外围立法，而专项立法和制度阙如。[1]我国自 20 世纪 80 年代至今，以《中华人民共和国宪法》（以下简称《宪法》）为纲，基本法律、法规规章、标准规范方面都有程度不同的发展，共同构成了我国农业用地土壤污染防治方面的规范体系。但从法律渊源上看则不尽如人意，除专门立法缺位、管理办法层级较低外，还存在着规范针对性不强、可操作性不高、法源较为分散、标准滞后、责任追究不力等诸多问题。且自 2019 年以来，中央层面在农业用地土壤污

---

[1] 2017 年 9 月，原环境保护部和原农业部联合发布了《农用地土壤环境管理办法（试行）》，从严格的法律规范体系上来说，该办法仅为部门规章，不应视其为农业用地土壤污染防治领域的专门立法。

染防治制度方面的发展较为迟滞。另外，社会整体上对土壤环境污染重视程度较低的历史和现实是土壤环境法治难以实现的一个重要原因。基于当前形势和以往经验，完善我国农业用地土壤污染防治的法律制度势在必行。专门立法、专项治理、因地制宜、综合防治是制度的发展趋势。

第四部分是关于国外农业用地土壤污染法律制度的考察借鉴研究。我们需要参考国外的有益经验，建设我国的农业用地土壤污染防治法律制度体系。选取日本、美国、德国等发达国家的法律制度作为考察对象，对其法律制度状况、立法和司法实践中具有较大借鉴价值的重要制度和措施加以探究。日本土壤污染调查的"台账"制度、"先清洁农业，后综合管理"的农业用地优先策略、土壤日常监测与清洁整治措施、"生态农业产业发展机制"等值得学习；美国的"棕色地块""超级基金"及对土壤环境赔偿责任广泛且科学合理的分配令世界瞩目；德国的专门与外围综合立法、"状态责任"、对土壤污染的立体管理也具有很高的借鉴价值。这些国家的制度结构使其土壤污染的整治主体明确、程序规范，法律执行到位且实施效果良好。结合境外制度经验，建设我国农业用地土壤污染防治法律体系，应确立生态的、综合的立法观念，注重制度衔接，采取专项法与外围法相结合的立体立法程式并建立有关配套制度，选择以效益模式作为法律制度基本范式。以土壤生态可持续利用、城乡土壤保护一体化、保障农民土地利益与土壤环境权益以及政府管理与农民参与相结合为立法原则，突出"制度抓手"，建立风险社会理念下的农业用地土壤行政管理模式。采用最有效的模式，以系统、全面、专门的建构方式，与时俱进，扎实快速推进农业用地土壤污染防治一部法律、多项政策、综合配套的立体式法律制度建设，能够赋予制度以生命的力量。

第五部分是关于在新的立法体系下构建我国农业用地土壤污

防治的法治促进制度研究。完善农业用地土壤污染防治法律，既需要发展激励措施、发挥促进机制，也需要树立责任意识、落实惩罚制度。长效综合激励制度的落实，需优化土地土壤权益结构，明确农业用地土壤资源的产权，发展土壤生态物权；注重法律的生态化，合理限耕、禁耕；优化农业生态补偿机制，推进全民参与，尤其是农民群体的主动参与，从社会产业市场层面全面提高对农业用地土壤污染保护的能动作用和积极功能。激励与责任共存，本书同时对构建我国农业用地土壤污染防治责任落实制度建言献策，即全面建立对农业用地土壤污染受害者权益的保障救济机制，对各类损害赔偿责任予以细化。行政机关切实落实土壤污染防治各方面的信息公开，严惩土壤环境监管的渎职行为；对企业严格监管，对非法排污实施"按日计罚"；农民及村集体应清洁生产，科学经营，合理灌溉施洒，参与、监督土壤污染防治事业并承担破坏土壤环境的各种责任；以生态环境损害赔偿责任制度为基础，从规范赔偿责任主体、确定赔偿范围、明确生态损害评估规则以及完善损害赔偿磋商程序等方面，健全农业用地土壤生态损害赔偿责任机制。

第六部分是关于农业土壤污染受害、生态损害、环境破坏的公益司法救济问题。发展污染环境、破坏生态的环境公益诉讼能够促使法律当事人最大限度地克服土壤环境污染的"负外部性"思维，将污染者外部成本内部化，令其优先考虑保护土壤环境，即通过司法保障手段可以促进我国农业用地土壤环境公共利益的保护。土壤污染民事司法上的责任种类包括排除危害、赔偿损失、恢复原状等；司法救济具有对私人利益和公共利益的双重保护性质，有通过司法手段落实公益责任和私利责任的两种功能，通过程序性制度设计达到维护实体权益的目的。着力促进涉及农业用地土壤保护的环境公益诉讼制度的发展，以广泛主体的"公诉"形式落实义务主体各类责任，适当延长土壤环境司法维权期限，发挥法院能动作用。以资质管理促进土壤污染因果关系判定，以政府负责、"多主体"和"方圆论"作为认定承担污染责任的主体。提高环保组织起诉意愿，强化检察机关起诉功能，环境责任人执行生效法律文书并由司法机关最终监督和检视执行效果。

第七部分是关于生态文明法治视角下农业用地土壤污染治理能力体系提升的探讨。土壤污染治理能力被包含在现代化土地保护治理能力体系制度建设视阈之下，可以理解为农业用地土壤环境管控的配套提高机制。信息科技的发展为农业用地土壤污染防控提供了科技支撑，适应了对农村废弃物科学化管理的时代呼唤；农村固体废物信息化管理应以"全生命周期"的大数据、物联网络动态指引形成线上线下资源化利用和无害化处置的无缝对接，建立健全大数据管理平台与各个涉农主体的信息资源共享机制，延伸农业应用产品生产者的责任，以物联网市场机制的发展达到资源利用的高效率和农村生态环境的高质量。应以法治基石提升农业用地治理能力体系现代化水平，以耕地保护、粮食安全为中心，以专门的和综合的公法、私法规范为依据，加快农业用地生态保护的法治创新。"以法治土"，治理观念上需要更新，风险社会下对土壤污染的制度防范和长效治理机制必须以应对未来问题可能加剧的风险为首要关注因素。

本书对我国农业用地土壤污染的历史现实、法律制度状况、发展路径进行了全面分析和探讨，并以开放的视角在对国外相关制度考察基础上，就当前我国如何构架完善有力的农业用地土壤污染防治法律制度体系和法治落实，提出了建议。基于我国农业用地土壤污染仍严重的现实情况和土壤污染亟待加以预防和治理的需求，以完善污染防治制度为目标，以风险社会观念和生态文明思想为理论基础，分析了建设我国农业用地土壤污染防治的法律体系、构建长效综合制度以及责任追究制度、完善农业土壤环境保护的诉讼制度以及提升我国农业用地土壤污染防治法治治理能力的路径和对策。我们须紧扣宪政落实、法治治理、发展社会主义民主政治的时代主题，以法律的分配手段，将发展成果向农村倾斜和转移，利益主导、效益优先、多举措补偿正是此意。尽管农业用地土壤污染问题在发达国家未能完全解决且新问题仍在继续出现，不断吸收国外经验仍具有现实的必要性。

本书在"法与风险社会"视角下，吸纳国家生态文明法治理论和土壤污染法律制度新的发展情况，进行了修改、充实和完善。重视以立法供给、外围制度配合、相关政策措施并举的方式，全方位、多层面对农业用地土壤污染加以全过程监管和风险控制。另外，统合笔者博士和博士后期间的研究成果、所在环境保护非政府组织的实地调查分析以及在法律实务中涉及的有关案件的情况进行了系统总结分析。基于新时代生态文明思想理论，结合最新制度发展成就，着眼于环境核心要素生态功能的维护，围绕我国农业用地土壤污染的防治与救济制度进行系统的再学习、再认识、再深化，以新制度为基石、以优化法治体系为目标，针对加强新时代农业用地的生态保护法治工作、提升生态环境治理能力体系作出新的思考，提出理论建议，展望前行愿景。

农业用地污染防治专门立法—风险视角下的全方位行政管理—激励与惩罚并重的公众参与和社会责任—土壤环境（公益）诉讼之司法保障，以及土壤环境维护的系列配套举措，共同构成农村和农业生态文明的法治体系，也是本书综合宏观面的思考结晶。然而，因本人能力水平所限，书中难免有研究不精当、疏漏甚或错误之处，如对立法对策的集中表达、法学理论尤其是环境法学新理论的通透掌握、相关制度发展的精细度等方面尚需进一步加强研究、深化认识和提高能力。后续将不断深入钻研以弥补短缺，并请阅者、师友、同仁不吝赐教。

　　笔者在此感谢博士导师、重庆大学法学院院长黄锡生教授的指导和关心。黄教授对学术要求严格、精益求精，督促、指导笔者的学术写作，不仅在笔者攻读博士学位期间给予无私帮助和悉心教导，对笔者撰写、出版本书也给予鼓励并提供了切实的帮助。还要感谢笔者的博士后合作导师、中国政法大学民商经济法学院王灿发教授对笔者的学术指导与关照，王教授的指导和关爱给予笔者写作启发和动力。与两位导师相识十载，学习点滴、工作日常与生活交往历历在目，笔者今日所得无不多蒙老师的启迪和提携。

　　笔者也特别感谢北京航空航天大学法学院肖建华教授、孙新强教授、刘保玉教授、郑丽萍教授，中国政法大学曹明德教授，中国人民大学竺效教授，首都经济贸易大学法学院喻中院长在笔者写作并修改本书过程中提出的宝贵意见。感谢笔者的硕士导师李静云教授，本书从选题设计到成文均得到了她的指教，并在文中援引了她的部分科研观点和成果。谢谢我的师友和同窗杨凌雁副教授、何能高博士、李伟民博士、李晓慧博士、曹宇博士等的鼓励和帮助。

　　同时，特别感谢重庆大学出版社的辛劳付出！感谢家人，感谢所有对本书的成稿、对笔者的学习学术提供了帮助和关怀的导师、同学和朋友。

2023 年 3 月

目　录

第六章　完善我国农业用地土壤污染防治的诉讼制度

第七章　提升生态文明法治下的农业用地土壤污染治理体系能力

附　录　中华人民共和国土壤污染防治法

主要参考文献

第一章 绪 论

土壤污染问题举世关注，关系人类粮食安全的农业用地土壤污染为该问题的核心。我国的农业用地土壤污染状况并不乐观，而当前我国有关农业用地土壤污染防治的法律制度不够健全、法治实践不够成熟，难以为防止农业用地土壤污染、整治土壤环境提供充分有效的法律制度供给。国内外相关研究为法治理论的发展提供了助力，应广泛结合最新理论成果，针对农业用地土壤生态安全，进行制度创新研究。

第一节 研究范围和理论基础

农业用地土壤环境问题在世界范围内受到广泛关注，成为重要的世界性课题。在我国，农业仍然是基础产业、第一产业，农业用地土壤状况关系广大群众的生命健康和财产安全，但占据如此重要地位的农业用地却处于令人忧虑的状态，制度的不完善成为农业用地土壤污染防治的瓶颈。以法律制度的构建为研究目标，对于土壤污染防治的理论发展和法治实践皆有重要意义。

一、研究对象和背景

（一）土壤污染已经成为环境保护的世界性课题，农业用地的土壤环境维持至关重要

对人类整体而言，可以说没有其他社会问题比环境问题更具有普遍性了。而土壤环境是所有环境要素中的基础之一。当前，环境问题凸显，土地生态的维持和治理已成为国际范围内环境保护者关注的焦点。就与人们日常生活关系紧密的几大环境要素来说，气体污染、水体污染、土壤污染的严重程度依次递增，前两种污染又会导致或加深土壤污染。"民以食为天"，农业用地土壤污染问题不容忽视。目前我国因多年土壤污染造成的累积性致害后果大量涌现，因土地损害而导致的社会问题突出，亟待在制度上对该问题加以研究，探寻长效治理途径。2015年不仅是"世界土壤年"，更是中国的"土壤年"。2015年4月17日，原环境保护部有关负责人在《中国报道》杂志发表《中国正面临土壤环境保护重大挑战》一文，指出："若放任不管，一些地方吃住将成为问题。"[1] 2015年6月底，中国地质调查局发布的《中国耕地地球化学调查报告》显示，我国存在重金属超标的地区中，重度污染覆盖面积3488万亩，[2] 轻微～轻度污染面积达7899万亩，污染分布中南方尤重。[3] 这表明我国的农业发展存在着极大的隐患。

（二）农业用地土壤状况直接关系食品安全和公众生命健康，从整体上构建我国农业用地土壤污染防治法律制度迫在眉睫

国以民为本，民以食为天。食从哪里来？凡从土中所产之粮，从林中所采之果，无不来源于土地的馈赠，大量食物源自土壤。我国

---

[1] 李干杰. 中国正面临土壤环境保护重大挑战 [J]. 中国报道, 2015（4）: 36-39.

[2] 1亩 =0.00067 km^3。

[3] 中国地质调查局. 中国耕地地球化学调查报告（2015）[R].2015-06-26.

虽然幅员辽阔，但仍是一个耕地资源稀缺的国家。我国在人均国土资源极为有限的条件下，在较短时间内取得了经济发展的巨大成就，但付出了比较大的农业用地土壤污染的代价。反映在土地环境方面，就是随着社会的快速建设，土地质量不断下降，土壤环境污染加剧。更不容忽视的是，不安全的农作物及粮油食品进入百姓餐桌已成为普遍现象，农业用地土壤重金属污染问题已威胁到粮食这一民生命脉。全国范围内农业用地土壤污染造成全社会的食品安全问题，并屡屡发生国外技术性贸易壁垒对中国农产品的出口限制，农业用地土壤污染成为粮食食品安全的瓶颈，土壤污染整治工作亟待加强。我国虽有关于土地管理的制度，但至今欠缺一整套有效的适用于农业用地土壤环境保护的法律。2018 年 8 月通过并于 2019 年 1 月施行的《中华人民共和国土壤污染防治法》（以下简称《土壤污染防治法》）这一单部法律或已难以起到全面防控并解决农业用地土壤污染问题的作用。早在2005 年，《国务院关于落实科学发展观加强环境保护的决定》（国发〔2005〕39 号）就指出："健全环境法规和标准体系。要抓紧拟订有关土壤污染……方面的法律法规草案。"在此基础上，原环境保护部于 2008 年进一步提出了《关于加强土壤污染防治工作的意见》。各级人大代表关于制定土壤污染防治相关法律的议案也不断提出。在土壤污染防治立法呼声日趋高涨的情势下，对相关问题进行扎实而细致的研究是学界不可推卸的责任。

（三）本研究对有关农业用地的重要制度进行考察，对构建我国相关制度有了新的认知

探究我国农业用地土壤污染制度历史及现状，需建立在对国内外法律制度有清晰的了解和认识的基础上。事实证明，土壤污染防治问题能够也必须通过建设有效的法律制度加以化解（其他相关政策措施相配合），在污染防治的制度层面，国际法治建构有共通之处，亦有

互相学习借鉴之长。[1]一些发达国家的农业用地土壤污染规制制度较为全面，其对土壤的保护、建立的污染防治制度、开展土壤污染治理的经验值得我们借鉴。就我国土壤污染状况及法治路径探索的进度来说，当前我国构建农业用地土壤污染法律体系的条件已经成熟。本书考察了西方典型国家的土壤污染防治法治状况，力图通过借鉴国外先进经验，为研究在我国建立农业用地土壤污染防治的法律制度提出建设性意见和对策，助推环境法治观念，进而助力加快实现我国环境友好型社会的构建目标，促进社会的长久和谐发展。

（四）研究农业用地土壤污染制度具有理论和实践层面的开拓性指导意义

第一，我国对土壤污染的研究在近二十年有了很大的进步，对农业用地土壤污染防治的研究有了一定的理论基础。而借鉴国外相关学术研究以弥补国内研究的不足，促进国内相关研究的进一步发展，也是十分必要的。我国在经济建设过程中出现的严重的土壤污染问题已经表明，"先污染后治理"的路子行不通。为了避免"走得太快"，从而导致更大的污染和无法挽回的生态环境问题，避免因农业用地土壤污染防治制度的欠缺而影响我国现代化农业的建设，为了我国的可持续发展，学习国外的经验教训，进行法律制度的批判吸收与优化移植亦具有非常重要的理论意义。迄今为止，相关学术研究远不够全面与深入，此与法律实务方面的实践时间过短不无关系。同时，各种未形成一致意见的理论在法律实务中没有找到应有的归宿，法治之外的利益博弈尚未形成强有力的协和状态。实践素材的不充分制约了理论研究的广度与深度。从整体上看，经济学界对土壤污染的理论研究相对较多，相关法学理论研究无论中外都较少，而在中国的法学理论范式下进行系统研究者则少之又少。任何成熟的制度设计都必须建立在

---

[1]　中华人民共和国环境保护部.中国环境保护部发布《2014中国环境状况公报》［R/OL］.2015-06-04.

坚实的理论基础之上，否则就可能成为"无源之水"。中国的污染治理任务艰巨，科学严密的制度体系已是不可或缺，然而目前法学理论界似乎缺乏前瞻性与预见性，对此没有给予必要的、充分的理论表达。这表现在鲜有高质量的相关法学学术成果面世，对土壤污染的法律理念和制度衔接，在法学理论上还没有清晰、全面的认识。当前，可持续发展的观念已深入人心，但如何解决"把蛋糕做大"与环境必然致损的固有矛盾却没有得到实质性解决。因而，旨在从法学理论层面系统阐述农业用地土壤污染防治的法律完善及机制构建的研究不但具有弥补理论研究薄弱环节的重要价值，也是支撑污染防治立法所必需的。

第二，当前土壤污染频发导致的农村环境问题成为社会不安定的潜在因素，这个问题亟须用法律制度解决。变革已动，制度先行，而理论研究为立法提供支持，法条是精练表述的法理，法理是法条背后的支撑。对土壤污染的法学理论进行深入系统的研究，有利于促进我国农业用地管理立法的完善，进而推动农业用地管理工作在我国的普及，产生良性的规模效益，这对于我国走上可持续发展的清洁生产之途有着重要的实践意义。从既往的经验看，经济发展与环境保护之间常存在一种紧张的冲突关系。之所以造成这种状况，原因有五个：（1）环境保护的法律政策工具过于僵化，以往的环境保护政策往往属于"命令—控制"型，如环境标准制度。仅由"命令—控制"型的法律制度构成的环境保护制度体系不可避免地具有灵活性不足、制度成本较大的弊病。（2）缺乏有效的激励与惩罚措施，使得违法成本低、守法成本高成为我国环保事业久治不愈的痼疾。[1]（3）制度机制不完善，或立法供给不足，或法统不协调，或可操作性不强以致执法困难，使得经济发展与土壤污染之间的矛盾难以缓解，经济发展与环境保护难以协同。特别是土地保护、土壤污染的责任制度不明晰，使得对法律的遵守可有可无。（4）有关土壤污染的环保司法难有作为。现有的制

---

[1]　杨朝飞.环境污染损害鉴定与评估是根治"违法成本低和守法成本高"顽疾的重要举措[J].环境保护，2012（5）：18-24.

度大多在行政层面解决，自上而下的命令执行少有进入民事领域者，因污染排放、土壤致损本身而诉诸司法者鲜有。（5）法律制度与机制缺乏市场引领，民众参与不足，制度难以普及。实践为避免盲目性，必须有理论的指导。因此，研究土壤污染法学理论，可为国家和地方的立法、执法与司法提供理论指引，具有明显的实践意义。

二、研究的理论基础

包括我国在内的各国在理论研究上对土壤污染乃至农业用地土壤保护问题的各个方面都有涉及。我国相对关注土壤环境治理标准、土壤环境健康、政策规范建构、法律制度完善等问题，但对农业用地土壤与非农业土壤没有科学严格的区分；欧美国家因为有比较成熟的制度和法治实践，更侧重将公民基于农产品的膳食健康、农业的生态保护、污染治理技术规则、发展自然有机农业作为法律制度完善的重点，并注重实践性、合作型理论发展模式的探究。

（一）国内有关理论研究

在很多语境中，"农业用地土壤"与"土壤"是一个概念。大部分论作，如无特别指出是城市的土地土壤污染或建设用地的污染，则主要是指农业用地土壤污染问题。[1]从社会影响上看，农业用地的土壤污染直接关系食品安全、人体健康、土地权益和自然生态环境问题，受到社会关注是很自然的事情。我国人多地少，自然生态、精耕细作、注重土壤的养护与土壤环境的保护是十分必要的，但我国对农业用地土壤污染制度的理论研究尚处于发轫阶段。我国学者认为，法律制度的目的是防止农业用地土壤状况及其生态环境遭受有毒有害物

[1] 本书从此论。因为城市土地很难判断污染情况，甚至根本无法判断，且污染的来源多样，土壤的污染很难从直观上给人一种可以带来健康损害的感受；且目前防甚于治，多处于极难直接治理的状态。城市依托于农村，作为第一产业的农业，处于迅速的城市化过程中，农业用地土壤环境问题得到解决前，单独解决城市土壤污染没有意义。工业化国家（如日本等）也是先从着手农业用地土壤污染对策研究开始的。

质的侵害，做到对已经受到污染的土壤的有效治理和合理利用，保障农业产品及食品安全，进而保证人体生命健康免受危害。当前理论界及立法机构对土壤环境法律规制的研究如火如荼，方兴未艾。在研究法律制度时，人们也重视对国外先进经验的吸收与借鉴，并认为在农业用地土壤污染防治工作中，法律制度发挥着不可替代的重要作用。国内对农业用地土壤污染防治法律制度的研究主要包括以下几方面：法律制度缺失及其社会背景、政策、立法原则、行政管理和具体制度、国外法律制度考察、制度重点、补偿与激励、责任及惩罚、权利救济和司法制度、农民法律地位、土地质量标准、风险社会应对等，同时也包含对与发展制度有关的财政、"土地资本"、市场化、非法学专业的土壤污染考察、修复技术等的研究。

学者对我国农业用地土壤污染的原因与法律制度缺失关系有着深刻的认识，对其中存在的法律失范、制度缺乏、行政管理权责不明、责任体系不完整等有着共同认知。[1]郭廷忠等从农业立体污染的角度，研究农业用地土壤污染的来源和危害，认为粮食安全压力和城乡二元结构是导致土壤污染的深层原因。陈多长博士认为，土壤污染防治立法滞后，集体土地所有权法律保护不力，地方政府间的引资竞争以及中央与地方土壤污染信息的严重不对称是导致农业用地土壤污染加重的原因，他认为应以立法形式强制推行以绿色国内生产总值（GDP）为基础的地区经济增长绩效考核体系和严格的环境质量评价体系，将对官员的离职土壤环境审计纳入其政绩考核指标体系中；以法律手段规范招商时的"媚商"行为，鼓励全民参与土壤污染防控，消除中央与地方土壤环境状况的信息不对称；同时，分散、碎片化的立法存在明显的结构与功能缺陷，远不能满足土壤污染防治的现实需求。[2]可以说，制度缺失以及法治阙如是导致农业用地土壤污染的

[1] 王宏巍，张炳淳.新《环保法》背景下我国农业用地土壤污染防治立法的思考［J］.环境保护，2014，42（23）：58-60.
[2] 李兴锋.系统论视野下我国土壤污染防治之立法完善［J］.技术经济与管理研究，2013（2）：125-128.

根本原因。

黎霆等研究了农业污染的现状与规律，提出对"两个规律"的假设性认识：农业污染排放与农业总产值高度正相关的"倒 N 型"假设和农业污染与农业经济结构间呈"倒 U 型"关系的假设。当前的农业用地土壤污染状况与前者拟合度更高，说明农业污染水平并不会随着农业经济的发展而自动下降，以法治方式推进农业的集约经营和农业污染治理势在必行。[1]在法律政策与农业用地土壤污染的关系方面，熊冬洋教授认为现行的财税政策在一定程度上对农业污染的控制起到了逆向调节作用，同时也更易引发城镇化耕地占补平衡过程中"占优补劣"情况的发生。而且，国家针对农民种粮给予的农资综合补贴在一定程度上更加促进了化肥、农药等农用物资的使用，从而进一步加重了破坏耕地质量的农业面源污染。所以，需要改进有利于耕地质量保护的农业补贴政策。[2]

在立法原则和基本制度上，土壤环境系统化发展与生态中心主义嬗变要求立法实现对土壤污染的整体性防治。[3]吴萍等论述了我国土壤污染防治法律制度修订的必要性，并提出构建我国土壤污染防治制度体系的建议，其中刘丹等对构建土壤污染防治法律的建议较为具体。李建勋建议我国土壤污染防治法应坚持预防原则、可持续利用原则、污染者付费原则及综合生态系统管理原则。刘冬梅等认为土壤污染防治法还应坚持防治结合与综合治理原则、耕地土壤优先和重点保护原则、行政管制和经济刺激相结合的原则、污染者付费与养护者受益的原则以及政府主导和公众参与相结合的原则，建立清洁生产制度、土壤环境质量检测和公报制度、土壤整治修复制度以及责任追究制度，从法律层面突出土壤污染防治的功能。立足区域，强化地方立法，

［1］ 黎霆，杨良敏，胡仙芝.农业污染的现状、规律及治理思路——基于"十二五"规划及农业经济结构调整的研究［J］.农业经济，2012（11）：9-11.

［2］ 熊冬洋.保护我国耕地质量的财税政策研究［J］.税务与经济，2015（2）：77-81.

［3］ 李兴锋.系统论视野下我国土壤污染防治之立法完善［J］.技术经济与管理研究，2013（2）：125-128.

明确环保经济政策的法律地位,以政策推动法律的实施。通过农用化学品输入税、信贷补贴、支付污染产品购买押金等灵活的经济刺激手段控制农业生产过程中的污染。田义文教授认为立法还应注重未污染土壤优先保护、第三方治理、土壤修复有限目标值、自然恢复为主和正面激励原则,要正确看待农民土壤污染的二元责任,多方向实行土壤污染保险,带动农民的积极性;制定我国土壤污染界定标准,创新修复机制,建立土壤修复净化中心。[1]李挚萍教授认为土壤污染修复应是法律规范的重要内容,宜把修复责任作为土壤环境责任的核心要点。[2]雷芸建议以严格食品安全制度,鼓励土地使用权的流转和集约化农业生产,并对绿色农业提供补贴作为农业用地土壤污染立法重心,把法律方式作为解决农业土壤污染问题的辅助手段,把促进市场发展作为主要手段。其建议在立法上做框架性、程序性规定,政府承担义务,农民农业合作社享有权利,具体制度包括农业化学物质使用信息披露制度、土壤污染税制度、农村土地使用权流转制度、农产品质量安全体系及绿色农产品补贴制度,并以立法保护土地的生态价值。[3]彭巨水针对耕地土壤环境保护问题,建议在全国范围内推行清洁农产品强制认证,实行产地准入准出制度。[4]王俊、马成胜等主张建立公众积极参与清洁生产和保护生态的体制环境。[5]

陈印军研究员等分析了我国耕地环境整治状况,认为要正确认识土壤污染,不能夸大污染规模,应强化土壤污染防控工作,从污染源入手控制污染物进入土壤,以制度促进有效的耕地利用方式形成。[6]

[1]　田义文,吉普辉.土壤污染防治立法的自然基础与基本原则[J].陕西农业科学,2016,62(8):116–119.

[2]　李挚萍.土壤修复制度的立法探讨[C]//中国环境资源法治高端论坛论文集.武汉:中国环境资源法学研究会,2016.

[3]　雷芸.农业土壤污染立法重心探析[J].安徽农业科学,2007(31):10010–10011,10063.

[4]　彭巨水.耕地土壤污染问题须高度关注[J].中国国情国力,2012(5):10–13.

[5]　王俊,马成胜,尚磊.国外农业清洁生产对中国西部地区土壤污染治理的若干启示[J].世界农业,2011(1):71–75.

[6]　陈印军,杨俊彦,方琳娜.我国耕地土壤环境质量状况分析[J].中国农业科技导报,2014,16(2):14–18.

王静研究员等研究了我国村镇耕地污染，主张将村镇污染整治摆在耕地保护的首要位置，从土地利用调控角度进行耕地污染的长效防治及综合整治，并与其他部门协调建立综合决策机制。[1]李伊胜等建议对耕地土壤重金属污染采取调整产业结构、优化农业生产布局、强化农业生产资料管理、提高土壤环境容量和净化能力、建立土壤监测预报和评价系统、调整种植结构、设计安全高效绿色农业耕作制度、控制土壤和植物对重金属的吸收等措施。田瑞云、张力浩等简单梳理了我国现有农业用地土壤污染规制的法律法规、标准规范和技术文件，从实践层面归纳农业用地土壤污染修复工程项目的实施流程，以期为土壤污染修复领域相关人员提供参考经验。[2]

武汉大学秦天宝教授和生态环境部李静云对诸多国家和地区的立法做过专门的调查研究，并系统阐述了其土壤污染防治的立法经验。邱秋教授在分析东亚、东南亚国家和地区，特别是韩国、日本的土壤污染防治法律制度时，建议以立法健全土壤管理体制、区别城乡差异、市场化与专业化相结合发展，并采用土壤治理为主、预防污染为辅的立法模式。张立东法官等认为面对"治不胜治"的土壤污染问题，立法应实现由传统的"善后型"末端治理模式向预防导向型立法的全面转变。[3]王宏巍研究了俄罗斯土壤污染防治立法并主张应在整体立法观念下发展我国的土壤标准、土壤修复的国家监测、生态鉴定以及信息公开和公众参与。罗丽对国外土壤污染防治立法进行了比较分析，并认为我国应立足国情，采取独特的土壤污染法律制度模式。肖萍教授认为分别制定土壤污染预防、治理立法以及防治综合立法均有不妥，立法应以治理为主、兼及预防，其理由是防治并重的综合立法可能导

---

[1] 王静，林春野，陈瑜琦，等.中国村镇耕地污染现状、原因及对策分析[J].中国土地科学，2012，26（2）：25-30.

[2] 田瑞云，张力浩，米雅竹，等.农用地土壤污染修复工程项目实施流程简述[J].安徽农学通报，2023，29（1）：143-146，169.

[3] 张立东，于惠惠.治不胜治的环境问题：问题驱动型到预防回应型环境法的选择——论土壤环境污染防治立法的基本理念[C]//中国环境资源法治高端论坛论文集.武汉：中国环境资源法学研究会，2016.

致现行土壤污染防治法律体系断裂，且强调治理也不意味着排除预防，立法应以预防原则、污染者负担原则和环境民主原则为指导，以直接和间接的双重管制为重点，将公众参与和纠纷解决相衔接，赋予公众信息公开请求权，民事诉讼上确定无过错原则及举证责任倒置并发展非诉解决机制（如行政解决方式），责任追究上限期治理和按日计罚相配合，并辅以相应的配套立法。

曾晖、吴贤静认为土壤污染防治立法应注重工业污染，以风险预防为防治基础，建立多样化的综合性法律渊源。[1] 侣连涛建言从制定专门法，修改《宪法》及《中华人民共和国刑法》（以下简称《刑法》）中的环境资源规定方面来完善农业用地土壤污染防治法律体系。王树义教授对我国土壤污染防治法律制度体系的建设有着深刻的认识和宏远的构想。梁剑琴在考察了北美、欧洲、东亚各国家和地区的土壤污染立法模式后，建议我国应对农业用地土壤污染采用单一的、利益主导型的立法模式。汪再祥对我国农业用地土壤污染防治立法及制度现状进行了描述，其关于专门立法与环境基本法相衔接、同同位法相兼容、同下位法相整合的意见值得注意。

李爱年教授和刘爱良法官以土壤环境司法反思立法路径，给农业用地土壤污染防治制度的构建提供了一个全新的思路。他们通过研究裁判文书网 2014—2015 年的土壤污染案件共 67 件裁判文书（主要为农业用地涉诉案件），就案件分布、案情经过、法律适用和裁判结果分析得出，当前土壤污染法律治理中，耕地污染严重，农业用地土壤立法应先政策后法律，先耕地立法后全面立法，污染修复应强调利益引导，并应实现经济社会发展与土壤环境保护相契合。[2]

通过借鉴国外发展经验及教训，我国应建立适当的立法模式，进

---

[1] 曾晖，吴贤静. 法国土壤污染防治法律及其对我国的启示[J]. 华中农业大学学报（社会科学版），2013（4）：107-112.

[2] 李爱年，刘爱良. 司法视角下的土壤污染治理的主要问题与立法对策——以 2015 年 67 份土壤污染案件裁判文书为分析样本［C］// 中国环境资源法治高端论坛论文集. 武汉：中国环境资源法学研究会，2016.

行清洁生产，对农业环境整体保护，此外，建立农业用地土壤污染监测预警体系制度，推行农作物种植管理制度以防止农业土壤面源污染，划定土壤污染对策区制度，建立责任基金保障制度，完善行政管理体制，创造良好的执法环境等也成为研究者们的共识。赵其国院士等从宏观角度提出我国土壤环境保护的总体思路和六大战略任务，以短期、中期和长期分区域施行土壤整治对策，同时根据南方红壤生态系统面临的土壤污染问题，提出建立红壤污染预警机制和优化耕作制度。[1]韩冬梅等认为应加强土壤环境政策体系的整合，划定土壤污染红线以防其质量退化，对土壤污染分类管理并完善整治资金机制。[2]

对于农业用地土壤污染防治的基本制度，刘功文系统总结了调查制度、监测制度、整治与修复制度、整治税费制度、突发性污染应急制度以及法律责任制度。虞锡君等总结了农业用地土壤污染防治的七项基本制度：土壤质量监测与普查制度、农业土壤生态直接补偿制度、土壤生态标识制度、土壤绿色保险制度、土壤保护押金及返还制度、土壤污染防治特种基金制度、土壤污染防治共同参与制度。[3]李敏等认为土壤污染防治立法还应坚持宏观指导原则，重视科学技术的运用，建立土壤污染信息公开制度，并落实严格的法律责任。胡静以风险社会应对的视角，在对国外污染场地修复的立法进行考察的基础上，系统论述了土壤污染整治的行为责任和状态责任，并主张秉承污染修复的行为责任，辅之以土地控制者负担原则规定修复的状态责任。[4]李博博士认为应强化政府在污染土壤防治上的职能。蔡美芳博士等认为，农业用地土壤污染预防包括耕地重金属污染监测与风险评估、土壤环境区划、完善种植制度、开展土壤环境影响评价；土壤污染管理

[1] 赵其国，黄国勤，马艳芹.中国南方红壤生态系统面临的问题及对策［J］.生态学报，2013，33（24）：7615-7622.

[2] 韩冬梅，金书秦.我国土壤污染分类、政策分析与防治建议［J］.经济研究参考，2014（43）：42-48.

[3] 虞锡君，刘晓红，胡勇.长三角地区农用土壤污染防治的制度创新探讨［J］.农业经济问题，2011，32（3）：21-26.

[4] 胡静.污染场地修复的行为责任和状态责任［J］.北京理工大学学报（社会科学版），2015，17（6）：129-137.

包括完善修复技术和资金保障机制以及分级管理等。[1]这对于建立我国农业用地土壤的修复保障体系无疑具有积极作用。

对于农业用地土壤环境保护主体，刘鹏博士等展开了对农田土壤环境保护主体的法制化研究，主张在制定专门法过程中，可根据现有土地权利体系，适当弱化政府主体地位，强化农业生产经营者的主体地位，增加社会服务组织的主体地位，农田土壤污染防治以农业生产经营者为实施主体，以人民政府为监督主体，以社会服务组织为补充力量，在主体制度中明确权利（力）义务责任，从农业财政、农业科技、教育培训、农资市场和农业保险五个方面给予政策配套支持。[2]朱立志博士等研究了农业污染防治的补偿机制，认为它是作为对外部性经济效益和生态效益的内部化贡献的激励性生态补偿机制，资金由政府财政和市场筹集支持，应考虑贡献行为人的成本、行为经济效益和生态效益三个方面。史丹研究员等建议改善土壤污染防治的财政政策，引入政府与企业伙伴式合作解决土壤整治问题的 PPP 模式。[3]王伟在对日本、澳大利亚、美国等九个国家和地区农产品产地土壤污染防治法律制度作考察时，分析了各自法律制度的特点，并提出宜在《土壤污染防治法》中专设"农产品产地"一章，系统规定农产品产地以促进土壤污染防治法律的落实，突出各级农业行政主管部门在农产品产地土壤污染防治工作中的职责，体现产地与产品一体化保护，用地与养地相结合的立法理念，将修复治理与农业清洁生产整体规划，在生产中解决污染问题。[4]蒋裕平研究了美国和日本在工农聚集地的农业环境管理政策，提倡我国对此类区域（聚集地）的农业环境应

[1] 蔡美芳，李开明，谢丹平，等.我国耕地土壤重金属污染现状与防治对策研究 [J].环境科学与技术，2014，37（S2）：223-230.

[2] 刘鹏，王干.我国农田土壤环境保护主体法制化研究 [J].生态经济，2014，30（7）：43-47.

[3] 史丹，吴仲斌.土壤污染防治中央财政支出：现状与建议 [J].生态经济，2015，31（4）：121-124.

[4] 王伟.典型国家和地区农产品产地土壤污染防治立法对我国的启示 [J].农业资源与环境学报，2015，32（2）：149-153.

进行有效的制度化管理，并建立有公众参与的团体监督制度。[1]

在我国现有的法律制度体系中，还没有明晰防治土壤污染的法律责任，难以符合当前土壤污染综合控制的客观要求，[2]法律制度构建中，强化土壤环境保护意识，落实严格的法律责任十分紧迫。[3]陈德敏等在充分认识我国农业用地土壤污染的现状及危害的基础上，对我国土壤污染的法律责任进行了系统梳理，从责任主体和责任形式上加以分述。宋才发等特别关注了以法治保障公众对耕地环境保护的参与权及完善耕地司法救济的制度建设。[4]罗丽教授从土壤污染风险防控的角度看待农业用地土壤污染问题，认为土壤环境的保护与污染防控应为法律的主要内容。[5]常纪文认为制定《土壤环境保护法》需解决四个难题：与《中华人民共和国水污染防治法》（以下简称《水污染防治法》）和《中华人民共和国大气污染防治法》（以下简称《大气污染防治法》）等的环境构成要素及环境影响要素相切割和衔接；由原环境保护部（现为生态环境部，以下简称"环保部"）牵头，住房和城乡建设部（以下简称"住建部"）、原农业部（现为农业农村部，以下简称"农业部"）等分工负责以解决体制障碍；圈定法律适用范围，如把因土壤污染导致的食品安全问题也纳入进来，并与《中华人民共和国食品安全法》相衔接；让土地拥有者和转让者承担污染历史责任。[6]黄玉梅认为应建立严格的土壤污染责任制度，由政府、企业和公民合理分担，尤其给予污染企业以严厉的处罚，以保障耕地土壤的可持续发展。2015年6月，环保部举办了"从美国超级基金立法执法实践看中国环境政策的影响"政策对话会，得出"借鉴超级基

［1］ 蒋裕平.国外工业和农业聚集地农业环境管理研究——以美国和日本为例［J］.世界农业，2013（5）：52-55.

［2］ 陈立.借鉴台湾经验完善大陆土壤污染法律责任的思考［J］.台湾农业探索，2014（4）：13-18.

［3］ 任丽华.浅议完善国家土壤污染防治立法［J］.新西部（理论版），2014（12）：84，100.

［4］ 宋才发，向叶生.我国耕地土壤污染防治的法律问题探讨［J］.中央民族大学学报（哲学社会科学版），2014，41（6）：28-32.

［5］ 罗丽.论土壤环境的保护、改善与风险防控［J］.北京理工大学学报（社会科学版），2015，17（6）：124-128.

［6］ 常纪文.立法的障碍是体制［N］.中国环境报，2014-03-26（6）.

金法经验，建立追责制度，确保土壤修复经费"的结论。[1]朱燕婷
法官建议针对污染土壤的修复专门立法，完善信息公开制度。[2]

　　农业用地土壤质量标准与污染分类分级是农地生态保护的重要依
托。学者认为我国有关农业用地土壤治理的标准存在较多问题，应基
于质量标准、土壤背景值、污染危害临界值、污染物控制标准及土壤
修复标准来制定各类土壤指标标准体系。土壤科学研究者认为，农业
用地分等和土地质量地球化学评估整合成果在耕地质量监测方面具有
应用价值，是对现有监测方法的补充与完善。[3]在土地等级测定方面，
路婕、李玲等研究了耕地综合质量评价方式，认为其评价结果可以为
土地利用管理、环境污染防治规划提供参考依据。[4]王玉军研究员
等在探讨《全国土壤污染状况调查公报》的有关问题时提出，应对土
壤背景值、农产品质量、土壤样点做科学深度甄别；以土壤负载容量
管控法，着眼修复目标，对土壤采取两种评价指标；从污染源主体的
赔偿角度考虑，细化、量化经济损失评估方法，应用有利于认定责任
主体和保护受害者的客观标准。[5]余勤飞、侯红等选取3类场地评
价因子，将污染地块分为5类，以期建立污染场地的国家分类体系。[6]
黄勇等对土地质量评价的当下状况进行了总结梳理。梁书民根据农业
土地污染来源和不同的污染程度及利用类型提出了针对性的农业污染
防治对策以及产业发展策略。陈百明研究员等认为，中国大部分耕地
受各种不利因素影响，耕地质量相对较差，可建立样点与示范区相结
合的国家耕地质量监测网，提高以基本农田为核心的污染土地整治技

[1]　霍桃，刘晓星.土壤污染防治立法如何"洋为中用"？[N].中国环境报，2015-06-10（06）.
[2]　朱燕婷.探析我国土壤污染修复法律制度[C]//中国环境资源法治高端论坛论文集.武汉：中国环境资源法学研究会，2016.
[3]　刘霈珈，吴克宁，赵华甫.基于农用地分等与土地质量地球化学评估的耕地质量监测类型研究[J].资源科学，2015，37（1）：37-44.
[4]　路婕，李玲，吴克宁，等.基于农用地分等和土壤环境质量评价的耕地综合质量评价[J].农业工程学报，2011，27（2）：323-329.
[5]　王玉军，刘存，周东美，等.客观地看待我国耕地土壤环境质量的现状——关于《全国土壤污染状况调查公报》中有关问题的讨论和建议[J].农业环境科学学报，2014，33（8）：1465-1473.
[6]　余勤飞，侯红，白中科，等.中国污染场地国家分类体系框架构建[J].农业工程学报，2013，29（12）：228-234.

术体系和质量快速评价指标，尽快形成耕地质量监测、评价、保育和提升的完整体系。夏家淇等在技术层面上讨论了土壤污染防治法的制定问题，并建议基于风险评估值建立土壤环境质量标准体系，制订土壤环境质量目标值、指导值和污染危害临界值 3 类标准值。

严立冬教授等提出了"土壤环境资本"的概念，认为农业用地资源是一种生态资产，农户的生产维护过程就是经营农业用地生态资源的过程，对污染的治理是保持、提升农地资产的重要方面；只有在市场上，环境资本才能发挥出它固有的经济、生态双重功能，只有利用市场的力量才能尽可能以低的花费达到保护土壤环境的目的；应界定农地产权从而明确农户的农地生态资本运营主体地位，建立中介服务组织以培育农地要素市场，引导农地整理投资主体多元化，为农业用地土壤污染防治规范资金使用和修复规划，给予农户完全的知情权和申诉权等。[1] 郝春旭等认为资金不足是长期以来制约污染场地治理修复与风险管控的重要原因，目前我国土壤污染防治基金的长效机制尚待建立，应建构起土壤污染防治的经济政策体系。[2]

因农业用地土壤污染可能带来新的社会风险，风险社会观念给土壤环境保护提出了时代要求。从控制风险的角度，有学者认为从生态、健康、重金属、农药等方面对土壤污染实施风险评价与治理，并建立和实施土壤污染风险应急管理机制。陈德敏教授在考察国外污染场地风险治理制度的基础上，建议从"风险评估—风险沟通—风险决策"三个阶段构建我国风险规制体系框架。[3] 在有关农业生产耕作制度上，卢信、罗佳等建议以制度保障科学安排农作物的生产耕作布局。[4]

---

［1］ 严立冬，麦琮翎，屈志光，等.生态资本运营视角下的农地整理［J］.中国人口·资源与环境，2012，22（12）：79-84.

［2］ 郝春旭，唐星涵，董战峰，等.我国土壤污染防治经济政策体系构建研究［J］.环境保护，2023，51（3）：40-44.

［3］ 陈德敏.污染场地风险治理的国际经验与中国启示［C］//中国环境资源法治高端论坛论文集.武汉：中国环境资源法学研究会，2016.

［4］ 卢信，罗佳，高岩，等.土壤污染对农产品质量安全的影响及防治对策［J］.江苏农业科学，2014，42（7）：288-293.

史海娃、宋卫国等主张实行政策引导，建立休耕制度，宣传土壤保护制度。刘美云等认为制度建设不仅要面对已发生污染的土壤，更要强调土壤污染的防范，应从前期预防、过程控制和尾端监管方面全方位治理土壤污染问题。[1]

吴萍在分析我国农产品产地土壤污染防治的管理体系时指出，涉及我国农业用地管理的各部门"都管一点，又不太管"，是土壤污染日趋严重的因素之一，应修改《中华人民共和国环境保护法》（以下简称《环境保护法》）有关条款，在《土壤污染防治法》中强化农业行政主管部门的协调监督权，赋予农业行政主管部门建议关停企业、定期监测、现场检查和行政处罚等权力。有学者认为应明确与农业用地土壤保护有关的农业部门、环境部门和国土部门与县级以上政府间的权力清单。[2] 黄莎博士认为我国农业用地土壤污染源于农村土壤环境执法体制及司法救济存在的问题，应克服地方保护主义，强化农村土壤污染执法监督，从健全对农民土壤污染诉讼的帮助、明确赔偿范围和标准、提高法官土壤司法专业度等方面加强对农村土壤环境保护的司法保障。刘志坚教授认为土壤环境行政监管规范是立法的重要组成部分，应以强化政府土壤监管义务职责、提高执法效能为切入点，精准设定土壤环境行政监管法律规范。[3] 杨婧认为应完善农业用地土壤环境管理办法及污染防控与修复规程，制定土壤污染治理与修复成效评估办法、土壤环境监测及调查评估导则、污染耕地安全利用技术指南等。[4] 杨骐瑛、阮一帆等在考察美国《超级基金法》的基础上，建议我国建立土壤污染风险评估标准体系，拓宽土壤污染防治资金的

[1] 周昱,刘美云,徐晓晶,等.德国污染土壤治理情况和相关政策法规[J].环境与发展,2014,26(5):32-36.

[2] 赵娴.我国土壤污染防治立法构建的再思考[C]//中国环境资源法治高端论坛论文集.武汉:中国环境资源法学研究会,2016.

[3] 刘志坚.论土地污染防治专门法中环境行政监管规范的设定——基于现行环境保护立法缺失的思考[C]//中国环境资源法治高端论坛论文集.武汉:中国环境资源法学研究会,2016.

[4] 杨婧.环保法视野下的土壤污染防治对策[J].山西化工,2023,43(1):236-238.

来源渠道和适用范围，健全土壤污染防治服务平台。[1]

有学者认为，当前环境制度上的环境民事责任、环境行政责任和环境刑事责任不适应农业用地污染防治的需要。一是在认定损害范围时，只是针对现有的损失和一定可预期的效益做出界定，对农业用地的生态价值没有做出评估，导致在数额上不足以对耕地污染行为起到震慑作用；二是行政责任上，传统的行政处分、行政处罚、行政赔偿仍然是在原有框架上操作，许多规范十分模糊，处罚流于表面化；三是刑事责任上，对各种污染和破坏耕地的行为和政府管理耕地中的失职、渎职行为，罪名设置较少，刑罚的力度偏低。责任机制是农业用地土壤污染防治制度的核心，当前污染责任存在主体不明、担责方式寥寥、规则原则不统一、欠缺具体法律依据等，应在主体范围、规则原则、免责事由、诉讼时效等方面建立土壤污染责任机制。[2]而农业用地土壤污染的专门刑事规制成为一些学者研究的视角。有学者认为当前的土壤污染现象超出了现有刑法可以规制的范畴，在我国刑事法律中设立土壤污染罪名符合国际立法趋势，可以最大限度地防止"公地悲剧"的发生。[3]

陈海嵩教授在研究土壤污染整治中的政府责任时指出，应当厘清土壤污染治理中政府责任的边界和范围，纠正动辄由政府为污染"买单"的不合理情况，处理好"历史遗留"和"污染者负担"、"治人"与"治地"、上下级政府间三个方面的关系。[4]在土壤污染责任者不明的情况下，苏喆教授提出"方圆法则"理论，即无法确定土壤污染行为者时，除了能够证明未实施侵权行为外，由一定方圆范围内的

[1] 杨骐瑛，阮一帆，杨姗姗.美国《超级基金法》及其对我国土壤污染防治政策的启示[J].领导科学论坛，2023（1）：63-69.

[2] 郑菲菲，贾爱玲.土壤污染防治责任机制研究——以土壤污染纠纷案件为切入点[C]//中国环境资源法治高端论坛论文集.武汉：中国环境资源法学研究会，2016.

[3] 赵金金.土壤污染刑法惩治机制探究[C]//中国环境资源法治高端论坛论文集.武汉：中国环境资源法学研究会，2016.

[4] 陈海嵩.土壤污染整治中政府责任的范围与边界[C]//中国环境资源法治高端论坛论文集.武汉：中国环境资源法学研究会，2016.

可能企业或组织承担赔偿或补偿责任。[1]

在对司法制度的考察方面，北京市丰台区人民法院王宜生、张海玲收集了 2010—2014 年共 400 份环境民事判决书（众多涉及农业用地土壤环境污染的案件），经过分析研究，总结出环境诉讼存在如下问题：诉讼当事人双方力量对比悬殊，环境侵权的认定标准不统一，鉴定意见广受质疑，判决书援引程序法多适用专门环境法律少，责任承担方式分布不均和服判息诉情况不容乐观等。并提出如下意见：完善立法和侵权认定规则，双重审查鉴定意见以破解公益诉讼困境，发挥法院的预防能动功能，提高环境司法能力等。胡静博士研究了环保组织提起公益诉讼及环境公益诉讼的司法解释问题，考察了美国、德国和法国的公益诉讼模式，提出应建立我国的行政公益诉讼制度以解决司法解释不当定位而导致行政机关公益性和环保组织原则背离的问题，并建议将胜诉裁判中生态修复的监督执法权赋予行政机关。[2]这对加强农业用地土壤污染的环境公益诉讼具有重要的意义。

杨芳教授等指出，农业用地土壤污染受害最深的是农民群体，但在权利制度供给不足和公力救济渠道不畅的"环境权利贫困"困境下，土壤污染事件中农民的维权行为经常徘徊于合法与非法之间，多采取私力救济的非理性维权手段，故其常陷入政府刚性维稳的困局，从而形成维权与维稳相互掣肘、私权与公权相互抗衡的局面。要消除土壤污染根源，必须解决农民的"权利贫困"，重建环境立法公正，提高公力救济效能，完善权利救济机制；变法外维权、暴力维权为依法维权、理性维权，避免权利滥用；变刚性维稳、静态维稳为韧性维稳、动态维稳，防止权力恣肆。[3]王雅琴教授等建议建立土壤污染社会

[1] 苏喆.土壤污染损害者不明的责任追究——论土壤立法中引进"方圆法则"理论 [C] // 中国环境资源法治高端论坛论文集.武汉：中国环境资源法学研究会，2016.

[2] 胡静.环保组织提起的公益诉讼之功能定位——兼评我国环境公益诉讼的司法解释 [J].法学评论，2016（4）：168-176.

[3] 杨芳，张昕.权利贫困视角下农民群体维权困境及出路——基于农地污染群体性维权事件的实证分析 [J].西北农林科技大学学报（社会科学版），2014，14（4）：22-31.

信用危机制度和政府约谈制度作为新的救济机制。[1]

从 20 世纪 80 年代我国学者对农业用地土壤污染的研究开始，多年来法学学者基本上对农业用地土壤污染防治法律制度各方面的功能、举措、制度衔接等做了一系列的探讨，在构建土壤污染立法、行政管理机制、责任及司法救济方面皆有所涉及。然而，相关研究科学系统协调性的缺乏成为指导制度构建的短板，其对从制度上构建污染防治法律规范体系的内容认知不足，主要表现在：（1）研究不够全面。没有从整个法律制度的大框架内系统论述建设的措施，很多纠结于一点而欠缺系统性。目前仅发现关于农村环境管制、农业面源污染等个别论述，农业用地土壤大体的法治情况如何，不得而知。且对于风险的法治管理、土壤行政治理、农民及村集体在土壤环境管理中的地位、农民参与土壤污染治理、农村集体诉权等较少涉及。（2）研究不够深入。大部分论作多泛泛而谈，对土壤污染防治问题做肤浅解读，单一而表面化。或就一个制度（如基金制度、公众参与机制等）做研究，但看起来该研究对整个环境问题或任何环境要素、城市土壤污染一样适用。或讲到了农村农民的环境权益，但对农业用地土壤污染防治一笔带过，做不到密切联系实际的深入考察。（3）研究缺乏针对性。笔者目前尚未看到有关农业用地土壤污染法律制度构建的著作或论文，因土壤及其污染防治的专业特性，不能实现与现行的其他法律政策契合和防治制度本身的周延性。关于土壤污染的物理、化学、生态学、地球学、环境科学等非法学专业著述多，法学领域的相关论著极少，针对农业用地和法律制度结合的研究稀缺。（4）研究衔接性不够。不能够很好地将土地土壤标准、土壤修复技术与专业挂钩，亦未把土壤环境技术理论与法律制度建设标准结合起来，对制度构建的建议失去了相协调的科学系统性。在法学研究内部，立法、行政与司法制度，权利义务、法律责任、激励与惩罚等亦难以相互配合。当前各种社会问题相

[1] 王雅琴，方圆，李汇莹.土壤污染防治责任与救济制度新论［C］//中国环境资源法治高端论坛论文集.武汉：中国环境资源法学研究会，2016.

对集中，在此背景下，以农业用地土壤的污染防治为研究对象，为立法、执法乃至司法和守法建立一套科学有效的制度研究理论体系甚为迫切。

（二）国际理论背景

发达国家对农业用地土壤污染问题的研究比较细致深入，在法律制度建设上取得的成就也比较大，较有代表性的是日本、美国和德国，美国最早涉足农业用地土壤污染的系统控制研究，视野宽泛，成果较为丰富，日本、德国在国情特色上亦较为突出。此外，英国、法国、丹麦、俄罗斯、澳大利亚等国家也有各自的优势。多中心治理理论是土壤污染防治的核心理念，即在设置土壤环境对策时，社群自发行动与政府管理职能相结合，多级别、多层次、分阶段地形成政府、市场与社会协作共治秩序，以权力分散和交叠管辖的多样化制度安排，克服土壤生态保护中的利益冲突和机会主义，实现公共利益的良性循环发展。[1]

美国生物学家蕾切尔·卡逊在其论作中研究化肥、农药的过度施用对土壤和生态系统的不良影响，指出其对食物链和人体健康的危害，引起了世界范围内的广泛关注。[2] Platais 和 Pagiola 对农业生态系统服务付费（即生态有偿服务）的方法和进展进行了系统的探讨。[3] 美国理论界前期已从多方面论证了土壤污染者对其污染行为具有不可推卸的责任，且这种责任的追溯期是永久的。土壤污染者应负责进行土地整治或者支付土壤改良的费用，这种研究观点最终上升和凝结于超级基金法案中。2013 年美国 Arthur 和 Christine 主编的《重金属侵权诉讼》一书出版，吸纳了从事相关研究的学者们对有毒有害物质侵

［1］ Ostrom E, Schroeder L D, Wynne S G. Institutional incentives and sustainable development: infrastructure policies in perspective ［M］. Boulder: Westview Press, 1993.

［2］ 蕾切尔·卡森. 寂静的春天［M］. 吕瑞兰, 李长生, 译. 上海: 上海译文出版社, 2011.

［3］ Stefano Pagiola, Gunars Platais.Payment for Environmental Services: From Theory to Practice ［R］// Washington, D.C.: The World Bank, 2007.Pagiola S, Platais G.Payments for environmental services: from theory to practice. 2006.

权元素、重金属侵权损害理论、共同防卫、医学科学证据应用、因果关系、审判管理、特别诉讼程序等当时的前沿研究成果。[1]

日本对农业用地土壤污染防治立法问题的关注走在发达国家前列，对法律制度的目的研究在明治时代就已开始，目前已形成了法律学术统一的意志：防止农业用地被有害物质污染，防止产生不利于人体健康的农牧产品，有效治理土壤生态破坏并加以合理使用，切实保障人体健康。此外，日本学界对法的概况、法律的实施有关的问题，以及调查、对策相关的技术问题，包含法律制定时的责任官员、中央环境审议会专员、技术检查代表、组成人员及理论司法各界人员等都进行了研究。

同时，这些发达国家对农业用地土壤污染的研究主要集中在农田、化肥农药、水质、农区养殖和灌溉管理等方面，涉及土地土壤学、农学、植物学、环境学、水文地质学等10多个学科，法学仅是其中之一。由于"横向转移"的生态补偿资金计划因故搁浅，更多的学者希望以环境税费制度来控制农业用地土壤污染，如瑞典的肥料税研究就颇受关注。西班牙和澳大利亚研究"节水灌溉"、日本和以色列开展"中水回用"等，不断深化农业用地土壤污染治理理论。在俄罗斯、英国、丹麦、德国等国家都对农业用地土壤污染进行过深入、专门、有效的研究与制度梳理。这些对法律制度的研究成果主要表现在两个方面：（1）希望建立命令／控制型管理模型，以专门的立法为土壤修复技术和管理措施提供强制保障；（2）激励／引导型税补管理模型，以税收和补贴的形式调节农药、化肥的投入，控制土壤污染程度。

近年来，英美环境法学家正在研究实施污染物排放总量控制机制——农业排污权交易和营养物流失许可交易制度。但因流向农业用地土壤的污染物质、来源及程度不确定，使得流失的营养物质如何科学衡量、农业排污权如何合规设定遇到不小的困难，从而影响了理论

---

[1]　Arthur F.Foerster, Christine Gregorski Rolph.Toxic Tort Litigation [M].Chicago: American Bar Association，2013.

指导实践以及规章建设工作的实效。农业用地土壤污染至今仍是棘手的难题，学者对农业补偿、税收、交易、责任制度等的研究很多，但何种方式为最佳尚难考证。[1]

土壤污染防治制度理论发源于欧美国家，因此国外学者，尤其是欧美学者对土壤污染的研究整体较国内学者为早且较为成熟。"他山之石，可以攻玉"，国外学者的研究成果可资我国学者从事理论研究所镜鉴。总的来看，国外关于土壤污染的理论研究情况，呈现如下一些特点：（1）在经济金融学领域对土壤污染的研究较多，深入开展对以经济手段保持土壤环境的作用机理的考察，为相关立法与实践奠定了经济学理论基础。在这一点上，众多经济学家从经济学理论上对土壤污染手段的运用进行了深入的理论阐释，推动了实践的开展，也使得法学领域对经济学尤其是政策经济学、行为经济学、金融经济学等领域的研究有所依附。（2）以往在法学领域对土壤污染的研究成果相对较少，但近年来呈现增加趋势。2023 年 3 月，以"土壤污染制度"为关键词在诸如律商（Lexis）法律数据库二次文献子数据库中进行检索，获得文献超过 200 篇；以"土壤污染"为关键词进行检索，获得文献近 500 篇。在这些文献中，还有部分重复收录的相同文献。从发表时间看，相关文献多出现在 2008 年以后，说明土壤污染防治成为近些年环境法领域的关注热点。（3）大量的法学研究文献聚焦于欧美土壤污染法律制度及其实践，在研究方法上注重采用实证研究方法，以欧盟的实践效果检视相关法律制度，并结合各自国家的实际情况总结经验。国外学者对欧盟土壤污染防治制度体系的各项规则整体上有比较细致的研究，总结其优势，指出其不足。有学者指出，欧盟土壤污染控制制度取得了显著的成效，[2] 美国、澳大利亚、新西兰等国家的学者结合各自国家的法律制度情况，借鉴欧盟的经验进行

[1]　邓小云 . 农业面源污染防治法律制度研究［D］. 青岛：中国海洋大学，2012.

[2]　Convery F, Ellerman D, Perthuis C D.The European Carbon Market in Action: Lessons from the First Trading Period［J］.J.Eur.Envtl.& Plan.L, 2008, 5（2）:215-233.

了探索。（4）较多美国学者重视采用比较研究方法和实践探察法，从理论和实践的层面对欧盟土壤污染防治制度与美国有关制度进行比较，求同存异，得出可适用于本国的有益经验，同时学者注重在基础实地的调查走访实践中建立与相关方的互动机制，从共享的经验中总结污染防治理论，如美国 Tullos 教授与得州企业合作开展的联席查访交流会议系列活动。（5）国外学者对土壤污染防治的法律构造及其法律性质的探讨与争议不多，但在研究制度、机制方面均有涉及且着墨较多。如罗伯特·克鲁克斯以环境政策与发展战略为对象，分析我国土壤污染治理问题，提出"迈向环境可持续的未来"的观点。[1]（6）目前的研究有从宏观视角展开者，也有从微观视角展开者，以前者为主。从宏观视角展开研究的学者，着眼于土壤污染防治的全部制度体系，其研究涉及体系中的各个问题，但多局限于规则介绍而理论深度不足。[2]从微观视角研究者，则注目于农业用地土壤污染防治制度的某些环节，例如发挥市场资源配置作用、进行土壤污染治理的激励、建立土壤环境污染破坏的责任追究制度等。[3]

值得注意的是，一些境外学术机构近年发表了有关我国农业用地土壤污染及相关制度方面的研究成果。如张龙等对湖南省锡矿山周围土壤—作物系统锑迁移转化作了特征描述及污染评价；[4] Duan Kaixiang 等就榆中县农业土壤中有毒金属和类金属污染的特征、来源进行了分析及其生态风险评估；[5] Qi Shi 等论述了沙漠绿洲开发下土

［1］　张庆丰，罗伯特·克鲁克斯．迈向环境可持续的未来——中华人民共和国国家环境分析［M］.《迈向环境可持续的未来》翻译组，译．北京：中国财政经济出版社，2012.

［2］　Stavins R N.A meaningful U.S.cap-and-trade system to address climate change［J］.The Harvard Environmental Law Review：HELR，2008，32（2）：293-371.Kirk J.Creating an emissions trading system for greenhouse gases：Recommendations to the California air resources board［J］. Virginia Environmental Law Journal，2008,26（4）：547-576.

［3］　Driesen D M.Capping carbon［J］.Environmental Law（Portland，Ore.），2010，40（1），1-51.Ferrey S.Auctioning the building blocks of life：carbon auction，the law，and global warming［J］. Notre Dame Journal of Law，Ethics & Public Policy，2009，23（2）：317-379.

［4］　张龙，宋波，黄凤艳，等．湖南锡矿山周边土壤 - 农作物系统锑迁移转换特征及污染评价［J］. 环境科学，2022，43（3）：1558-1566.

［5］　Duan K X，Zhao B W，Zhang S L，et al.Contamination characteristics，source analysis，and ecological risk assessment of toxic metals and metalloid in agricultural soil in Yuzhong，China［J］. Journal of Environmental Quality，2021，50（1）：122-133.

壤 NO₃ 储存对污染防治的影响，[1]诸如此类，从相关技术规范或某些规则层面阐述我国部分地区、部分环境要素变化对农业用地土壤环境的影响及管控规程，值得进一步研究。

对于上述国内外研究现状，我们应对其未来的研究范式作出客观评析。随着对土地土壤和农业环境认识的深入，目前土壤环境保护法律政策领域出现了一些新的变化，即不仅重视土壤提供产品、养分的功能，还关注土壤本身的其他方面（如能够涵蓄水源、维持生态完整、具有观赏价值、体现公共利益等）的功能。因此，农业用地保护有关土壤耕作、美学和环境的多种内容应运而生，耕作是土壤能够提供农产品的基本功能，美学是在此基础上发展起来的能够提供美丽景观的观赏价值，环境是注重土壤的清洁和无污染的农业产出。这个趋势反映了人们对农业土地作用的新认识：它不仅可以供人们种植作物、生产粮食，还能够提供良好的生态和美丽的景观，而且人们愿意为享受它的全部馈赠而做出努力和让步。

发达国家研究理论对法治实践的指导功能更为突出。整体上看，日本、美国等对农业用地（农场地块）土壤管理的考察较为全面深入，对实践的指导更为成功。他们在经济发展过程中，曾经遭受过严重的污染之害，因此十分注重总结、吸取经验，化害为利，它以比较小的公共利益的牺牲走上了农业用地法治建设之路。我国学者对发达国家的法律制度进行了较为系统的研究，但从研究对象来看，对农业用地土壤污染防治制度的研究仍更多地浮于表面，欠缺对土地功能的分类研究，且视角过于纷繁庞杂，不具有聚焦农业的针对性，不能很好地指导我国进行相关法律制度的构建，亟待进行系统而专门的基础性研究，并以（环境）法学的视角，从战略的高度为制度的创建提供思想和理论基石。

---

[1] Qi S, Liu W, Shu H P, et al.Soil NO₃-storage from oasis development in deserts: Implications for the prevention and control of groundwater pollution [J].Hydrological Processes, 2020, 34（20）: 3941-3954.

在对农业用地土壤污染防治法律制度更深层次的探究中，国内学者对国外制度的本国适用性、应用灵活性触及较少。在对策方面，有的学者希望中国也能制定一部规制农业用地土壤污染的专门法律。该提法由来已久，早期因对我国建设农业用地土壤污染防治制度体系论述不深，也只是更多停留在"头痛医头、脚痛医脚"的浅层阶段，被认为提法、理论依据及实践能力不足，研究更多地注重制度的建设，而相对忽视了调查、研究和准备工作。国外典型国家对本国这方面的研究相对成熟，并和其国内法律制度的良性构建与发展相辅相成、共同促进，实践和理论共同发展，给我们当前构建农业用地土壤污染防治法律制度提供了参考的样本。

总体上，发达国家农业用地（农场）土壤污染防治的理论研究有三个特点：（1）重视发挥农业生态补偿措施的效用；（2）土壤污染防治的制度创新与技术创新研究相辅相成；（3）研究重点偏重工矿企业污染场地或棕色地块。[1]

第二节　研究思路、目标与方法

本书以我国农业用地土壤污染防治法律制度作为研究中心，关注土壤污染的重要性，从农业用地质量、环境健康与土壤污染防治制度的关系着手，展开对我国法律制度的探讨。分析了制度演进、法律现状、法律渊源、存在的缺陷以及发展趋势，结合发达国家（如日本、美国和德国）有关制度的理论和法治实践，从立法供给、制度保障和司法救济三个方面讨论我国农业用地土壤污染防治的建设问题，着眼于我国法律制度的构建和完善，采用综合、归纳、演绎、横纵向比较法加以分析，并提出创新性研究思路、目标和方法。

---

[1] 虞锡君，刘晓红，胡勇.长三角地区农用土壤污染防治的制度创新探讨［J］.农业经济问题，2011，32（3）：21-26.

一、研究思路与方法

法治建设是一个从经验到理论，再从理论到实践的不断探索的过程。[1]研究应从法学理论与立法实践的角度阐释清楚农业用地土壤污染防治之法治理念与制度范式，为实践提供理论支撑。本着这一目的，本书的主要研究内容就是深入观察我国农业用地土壤污染防治法律制度，同时借鉴国外成功经验，对我国的农业用地土壤污染防治法律制度的完善提出建设性意见。本书站在环境法学的理念高度，对相关概念、农业用地土壤污染防治的法律概况、我国对该问题的政策态度和制度现状进行全面分析，并结合我国学者在对国外相关制度研究的基础上提出完善建议及相关立法和制度的建设构想。法学理论研究以法律制度为对象，最终要在法律制度的设计与阐释中寻得归宿。国外的有关经验不能简单地照搬，需要结合我国的实际情况来研究并消化吸收，进而确定土壤污染的制度设计理念及具体机制建设。

本书的基本思路是围绕着农业用地土壤污染防治法律制度展开的。首先，阐释为什么确定这个选题，有什么意义，占有的文献和研究特点与方法；其次，提出农业用地土壤污染防治的法治理念基石，探究这个问题的深层次动因，提出相关的概念、研究对象·（即农业用地土壤污染防治制度基础理论研究、剖析及透视）；再次，剖析我们的现状及缺陷是什么，能得出什么样的结论，有什么借鉴和启发，笔者的构想和建言。

本书综合运用了以下研究方法：（1）历史分析法。农业用地土壤污染及其法律规制是怎样产生的、有何历史样貌、当前处在何种状态、有着怎样的发展趋势，从时间的三维角度，全程探视观察。（2）比较分析法。对农业用地土壤污染状况、学术研究状况、法律制度状况、国外与我国有什么异同点，进行比较分析。（3）辩证分析法。客观

---

[1] 那艳华.环境权制度性保障研究［D］.长春：吉林大学，2016：20.

看待土壤污染对经济社会的制约阻碍作用，以双面视角，对法律的发展、国内外制度的建设进程进行辩证分析，既能发现其有利和先进的方面，又不忽略其存在的缺陷和法律移植的不适性，使研究论证不失偏颇。（4）演绎归纳法。在系统分析、多维考究的基础上，总结农业用地土壤污染问题应有的防治特点和法律制度的建构方向，同时在考察国外制度建设的历史进程之后，找出可能适合我国引进并借鉴的经验，提出制度体系构造模式。（5）理论联系实际的知行合一方法。占有大量的资料，分析其中各种可行、可能的理论成果，结合笔者在环保组织的工作实际，寻求适合、具体的操作方法，以理论指导实践，用实践复验理论，加深认识，不断优化制度层面的建言和研究的科学可行性。

二、研究观念与思想创见

发现问题本身或为一种创新。在研究讨论我国农业用地土壤污染问题时，存在的一些现实困难使得研究视野容易出现偏差。自20世纪70年代以来，全世界每年发表的有关农业用地土壤污染的论文众多，而在我国，笔者通过中国期刊全文数据库搜索到的所有学科近10年以"农业用地土壤污染防治制度"为篇名的文章甚少。目前，在任何一个现代国家都能找到一部"好的"环境保护法律，但要找到一部"好的"农业用地土壤污染防治法律却非常困难。几乎各个领域（社会科学和自然科学）都曾关注农业用地土壤污染，但专门从法的角度探讨农业用地土壤污染的文献并不多。本书的选题和论证希望能展开一个新的视野。

当前国内外文献中对农业用地土壤污染尚无统一的界定，国内很多学者将农业用地土壤污染等同为土壤污染。把农业用地土壤污染从两者一贯的混同中剥离开来，并以专门的视角研究其法律制度问题，是本书的一个新尝试。

农业用地土壤污染问题是随着农业现代化的推进和广泛的城镇化建设而日益凸显的，这一问题在工业发达国家最先浮出水面。目前工业发达国家在农业用地土壤污染防治法律制度方面的研究和实践也取得了很大的进展。[1] 广大发展中国家虽然农业用地土壤污染问题严重，但对这一问题尚无力、无暇顾及。我国对治理农业用地土壤污染也缺乏经验，因此，对农业用地土壤污染的研究需要参考欧美一些发达国家的法律文件和相关文献。国内目前很少有系统梳理国外农业用地土壤污染防治法律制度及其实践效果的文献，本书亦在这方面做了积极考察借鉴的努力。

土壤生态保护中存在的问题，有些是执行层面的问题，有些是部门协调的问题，有些是制度需要构建完善的问题。目前，我国的农业用地土壤污染防治工作就呈现出这样的局面。我国的《土壤污染防治法》实施至今已有多年，但实行时间尚短，法治成效尚未彰显，且无专门的农业用地土壤污染防治法律。另外，有关《中华人民共和国土地管理法》《中华人民共和国农产品质量安全法》《中华人民共和国清洁生产促进法》《中华人民共和国循环经济促进法》中有一些条款涉及了农业用地土壤污染防治，但这些立法的本意不在防治污染，因而相关法律规定未能形成系统的农业用地土壤污染防治法律体系。并且，我国农业用地土壤污染防治法律制度建设涉及广大农民的利益，如果防污不当、治理不力，就有可能影响农业环境的维护和农民群体的发展。因此，我国农业用地土壤污染防治不但要借鉴美欧等发达国家和地区已见成效的相关制度和措施，而且要结合我国的土地制度、农业经营方式、经济社会发展阶段等国情对国外制度进行创新和改进。通过以上分析，本书比较系统地提出了对农业用地土壤污染防治从宏观思路选择到具体制度构建的设想，这在目前的学术研究中是一个新的尝试。

[1] 邓小云.农业面源污染防治法律制度研究［D］.青岛：中国海洋大学，2012：15.

本书将农业用地土壤污染防治法律制度对人们行为的激励作用、责任惩罚和司法保障作为重要的论点。制度的构建需要符合人性的基本需求、克服人性的弱点、满足底线的保障。故此，农业用地土壤污染防治工作需要调动全社会一切积极的因素，加大对人们良善行为的奖励或补偿，并形成制度合力以促进土壤污染整治市场的发展；把农业用地环境责任分担到人、到组织，做到违法必纠错，有错必问责；[1]针对农业用地土壤污染造成的破坏和损害，充分发挥司法的能动作用，保障责任的司法落实和合法权益的有效救济，从司法层面保障农业用地土壤污染防治事业的顺利开展和公民土壤环境健康、食品安全卫生的维护。

本书明确了研究的重点及难点。研究重点是如何科学看待我国当前的农业用地土壤污染形势，以及如何正确解决好这个问题。它分为两个层面：（1）目标事物的实际状况，即我国的农业用地土壤污染防治制度体系应该是一个什么样的形态，如何客观地反映出它的问题起源、历史发展、目前的状态和运行机制，又会有什么样的发展态势；（2）我们所看到的事物，它有什么样的优点，于我们有何助益，在借鉴他人经验的基础上，我们应该如何做才能解决目前自己所面临的问题，即从应然的角度看对象或结论应该如何。研究难点是如何在把握我国农业用地土壤污染现状的基础上，科学建构我国土壤污染防治法律模式，包括：如何对农业用地进行明确限定，与其他土地类型相区别，让人们对农业用地的理解有一种清晰的感觉；如何对农业用地土壤污染防治法律制度进行更深层面的研究，对制度的本国适用性、应用灵活性加以研究探讨；在对策方面，如何克服个别学者的片面观点，抛却"头痛医头、脚痛医脚"的思维定式，并深入论及我国农业用地土壤污染防治法律制度建设；如何在注重制度建设的同时，进行调查、研究和准备工作等。

---

[1]　周慧.突发事件问责研究——基于突发事件防范的视角［D］.北京：中国政法大学，2011.

本研究的主要观点在于：我国在农业用地土壤污染防治方面整体尚处于发端和试验阶段，对大量的历史积留污染地块及新发的污染问题缺少针对性的法律加以规制，且不能避免未来可能产生的新的危害。我们应该在系统考察国际上有关经验的基础上，大力引进吸收借鉴，结合我国实际，构建有中国本土特色的农业用地土壤污染防治法律制度体系，促进并实现我国农业用地土壤污染问题的根本性、制度层面的有效解决。

此外，本书还有以下几个方面的创新性：（1）资料运用的创新。对大量的一手资料进行系统的、有重点的阅读和分析归纳，对非英语的资料及译著进行汉语化分析和理解，形成客观、辩证的参考资料，找出这些论点、理论的精神实质和其背后的社会思想发展根源，从而考察其观点对我国的适用性，并对所涉及的相关相似资料（如土壤污染数据、土壤质量标准数值等）进行多方考察印证，确保资料的真实详尽。（2）研究方法的创新。本书采用了历史分析法、比较分析法、多学科验证研究方法、归纳演绎法、理论联系实际的知行合一研究法等各种学术研究方法，把这些研究方法综合起来，统一协调运用。对农业用地土壤和建设用地土壤污染状况加以比较，国内外污染判断标准加以比较以及历史分析，通过实地调查，为研究提供实践支撑。（3）观点的创新。法律制度的构建与完善，需突破体制机制的障碍和固有束缚，以制度的供给满足人们对制度的需求。[1]本书站在国内外诸种理论、学说、观点的基础上，提出要全方位大胆吸收和借鉴国外对农业用地土壤污染的先进管理制度经验，并提出加强土壤监管、加大责任力度、保障诉讼救济，以风险社会的视角和风险管理方法探究农业用地土壤污染防治之道，尝试设立风险应对下的土壤行政管理供给模型。（4）理念的创新。本书从更高的多维视角出发，不仅注重解决农业用地污染本身的基础问题，更从保障公民健康和农业长远

---

[1] 张莉.1978—2011：中国广电传媒改革路径研究——基于制度分析视角 [D].武汉：武汉大学，2012：102.

发展目标的高度，以制度防范风险、有效长治，重视根本意义上的法律制度建构，"建设我国农业用地土壤污染防治激励与惩罚制度"一章在完善综合激励、落实责任惩罚措施上加以论说，为保障其美学、生态、优良、健康的状态，系统建构适合我国国情、"农情"的法治体系，以国计民生观念、核心价值理念研究的具体方法，尽己所能提出良善可行的建议。

第二章 土壤污染与农业用地污染防治概述

　　土壤污染是经济发展过程中对自然的过度索求而忽视对环境的保护最为集中的表现。土壤是各类污染物质的"涵养地"和"集中营"，农业环境健康不容忽视。

第一节 土壤污染概述

　　农业关系到人类的生存，而土地资源更是因为稀缺及其基础功能的重要，历来被视为社会最基本的财富及源泉，对于农业国家尤其如此。但工业化彻底改变了传统农耕文明的发展样态，工业文明的另一刃——工业污染无情地吞噬着农业用地，不仅大量侵占，使其沙化、硬化、盐渍化，更把无尽的有毒有害污染物残留土壤之中，造成土壤污染。

一、土壤污染的含义

　　根据我国《土壤环境质量标准》的解释，"土壤"是指包含有机矿物质、水汽及生物有机物质组成的地表之能够种植植物、具有农业利用价值的疏松土层。一般地，只要有污染物通过任何方式进入了土壤或对土壤状况产生不利影响，则被认为发生了"土壤污染"。但土壤本身与大气、水一样，因自身的功能可以分解、氧化、吸纳一定的污染物，消除一定范围和程度的不利影响，只有超过土壤自净能力的污染物对其生态环境的破坏才是真正的土壤污染。它是指外来的物质介质或行为作用于土壤，超过土壤生态自净转化能力，从而某种程度上改变了其原有的结构并对其功能造成损害，给人们通过土壤享受健康资源带来了风险。本书所指土壤污染，仅限于因人的活动而对土壤生态功能造成的损害和危害，排除自然因素的自发变化（因人的活动导致自然条件变化如气候变暖等影响土壤环境的除外）使土壤含有有害物质而不符合人体正常需求的不利影响。这种不利影响一般通过农产品以及直接危及人体健康表现出来。农业用地是农产品生产的"第一车间"，土壤环境是植物生长的基础，虽然植物的吸附与积累作用可以降解土壤中一定量的污染物质，但这种吸收只是将污染物转移到植物体内部，一部分污染物将被吸收或转移至作物果实的食用部分，影响农产品质量。[1]劣质的、受污染的农粮产品可以通过食物加工链进入人体，进而危害人体健康。

从实际功能上对土壤进行分类，可划分为农业用地土壤和城市工业用地土壤。在英国的土地污染立法中，对受污染土地的定义包含了三个方面的内容：（1）物质的介入对土壤生态产生了损害；（2）这些物质对土地的功能有着潜在的不利风险；（3）这种损害和风险将危及人体的生命健康和财产安全。1990年英国的《环境保护法》明确了这一概念，将土壤污染的危害确定为土壤功能的破坏、对人体健康的危害以及社会财产的损失。[2]

我国环境科学学者将土壤污染定义为：当非土壤正常含量的物质进入土壤，超过其降解消化能力，抑制了土壤微生物的分解、降解作用，改变了土壤原有的组织、结构和功能，使土壤质量降低或有恶化趋势，通过"土壤—农作物、水体、大气—人体（生物）"的流动

---

[1] 陈科皓.我国农用地土壤污染现状及安全保障措施［J］.农村经济与科技，2017，28（23）：7-8.
[2] Natural Scotland Scottish Executive.Environmental Protection Act 1990：Part IIA Contaminated Land Statutory Guidance：Edition 2［Z］.2006-06-07.

吸收，从而已经或可能损害人体健康的现象。也就是说，因人为活动
或因人的活动引起的自然运动使得土壤中含有超过正常降解量的过多
的有害物质，造成土壤生态环境改变、组织功能破坏的土地恶化及可
能的现象。我们可以将土壤环境质量恶化并产生危害的土壤称为重度
污染土壤；而土壤环境质量潜在恶化但尚未引起危害的土壤称为轻 /
中度污染土壤。

　　土壤污染主要呈现以下特点：

　　第一，对人体具有危害性。土壤污染具有间接致害的特性，有害
物质通过"土壤—农作物—人体"以及"土壤—水体—人体"这两个
环节对人体健康产生不良影响。工业企业排出的"三废"往往含有多
种有毒有害物质（如重金属镉、锌、铅、铜等）污染周围的土壤，人
们通过食物摄取了这些有毒物质，身体健康遭受损害。在工业区、矿
山附近的土壤中，一些致癌物质含量比较高，加上长期以来人们滥用
剧毒农药，土壤受各种农药的污染也较为严重，这对人体健康带来了
潜在的风险。土壤被含病原体的粪便、垃圾和污水污染后，可传播病
毒性肝炎、伤寒、痢疾等传染病，同时受污染的土壤也是蛔虫病、鞭
虫病及钩虫病等蠕虫病的主要传播源。[1]

　　第二，土壤污染具有累积性。这不同于水污染和大气污染。污染
物排放到清洁的水中，立刻就会造成水质污染；排出的有害气体、粉
尘扩散到大气中，人眼就能够看见大气污染。也就是说，水污染和大
气污染基本上是同样的媒质扩散造成的同质同态污染，但土壤污染并
非因受污染土壤的排放或流动造成，其发生是由于污水排放、有害气
体随雨倾下、废弃物丢弃等造成的，这是土壤污染的第二个特征。

　　第三，土壤污染具有蓄集性。大气污染和水质污染时，污染物质
与水、大气混合后一般会扩散开来。但是土壤污染不同，土壤位于土
地表层，具有一定的吸附性和固定性，被污染后也很难扩散，地表的

---

[1]　任效乾，王守信，张永鹏，等.环境保护及其法规［M］.北京：冶金工业出版社，2002：37-38.

土壤虽能随水流慢性移动，但没有大气和水质的快速扩散性。地下水也会导致土壤污染，地下水脉流动时，污染物进入土壤，就易残留在被污染的地下一定的土壤区域中，长期影响农作物的生长和发育（见图2-1）。农业用地土壤污染是蓄集污染的典型。[1]

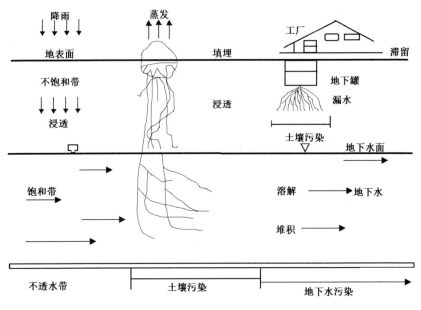

图2-1　地下水污染概念图[2]

第四，土壤污染具有深层渗透性。土壤表层之下含有相当的水分，由于地下水的流动性，表层土壤一旦被污染，土壤中的水质携带污染物质往土壤更深的方向浸透，又会成为新的污染源，尤其是在降雨、河水冲刷时，渗透更明显。从目前的污染事例来看，在污染深度分布上，污染通常会向1~5m地表以下的更深范围渗透。

第五，土壤污染具有复杂性。其表现为具有累积性、积聚性、渐进性、污染形态不确定等复杂特点，且缺少自净功能。土壤污染有时源于单一物质，有时由多种物质造成，有时可能有多个污染源头，各

[1]　任效乾，王守信，张永鹏，等.环境保护及其法规［M］.北京：冶金工业出版社，2002：37-38.
［2］　内藤克彦.土壤污染对策法的概要［M］.东京：化学工业日报社，2003：11.该图反映了因水质污染导致农业用地土壤污染的整个过程。

种物质和污染源与土壤进行相互作用，本身的运行机理十分复杂，如果污染物质不能被彻底清除，则由其引起的水质污染或其他污染就可能长期反复发作。而且，对农业用地进行调查、检测、评估、风险防范、污染治理和后续利用等的措施也相当繁复，治理成本高昂，一时也难以奏效。没有被修复的土壤，其影响和危害可能长达几十年、上百年甚至上千年，且危害是多方面的。土壤中的毒害物质渗透到地下造成地下水污染只是一种形式，它也可能向地面迁移扩散，释放有毒气体污染植物，形成毒性扬尘通过呼吸道进入人体等。[1]

综上，一般来说，土壤污染的特点有如下五个：（1）致害性。人体可因直接接触被污染的土壤而受害，也可因对污染土壤出产物的摄食或吸收而损害健康，又可通过地下水、空气等媒介而浸染致害。（2）非扩散性。污染土壤后的有害物质移动性、扩散性低，难以稀释或清除。[2]（3）持久性和蓄积性。"赤地千里，非一日之黄沙"，一个污染源头源源不断地向土壤排出污染物质，土壤的有害物质含量日积月累，渐渐损害着农业用地土壤，影响着农作物的生长，最终危害人体健康。（4）隐藏性。有毒有害物质藏在土壤中，污染不易被发现。（5）作用原理复杂。有害物质与土壤及农作物相互作用、相互影响，土壤状况难以复原。

农业用地，即是为了农业生产、农村生活和农业文明所需的作物种植、林渔养殖、经济开垦等附着的正在使用和整治待用的土地，包括耕牧园林及为农业生产所需而利用的农村土地。农业用地的土壤环境，就是为农业所需的土地土壤本身的质量、资源含量、土地肥力潜能及土表、地下、周围水质状况和周遭可能影响土地的气候、空气环境状态，以及整个与农用土地状况相联系的全部生态环境状况。前已述及，本书所说的"农业用地土壤污染"，采取的是一个广泛的概念，既着眼于人们的粮食安全和身体健康，包括一般意义上的"土壤污

---

[1]　蓝虹.从兰州水污染看土壤污染治理［N］.中国环境报，2014-04-23（02）.
[2]　中央環境審議会.答申［R］//今後土壤環境保全についての对策の部分，2002-01-25.

染"，也包括人为活动影响下，气候、酸雨、灰霾、辐射带来的土壤环境生态失衡、农作物超标及引起食品安全危害等情况。

研究土壤污染防治的原因在于其与人体健康密切相关，农业用地土壤环境状况直接影响"三农"事业的健康良性发展。农业环境与农业生态健康及人体健康是环境问题的重要组成部分，而我们判断农业用地土壤环境状况，很大程度上以看其是否符合土壤环境质量标准为依据。提高土壤环境标准，有助于促进农业环境生态的改善和土壤环境法治的发展。

二、农业用地土壤污染源

土壤的污染源十分复杂，污染物的种类也极为繁多。固体废弃物、污水、污染气体、放射性污染等最终也会滞留于土壤这个载体。土壤污染物主要有物理污染物、化学污染物、生物污染物和放射性污染物。[1]一般从农业用地土壤污染来源看，主要有以下几类情况：

第一，重金属污染。各类含有金属成分的物质以各种途径进入土壤，成为导致农业用地土壤污染最主要的致因物质。自然界有超过50种比重大于5.0或密度大于$4.5g/cm^3$的金属物质，它们在土壤+生物系统中各有所属的物质能量循环体系。人们通常所说的重金属主要有八种，如砷、镉等金属物质。这些重金属对人体影响较大，其中铬、砷、镉、汞、铅被称作"五毒"。[2]矿山作业、化工厂生产、建设施工带来的污染排放，铬屑、镉渣等固体废弃物堆掩沉积、粉末扬尘，未经妥善处理而随意丢弃的含有多种重金属的物件等，都会侵害土壤环境，腐蚀农作物，造成巨大危害。如电脑、手机等电子产品废弃物对土壤的危害极大，无论是裸露在大气中，还是埋在地下，其配置器件中所含的汞、铅、镉等金属物质都会随废液一起流出，造成对地下

---

[1]　金名.哭泣的大地：中国土壤污染警示录［J］.生态经济，2011（1）：14-17.
[2]　陈能场.农业用地土壤环境质量标准修订之我见［OL］.澎湃新闻，2015-01-24.

水和土壤的污染。整体上看，我国受产业技术水平、政策法规发展状况等的限制，目前废旧电池回收方面的主要问题集中在流通环节不畅，无法形成有效的资源闭环，通用化、智能化拆解技术有待突破等。尤其是废旧动力电池的综合处理、梯次利用、规模化处置能力有待形成。[1]当前我国部分面积耕地中检出含有金属铬等物质，尚难以通过现有的技术能力进行根本性清除净化，若再无适当的法律措施加以规制，新旧污染物日积月累，可能导致该场地被污染土壤失去修复可能。对于重金属污染，我们可以从以下几个方面加深认识：

（1）不同种类重金属对土壤、作物、人体的不良影响存在差异。从作物安全和人体健康的角度看，在非正常土壤中，难以迁移的重金属元素（如砷、汞、铅等）会造成不同程度的土壤污染。土壤中重金属超标一般会带来土壤污染，而土壤中欠缺人体的必需元素（如钴、钼、硒等）的土壤"过度纯净"亦可以理解成另外一种形式的"土壤污染"，同样可能造成不良影响。在农业用地土壤标准制订完善过程中，应对不同的重金属有相异的检测认定规范。

（2）作为污染物的金属物质来源范围广，易被吸收，对人体危害尤重。如金属镉被称为土壤污染和食品安全的"头号魔鬼"。农作物中的镉可以被人体直接通过食用农作物产品而吸收，有害化学激素类物质的游离化学性质使得它具有高毒性和致癌性。20世纪日本神通川流域的环境公害"痛痛病"，就是金属镉通过土地种植的作物而对人体产生健康损害的典型。根据铬的性质，受其污染的土壤需要经过近六十年才能够种庄稼，其进入人体以后要经过10~30年才能够排出，即是说这种重金属一旦进入人体或土壤里，想短时间内解决是十分困难的。农村畜禽养殖使用的饲料以及废弃物含有多种重金属元素，不当养殖及随意处置也可能导致土壤重金属污染。[2]不同点位的土壤

[1]　李红燕，陈炳全，汪志鸿，等.我国废旧动力电池回收产业发展现状与建议［Z］.中国循环经济协会，2023-02-16.

[2]　吴二社，张松林，刘焕萍，等.农村畜禽养殖与土壤重金属污染［J］.中国农学通报，2011，27（3）：285-288.

环境对重金属的反应有一定差异。一般地，天气本身在年度上、季度上、大范围的气候变化上也可以带来土壤或农作物的污染。土壤污染的调查应从多个角度、全范围地考察其作用机理和致害可能。

（3）土壤中各种金属元素相互作用，可以加速土壤和作物的污染与致害性，也可以被用来降低对有害重金属的吸收而提高作物安全性。生物体和土壤环境的所有介质中，大都是多种重金属共存一体，这些重金属"明争暗斗"，相互作用。科学研究表明，土壤中砷的溶解性与土壤酸度密切相关，土壤 pH 值每降低一个单位，砷的活度系数就提高 1.2 倍，沉积在土壤表层的砷氧化物就会进一步溶解。镉与锌在玉米籽实和大豆籽实中分别表现为互相抑制吸收和协同促进吸收，根据类似的金属反应特性可以用来减少有害重金属吸收，提高农产品安全性。如湖南省施用石灰降镉，澳大利亚普遍使用锌镉的颉颃关系来"施锌控镉"，但不同条件下的效果并不稳定。我国应当考虑不同地区实际情况，以金属的这些相互作用原理来治理土壤环境。

（4）化肥和农药残留。为了在短时间内提高土地肥力，防治病虫害和草害，化肥和农药以及除草剂等一直在广大农耕地区广泛使用，其不能被分解的残留物侵入土壤之中，日积月累，影响了土壤生态，降低了土壤功能。化肥中的氮肥对动植物有刺激、腐蚀作用，农药含有有害物质，能直接对人体造成伤害。化肥、有机肥等农业提肥产品、农药农膜的过度使用大大降低了农作物的营养成分。人们经过对上述物质使用后的残留进行长期调查，有明显的证据表明土壤中含有的有害物质对当地居民的健康产生了影响。同时，现实的高强度耕作制度与带有致污副作用的产品"相配合"，更不能保证农作物的安全。将未经任何土壤危害实验和检测的剧毒农药、杀虫剂喷洒于农田果蔬，将带来巨大的健康风险。

第二，水质污染。根据生态环境部向媒体公布的 2022 年第四季度（10—12 月）和 1—12 月全国地表水环境质量状况，总体情况是，3641 个国家地表水考核断面中，水质优良（Ⅰ—Ⅲ类）断面比例为

89.6%，劣Ⅴ类断面比例为 0.7%，主要污染指标为化学需氧量、总磷和高锰酸盐指数。全年水质优良（Ⅰ—Ⅲ类）断面比例为 87.9%，劣Ⅴ类断面比例为 0.7%。主要污染指标为化学需氧量、高锰酸盐指数和总磷。[1]我们说的土壤污染，因污染物质直接排放、堆积到耕地上的情况并不是常见现象，更为普遍的是排出的废水、废渣、尾矿等毒害物质随水体的流动、雨灌浇淹、污水灌溉浸透到土壤中造成土壤生态劣质化。我国在 20 世纪 80 年代，90% 以上的农业用地土壤污染是由水质的污染造成的，当前亦为 80% 以上。2016 年 2 月 18 日，住房和城乡建设部及原环境保护部联合发布全国城市黑臭水体排查情况，结果显示：全国 295 座地级以上城市中，218 座城市共排查出黑臭水体 1861 个，其中南方地区逾 6 成，北京 61 个黑臭水体上榜；只有 77 座城市没有发现黑臭水体。2011 年云南曲靖重金属污染农田事件，部分原因就是受污染的水体被土壤吸收而导致污染加重的结果。[2]

第三，气体污染。大气污染不仅直接对人体健康造成伤害，被污染的空气更能够通过与土壤的表面接触反应、雨水中的大气沉降物对作物的侵蚀作用、畜牧养殖动物的生物吸收等给土地作物带来二次损害。比如，十多年前我国长期使用有铅汽油，汽车尾气中的铅、铜曾是大气和土壤铅污染最主要的来源之一。大量研究结果表明，土壤中的铅含量与距公路的远近呈明显的负相关关系。人为排放的氟气、二氧化碳等对大气质量有着直接的不良影响。设备落后的老旧垃圾焚烧厂会向大气释放出一系列混合存在的持久性有毒化学物质、多种挥发性有机化合物、颗粒物以及氮硫酸性气体。目前，燃煤锅炉作业产生的污染排放也是我国大气污染的重要来源之一。此外，偶然发生的核泄漏、毒害气体化学品扩散、危险品爆炸等对土壤环境的破坏可以说是毁灭性的，如 2011 年日本福岛第一核电站反应堆"泄漏事故"，不仅造成广泛区域内土壤质量的永久性破坏，甚至影响了其他相邻国

［1］ 中华人民共和国生态环境部.生态环境部公布 2022 年第四季度和 1—12 月全国地表水环境质量状况［R］.2023-01-29.

［2］ 李怀岩，黄浩苑.云南曲靖铬渣污染事件：铬渣之害何时消［N］.半月谈，2011-09-06.

家的邻近土壤和水质状况。因大气污染严重而导致的酸雨在食品安全中也扮演着不可忽视的角色。据统计，我国每年排放二氧化硫约1200万 t，我国酸雨主要地区从 20 世纪 80 年代的西南地区逐渐转移到近年来的东部地区，酸雨将有害物质从土壤中溶出，激发其有效性，它对土壤污染和粮食重金属超标的"贡献"不可忽视。土壤酸化也是导致农作物重金属超标的主要因素之一。如近些年华北地区的持续雾霾对城乡接合部和农村环境造成了突出的不良影响。

第四，其他多种污染。散落在农田周边的小工厂、屠宰场的污染物，农村生活排污，村区医院诊所排出的废物、含细菌物质，对农地的污染与破坏已经造成了不可忽视的影响。近年来，由于经济的发展，大量废旧轮胎、一次性废旧塑料袋等有机化学品污染物质流入农村，因为这些可以炼油，一些农民在田间地头开设个人作坊式小工厂，大肆炼油，产生的恶臭及粉尘严重影响周围农田的产量，特别是在小麦和玉米开花授粉期，燃烧产生的这种灰尘降落在花上，导致粮食产量锐减，而剩下的炭黑及废渣则逐渐向农田扩散，污染田地。[1]中原地带和北方地区烧秸秆也是促使农业用地土壤污染和地力退化的原因之一。IT 行业的 FDI 引致效应、石化化工溢流、持续性有机物、工业垃圾废料燃烧沉降物、放射性物质（如钚、铀），以及大气、水体、土壤中等混合掺杂的有害排放物结合后的化学或物理反应也会生成各种不同种类的有害污染物。在污染物暴露区，本地食品消费会增加风险。可以说，任何环境要素的污染，都能够直接或间接地造成土壤的污染问题。

三、土壤污染致害的典型案例

在关乎农业的发展过程中，人类对大自然的每一次"夺取"，自然都会以其最无情的方式给人类以报复。这种报复的结果也许要等几

［1］ 刘可贞.农地土壤污染防治法律初探［J］.法制与经济（中旬），2012（3）：83-84.

十年，甚至几百年以后才会表现出来，让"夺取"者的后代去承受苦果，土壤污染尤其如此。40多年经济快速发展带来的土壤污染问题在近些年开始凸显，导致农业用地污染事件频发。据统计，我国全国范围内被污染的农业用地土壤地块达到上亿亩，其中大部分集中于华东沿海经济较为发达的地区，包括工业生产集中地、集约化程度较低的农村区域、矿山地区周边农村作物种植区和城市周边蔬菜生产种植基地等。云南铬渣污染事件，湖南镉污染导致的"癌症村"，河南重金属镉污染，天津铬渣堆放污染以及危险化学品爆炸前后对农业用地的系列破坏，河北大面积的水质污染导致的农田作物损坏，湖北土肥养殖重大污染等事件层出不穷，在全国造成了较大的影响。

当前，潜伏几十年的土壤问题开始凸显，给受污染地区的居民造成了相当大的损失，有些还带来了严重的区域性社会问题。以下为近些年有关机关部门查处的涉土壤环境违法的典型案例，可以反映出农业用地土壤环境管理中存在的问题。

（一）四川遂宁一公司倾倒污泥致耕地破坏事件

2022年6月5日，四川省公安厅公布的生态环境领域典型案例显示，遂宁一生物环保科技有限公司将22.6万t污泥倾倒、填埋于耕地中，造成194亩耕地遭到破坏。据悉，2021年以来，全省公安机关立案侦办破坏环境资源保护犯罪案件6000余件，其中省厅挂牌督办案件118起，公安部督办案件27件。成都、德阳、宜宾、绵阳、泸州、眉山、巴中、遂宁、攀枝花相继侦破一批危险废物污染环境案件和制售伪劣液化石油气系列案，查封危险废物废机油51.84t、危险废物300t、处置废机油的白土渣2.88t、工业危险废物铝灰17.155t、柴油废渣1.4t，查扣伪劣液化石油气1500t以上，涉案价值3亿余元。[1]

---

［1］ 何利权.遂宁一公司倾倒污泥致194亩耕地遭到破坏，5名被告人获刑［OL］.2022-06-05.

（二）内蒙古阿荣旗李某某非法占用农用地案件

2018 年春天，被告人李某某未经主管部门批准的情况下，驾驶自家农用四轮拖拉机带自动犁，在阿荣旗得力其尔林场一号店施业区 98 林班 7 小班，将国有宜林地非法开垦 34.857 亩，并种植农作物。经鉴定，被开垦林地的地貌已经完全改变，原有植被严重破坏。[1]

（三）黑龙江非法采挖泥炭土毁坏农田种植条件事件

2022 年 5 月 24 日，最高人民检察院以"检察机关依法保护黑土地"为主题发布相关典型案例。其中，在王某等人非法采矿，李某非法采矿、掩饰、隐瞒犯罪所得案中，2019 年 3 月，王某得知尚志市老街基乡青川村有泥炭土资源后，从当地村民手中租用农用地采挖泥炭土，通过李某为其晾晒后出售，供买家用于制作有机肥原料。2021 年 1 月，王某又伙同马某、许某、李某等人在五常市沙河子镇福太村等地租用农用地，采挖泥炭土出售牟利。王某等人非法采挖 34464m³ 泥炭土，经勘察、测量，王某等人在五常市非法采挖泥炭土致使 90 余亩基本农田种植条件遭到严重毁坏。[2]

（四）广东倾倒渣土致 70 亩农用地被毁案件

一块依法发包的国有农业用地被多次违规转包后，竟成为工地渣土倾倒场所。位于深圳市龙华区大浪街道 ALH04-15 号地块，共有面积 70.02 亩，为国有农业用地。2016 年 12 月底，大浪街道将该地块依法发包用于花卉苗圃经营后，经过多次违规转包，庄某受让了该块土地。2018 年 7 月 3 日，庄某与何某签订合同，约定由庄某提供地块，何某支付 350 万元，可倾倒工地渣土 2 万车，超出部分则以每车 200 元计。这也就意味着，如果按每车 15m³ 计算，至少可以向该地块

---

[1] 澎湃新闻.【世界环境日】破坏环境资源典型案例：李某某非法占用农用地案［OL］.2022-06-06.

[2] 李运恒.非法采挖泥炭土毁坏近百亩农田种植条件，最高检发布保护黑土地典型案例［OL］.潇湘晨报，2022-05-02.

倾倒渣土 30 万 m³。何某根据可倾倒渣土的总量制作"倒土票"3000张，卖给做土石方工程的陈某。而陈某则在未对土壤进行检测的情况下，将倒土票卖给多位周边工地的土方项目经理。就这样，"倒土票"如同接力棒，一棒传着一棒；倾倒渣土的泥头车也一辆接着一辆。经测量，涉案地块总共被倾倒渣土覆土面积 26353.63m²，覆盖土石方量26933.93m³。而在这些倾倒的渣土中，干物质百分比、铜、铬、镍、锌等重金属含量均大于原土壤含量，极易造成土地重金属污染。根据相关机构对涉案土地的涵养水源损失、保育土壤损失、固碳释氧损失、积累营养物质损失、净化大气环境损失、森林防护损失、生物多样性保护损失、森林游憩损失进行损害分析后认为，涉案地块生态服务功能已基本丧失。庄某、何某和陈某三人的行为非法占用农用地，造成农用地大量毁坏，破坏了林木资源和生态环境，危害社会公共利益。[1]

（五）北京向农用地倾倒污泥污染土壤事件

通州区永乐店镇胡村口路口农业大棚内发现一例违法倾倒清淤底泥的现象，经检测清淤底泥中锌污染物排放浓度和汞污染物排放浓度分别超过《土壤环境质量　农用地土壤污染风险管控标准（试行）》（GB 15618—2018）规定的农用地土壤风险筛选值及农用地土壤管制值，确属向农用地排放重金属含量超标清淤底泥行为，下一步将配合相关部门做好后续处理及土壤整治工作。[2]

自 2013 年起的数年间，环保组织赴河南、安徽、江西、天津、河北等多个省市进行了调研，一些农村地区的土壤污染状况令人震惊。"寂静的农村"呼唤生机的焕发。[3] 上述案例所反映的事件，

---

[1]　张燕.深圳三人倾倒渣土致 70 亩农用地被毁　被判赔偿 300 万元［OL］.人民网，2021-11-04.
[2]　北京市通州区人民政府.通州区查处全市首例向农用地倾倒污泥污染土壤事件［EB/OL］.2020-07-23.
[3]　笔者于 2013 开始在国内著名环保组织"自然之友"从事重金属污染土壤的诉讼法律救济、公众参与等事务，曾参与有关土壤污染调研。

全部可以从法律的层面加以认知，并可以从制度方面加以解决。此外如河南南阳某村环境污染事件、连云港"毒水"事件，村民在采取必要的自救自助行为之后，如果就此依法提起土壤环境诉讼，笔者相信是能够更加有序有力地解决农田和饮水被污染的问题。而正是因为法治发展的低端浅层状态凸显的制度缺失、责任缺乏、法律素养和能力不足、执法司法偏颇与摇摆使得农业用地土壤污染不能走上法治轨道，责任追究也多是社会"丛林力量"博弈的结果。大量的农业用地土壤污染事件反映出，由于法律的缺失导致了地方政府、环保部门和企业相关责任的缺失，成为农民环境权利贫困的制度根源。[1]

四、我国农业用地土壤污染的严峻形势与危害后果

土壤污染是"看不见的污染"，几乎所有污染类型（如大气污染、水质污染）最终都将归于或导致土壤污染。我国农业用地的土壤污染现状不容乐观，主要表现在重金属污染、化学品制剂污染和生活污染三类。[2]工业工厂排出的"三废"向农业用地直接倾倒，含重金属物质的长期堆积，多年来使用的农药、化肥、虫草剂过量投入及大量残留，农民生活中使用的难以降解分解处理的塑料、薄膜、放射物品随地丢弃，造成了农田农地质量的普遍性降低。每年使用的农药少部分作用于各类病虫，而更多的农药经由生态系统、通过农产品食物进入了人的身体。此外，城市处理用水、工业污水、建设用废水等直接用于农田的浇灌，也导致农业用地土壤重金属含量过高。[3]通过皮肤接触、呼吸（污染散发的恶性气体）、饮食（重金属超标及作物污

---

[1]　杨芳，张昕.权利贫困视角下农民群体维权困境及出路——基于农地污染群体性维权事件的实证分析[J].西北农林科技大学学报（社会科学版），2014，14（4）：22-31.

[2]　曾鸣，谢淑娟.中国农村环境问题研究——制度透析与路径选择[M].北京：经济管理出版社，2007：8.

[3]　根据环境保护部门有关环境状况公报《主要污染物总量减排》，国家加大小火电、炼钢、炼铁、水泥、造纸、酒精、酿造、柠檬酸等行业落后生产能力淘汰力度，在一年内实现减排二氧化硫60万吨，减排化学需氧量40万吨。淘汰和停产整顿污染严重的造纸企业1100多家，关闭小火电机组1669万千瓦，淘汰了一批钢铁、有色、水泥、焦炭、化工、印染、酒精等落后产能。通过淘汰关停落后产能，全国新增化学需氧量减排量34万吨，二氧化硫减排量81万吨。

染），不同的污染物及污染源对人体有相异的不良影响和损害。总体来说，土壤污染，尤其是农业农地的土壤异化，可以直接或间接导致肝脏、肾脏、皮肤、消化系统、生殖系统、免疫系统的疾病，有些具有较强的致癌性，如二噁英类物质导致的污染损害。这些不良影响和危害，造成人的死亡、伤害、基因异变、遗传性疾病及财产损失。

自 1995 年以来，我国农业用地遭受着不同程度的破坏和侵蚀，当前约有五分之一的农业用地因遭受污染难以得到净化、修复和治理，经济损失非常严重，并构成对土壤土地质量、农产品及人体生命健康安全的广泛威胁。据自然资源部中国地质调查局 2023 年 1 月发布的《国家土地地球化学质量报告 2022》，我国土地地球化学综合质量总体在中等等级以下的土地总占比约 10%，土地养分状况在中等等级以下的土地占比约 30%；相关专家表示，目前我国仍有约 20% 的耕地受到不同程度的污染。根据生态环境部 2020 年中国生态环境状况公报显示，我国受污染耕地和污染地块安全利用率仍有 10% 不能达标，全国耕地质量平均等级为 4.76 等。根据 2021 年中国生态环境状况公报中关于土壤环境质量显示，影响农用地土壤环境质量的主要污染物是重金属，其中镉为首要污染物。工矿废弃地污染突出，我国农业用地土壤全国呈"立体型"面源污染态势。调查显示，我国南方地区土壤污染重于北方地区；长江三角洲、珠江三角洲、东北老工业基地等部分区域土壤污染问题较为突出，西南、中南地区土壤重金属超标范围较大；镉、汞、砷、铅 4 种无机污染物含量分布呈现从西北到东南、从东北到西南方向逐渐升高的态势，从西北到东南污染情况交叉趋重。中南地区耕地重金属污染情况堪忧，其中湖南省是我国土壤污染受害最严重的省份之一，湘江、沅水、资水、澧水、洞庭湖流域都有不同程度的重金属污染状况，因水质流域污染容易造成大面积的耕地土壤污染，"鱼米之乡"巨大数量的粮食遭到各类重金属污染的困扰。[1]

---

[1]　陈勇.湖南省土壤污染防治立法的几个关键问题思考［J］.现代商贸工业，2020，41（12）：108-110.

当前，污染正在加快向农村地区蔓延。小造纸厂、化工厂、冶炼厂、酿造厂等污染企业在农村地区星罗棋布。一个化肥厂毁了一条河、一套小土胶坏了一个乡的现象屡见不鲜。工业"三废"的排放是导致农业用地土壤污染的重要因素之一。

水质状况对农业用地土壤的影响显著。当前水体生态环境持续恶化，长江、黄河、淮河、珠江流域全域都存在不同程度、多种分布的污染源。全国的淡水湖泊呈现富营养化趋势，农业污水灌溉导致大面积粮食歉收甚至绝收，引发不少恶性事件，相关纠纷屡见报端。

近 30 年来，我国出现大范围酸雨，中国酸雨区已成为继北美、欧洲之后世界上最大的酸雨区之一——东亚酸雨区的一部分。每年因排放二氧化硫所造成的经济损失数十亿元。酸雨危害地表生态系统和人体健康，加速材料腐蚀等，对人们日常生活和生产活动造成广泛、持续的不利影响。[1]

总体上，我国农业用地土壤污染呈现如下特征：（1）污染范围广，复合型高风险污染区不断扩展；（2）污染种类多，重金属超标与无机物污染叠加重合；（3）污染途径多，乡镇工业、农村种养与生活排废"多渠道"流向生产土地，并出现"立体污染"态势。[2]土壤环境问题集中爆发，防控难度大，治理修复任务繁重。[3]我国农业用地土壤污染的各种类和地区中，迫切需要以法治加以管制解决的有三种：（1）有明显的黑水存积或流淌，有垃圾堆放的村庄、平原地带，大中城市郊区村庄；（2）工业扩张迅猛的地区和规模化养殖较为发达的地区；（3）有矿产资源开发的村庄。农业用地土壤污染损害人体健康，造成各种顽疾，使人民的生命健康面临巨大的风险，危及国家经济社会的正常健康发展。同时，部分城市地区土壤污染导致地下水源受到的严重污染又影响了周围农村土地土壤的质量，造成了连锁

---

[1]　张明禄.《酸雨和酸雨区等级》：为酸雨防治提供科学依据［N］.中国气象报，2017-04-10（3）.

[2]　虞锡君，刘晓红，胡勇.长三角地区农用土壤污染防治的制度创新探讨［J］.农业经济问题，2011，32（3）：21-26.

[3]　林玉锁.我国土壤污染问题现状及防治措施分析［J］.环境保护，2014，42（11）：39-41.

污染，并影响居民、村民安全饮水和正常农业生产。不同于其他形式，土壤污染导致农业土地承包的正常流转开始受困，给土地流转当事人带来潜在的法律风险，也是必须正视的问题。归纳起来，目前我国农业用地土壤污染的危害主要表现为：

第一，降低土壤肥力，导致作物污染。我国每年有 1200 万 t 粮食受土壤重金属污染，造成损失每年可达 200 亿元人民币。农作物生长受到较大影响，近 20 年我国重金属污染农田增加了 14.6%，占总耕地面积的六分之一。严重污染区域的稻谷、麦薯不能食用。常年施用的化肥、农药残留以及污水灌溉改变了土壤的生态结构，大大降低了土壤的地力肥力，使得作为主要农业用地的耕地质量快速下降。

第二，造成食品风险，危害人体健康。作物吸收和富集污染物，导致农作物产量降低和农产品品质恶化，不断冲抵农业生产收益，降低其价值期待。当前食品安全问题是农业用地土壤污染导致的最为直接、影响最大的问题。残留污染物除了造成土壤功能降低，还严重破坏其固有的生态环境，造成土壤结构异变，种植产出作物口味下降，不易保存，致使农业初级产品的储藏和加工工艺不能满足深度挖掘的需求。从被污染的土地中出产的作物直接或间接被加工成各类食品，进入寻常百姓家，对广大群众的身体健康造成不可估量的危害。

第三，不利于农产品出口，降低其国际竞争力。近年来国外一些国家尤其是西方发达国家对我国的农产品在品质、安全、技术等方面的要求越来越高，涉农商品贸易壁垒越来越多。我国本身就一直面临着巨大的出口压力，农产品的"绿色限制"降低了商品的国际竞争力，影响了农业出口经济的快速发展。

第四，威胁生态环境总体安全。被污染的土壤将给土地植物、小型动物（如蚯蚓）和微生物（如根瘤菌）等的生长环境造成致命影响，异化了其与土壤的环境互动，弱化了土壤本身的生态服务功能，降低了土壤的肥质。而且，受污染的土壤也会经冲刷，与空气的物化反应形成新的污染源，从而对饮用水源造成污染风险，增加温室气体排放，给其他环境要素造成连锁不利反应。

　　同时，土壤污染造成生态组织构成异化，一定程度上影响水体、大气等环境要素的质量，给整个国家的生态安全带来巨大压力。导致土地正常流转受困，给土地流转当事人带来潜在的法律风险。这一问题在承认土地私有的国家已经十分突出，甚至成为日本等国土壤污染立法的直接原因。虽然我国农村土地规定为集体所有，但是通过承包、转包、集约合约经营等合法方式实现土地流转后，作为资产的土地受污染后价值下降，一些土地无法满足人民健康生活的基本要求，上述众多地区发生的土壤受污染严重危害村民、居民身体健康的案件，提醒我们必须对农业用地土壤状况给予足够的重视。2013—2016 年，笔者多有参与实地调研（见表 2-1）。部分调查点为小块农田或农家院区，有些调查点位当前已非农业用地，土壤修复情况有待进一步跟踪。"爱护环境，善待自然"的观念，作为一种现代公民意识，将被更多的国人所接受。没有亿万人民在土壤环境问题上的觉醒，就不会有中国土壤生态面貌甚至整个环境状态的真正改变。

表 2-1　农业用地土壤污染部分调查情况

区域趋向	南方 > 北方　中东部 > 西部　江河流域 > 内陆区域（高 > 低）	
污染重点	长江三角洲地区、珠江三角洲地区、东北老工业基地	
重点走访调研省区市（以首字母拼音排序）		
调查省区市	发现超标点位地区	
安徽	安庆、亳州、铜陵	
北京	朝阳、大兴、丰台、通州	
重庆	北碚、大渡口、江北、九龙坡、两江新区、黔江、沙坪坝、潼南、渝中	
福建	福州、泉州	
甘肃	陇南、武威	
广东	东莞、广州、揭阳、清远、韶关、深圳	
广西	北海、桂林、河池	

续表

调查省区市	发现超标点位地区
贵州	贵阳、黔东南州、黔南州、铜仁、遵义
海南	海口
河北	保定、沧州、衡水、廊坊、石家庄、唐山
河南	安阳、济源、焦作、开封、洛阳、南阳、三门峡、商丘、新乡、郑州、周口
黑龙江	大庆、哈尔滨、齐齐哈尔、绥化
湖北	黄石、潜江、武汉、襄阳
湖南	益阳
吉林	白山、长春、吉林、四平、松原
江苏	常州、连云港、南京、苏州、无锡、徐州、盐城
江西	赣州
辽宁	大连、抚顺、辽阳、沈阳
内蒙古	阿拉善、赤峰
宁夏	中卫
山东	滨州、德州、东营、菏泽、济南、临沂、青岛、潍坊
山西	长治、临汾、吕梁、太原
陕西	宝鸡、铜川、渭南、西安、榆林
上海	宝山、奉贤、浦东、青浦、松江
四川	成都、德阳、乐山、凉山、泸州、眉山、绵阳、内江、攀枝花、雅安、宜宾、自贡
天津	北辰、滨海
云南	昆明、怒江州、曲靖、玉溪
浙江	温州

来源：根据笔者参与的环境保护非政府组织实地走访调查检测结果整理，部分农业用地污染情况参见王建平.土壤污染致灾性控制的逻辑理路［J］.四川大学学报（哲学社会科学版），2013（6）：126-139.本表不能反映当地农业用地土壤污染的具体情况，仅作参考。总体上，结合学者研究结果显示：辽宁、河北、山西、陕西、河南、江苏、湖南、广东、广西、贵州、云南、重庆、四川和新疆14个省区市是我国耕地重金属污染的多发区域，辽宁和山西的耕地土壤重金属污染尤其严重。[1]

---

［1］宋伟，陈百明，刘琳.中国耕地土壤重金属污染概况［J］.水土保持研究，2013，20（2）：293-298.

第二节　农业用地土壤污染与法律制度的关系

农业用地土壤环境的保护离不开对土壤污染的预防与治理，对污染的防治非采用法律制度加以规制不可。任何对保护土壤环境有利的政策决议和举措措施，都可以形成稳定的制度规范。土壤环境保护无法治，则污染预防与治理无规制，农业用地土壤环境改进就会失范。

一、风险社会与农业用地土壤污染防治

当代社会风险无处不在。我们面对的世界是充满风险的世界，现实的自我侵害程度超出我们的想象，应对现代化进行反思，呼唤生态启蒙。[1] 风险即不可期、不确定的能够造成损害事件发生的现实可能，其不以人的意志为转移，是可以流动和转化的现象。风险分为自然风险和人为风险两大类，前者来自非人为之天然风险，如台风、暴雨、地震等，表面上非人力所为，但对自然风险之预防、处理及复原却可能存在人为的疏忽，从而造成因自然风险带来的人为损害。人们的周围环境和社会生活，常常处于不确定和不安全的状态。风险的不确定性，包括损害事件是否发生、发生时间、发生样态、损害结果之程度不确定。由行为引发风险，风险促发危机，危机可能导致实质损失。农业用地土壤污染导致土壤使用效率降低、生产能力减弱、预期收益减低，并呈现土壤污染本身带来的破坏性、复杂性、扩散性以及非结构性困境，包括对自然生态、经济财产、身体生命等常态运转构成的威胁。粗放的社会工业化转型正使得各种风险无形积聚，农村社会的急剧转变所凸显的基层发展伦理紊乱、道德文化缺失、法律意识淡薄导致的土壤污染正以极其复杂的矛盾形式由村到城、由下至上地

---

[1]　沈守愚，孙佑海.生态法学与生态德学［M］.北京：中国林业出版社，2010：3.

全面铺展，而这些问题却因其处于隐藏、渐进的状态长期得不到全社会关注，城乡结构的断裂又使得风险容易被忽视。[1] 多年来社会上沸沸扬扬的食品安全问题，与农业用地土壤污染爆发出来的危机息息相关。因此，面对风险社会，要以风险管理为本，做好风险回应（risk response）。[2] 我们可以将风险依来源、性质、个人认知、损失（害）目标、损害主体及保险角度等进行分类，基本上从损失目标而言，可分为人身风险、财产风险、责任风险及利得风险。

风险社会是社会学里的专有名词，由德国著名社会学者乌尔里希·贝克（U.Beck）所创名。它从后现代角度揭发现代社会发展态势，其实质就是因人为活动给自然和社会带来不确定、不稳定、不可预见的灾害发生危险并迅速扩张，它是全球化的，主要因工业科技发展带来的自我伤害风险，非仅限定在特定区域，可以从一个单点扩展到全局，从局部偶发突然事件引致连锁扩大为整体性矛盾。劳乌（Lau）的现实主义"新风险"认为社会出现新的、影响更大的风险威胁人类的安全。凡·普利特威兹（Von Prittwitz）对技术发展副作用的"灾难悖论"有了新的认识。现代社会，风险发生的空间界限出现重大变化，其影响正突破人们的预警、监视和处理能力，预知、发现风险本身成为一大难题。[3] 风险社会有不同于以往农业社会与工业社会的特征。第一，它是高科技与生态破坏特别显著，伴随着高度争议的社会。例如，复制科技就存在高度的伦理争议：人类如果继续选择复制科技发展，文明就会随着复制科技所伴随的风险演进，这就是贝克冠称的风险文明（Risk Civilization），[4] 而风险文明演化过程中，为了维持

[1]　隋洪明.风险社会背景下食品安全综合规制法律制度研究［D］.重庆：西南政法大学，2014：15.

[2]　宋明哲.风险管理新论：全方位与整合［M］.台北：五南图书出版股份有限公司，2012：5.

[3]　隋洪明.风险社会背景下食品安全综合规制法律制度研究［D］.重庆：西南政法大学，2014：13.

[4]　"风险文明"一词是德国著名社会学家贝克于1992年所提出。风险文明是人类文明的新起点，主要导因于工业革命以来至现代高科技的发展伴随的高争议风险，已不同于过去科技所引发的风险。过去，科技伴随的风险，社会能够承受，但现在不能。因此，人类文明的发展需要脱离工业文明，转而进入风险文明的新起点，此种风险文明，是由高科技风险决定了人类文明发展的属性，高科技风险也成为人类文明演化的内涵。

社会秩序，更需新的立法加以控制。风险社会在环境保护领域更是环境风险全球化分配不公的社会：环境污染风险分配集中在落后国家或发展中国家，这种分配不公，更需各国政府间的协议或各国进一步立法控管，风险社会呈现的各种风险需要对工业化予以深刻反思。第二，风险社会具有制度性及关联性特征。新旧制度的冲突，制度的不完备能够引发社会风险，一个领域的风险可以带有时间的持续性和空间的跨越性，当风险不能被及时控制，则其他领域很有可能被连锁影响，从而使整个社会处于不安定状态。

在物质匮乏的年代，物质财富的确认、保护与分配成为法律的重要内容。而当前社会已经迈入风险社会，这种风险是全部社会成员所共同面临的，是不可归咎于技术缺陷，不易被人感知的工业化规模产品效应。[1]风险的泛滥使得风险控制愈加困难，公权力已经不足以弥补风险漏洞，于是，部分风险便不可避免地流向社会。土壤环境风险就是这种风险向社会蔓延的典型。无处不在的土壤环境风险令执法机关和公众难以察觉，"及时有效的控制"成为空谈。[2]囿于对风险的把控难度和预警落空的副作用担忧，人们对于风险社会对法治模式和规范思维方式的深远影响尚缺乏必要的思考，对风险管控的制度安排及其效应也未进行充分的实证，故关于具体举措的探讨往往停留在较为皮相的层次，我国关于法与风险社会的研究尚处于起步时期。在风险预期和风险治理之时，管理者、研究者、参与者时常陷进先入为主、肤浅盲目、思想固化、想象缺乏等思维上的盲点。

土壤污染的滞后性和隐秘性，对土地生态环境和农作物危害的复杂性和长期性，对人体健康影响的长期累积性和不可逆转的特点，表明土壤污染具有比大气和水体污染更为严重的风险。当代风险社会的特征体现为风险来源不易知、风险行为不可控、风险危害不可知和风

---

[1]　乌尔里希・贝克.风险社会[M].何博闻，译.南京：译林出版社，2004：18.
[2]　胡静.污染场地修复的行为责任和状态责任[J].北京理工大学学报（社会科学版），2015，17（6）：129-137.

险后果难救济。对于农业用地的所有者、使用者、管理人、受益人来说，大多数从业人员的社会生存状态和知识水平也成为土壤污染风险滋长的重要原因。因此，进行风险调查，风险确认，风险评估，继而做出风险决策，加以风险管理，全面有效地控制风险，可以减弱甚至消弭因人们从事各类影响环境的活动导致土壤污染发生危害的不确定性和变异性。如何果断采取有效举措，保护农业用地尤其是耕作土地的质量，成为确保生态安全乃至社会稳定之要务。[1]天地万物间常存平衡现象，风险也有其周期（见图2-2），土壤污染风险管理旨在做好风险管控，避免风险不定期爆发，并设法降低风险造成的损害。

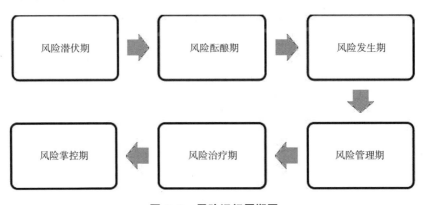

图 2-2　风险运行周期图

　　因生存安全、控制风险之经济耗费、创造价值利益、法律规制等需要，须对风险加以管理。就法律层面来说，法律亦要求对风险加以管控，盖法律之规定，常要求个人、家庭、企业、社会团体必须遵法行事，公务员必须依法履行职务，若因故意、过失而有违章、违规、不法等行为，将涉及法律责任，进而出现法律责任风险，由此可复证法律风险在管理风险对策与过程之影响力。

　　当代发展模式与生活方式给土壤环境造成了前所未有的风险。工业化使得污染物遍布曾作为农用和正在农用的土地；城镇化进程不仅

---

[1]　罗丽.论土壤环境的保护、改善与风险防控[J].北京理工大学学报（社会科学版），2015，17（6）：124-128.

快速侵占农业用地，还给农业用地造成不可逆转的生态危害；高科技的发展带来新型的污染因素，在一定程度上使人体发生异化；过度消费、奢侈消费的理念让土壤污染加剧，农作物产品出现大量的不安全现象，给社会带来了新的风险因素。

当前，农业用地环境关系到全民"吃"的问题、广大农村地区"住"的问题以及整体生态环境的安全问题。从风险预防的角度看，对农业用地土壤污染防治提出更高的目标和更严的要求，将有效减少损害公民健康的风险。

土壤污染防治包括污染的预防和治理两个方面，前者是指为保护农业用地土壤环境不受侵害、土地生态不被破坏而对土壤本身加以监测管理，对可能影响土壤环境的物质和行为进行防范；后者指对已经受到污染的农业用地加以整治，使被损害的土壤质量达到满足土壤功能的状况（即恢复其有用性）。专门法律缺少、法规体系不完善使得土壤环境监管较为滞后，也是导致我国农业用地土壤污染治理迟缓的制度因素。环境管理部门欲图纠正，但有时陷入于法无据之境，难以在现行法律制度框架下对土壤污染进行更加有效的监督和治理，难以有效监管土壤污染。加之土壤环境保护基础工作中的人力、物力、财力投入不足，使得本应做的基础性工作很多没有开展，如土壤环境质量日常监测、土壤环境功能统筹规划等，导致目前土壤重污染区或潜在的污染区域空间分布情况不甚清晰，农业用地土壤污染的范围、程度难以确认，难以采取针对性的措施全面、彻底处理土壤污染问题。

自2017年起，生态环境部会同有关部门历时4年余完成了全国土壤污染状况详查，建成涵盖8万个点位的国家土壤环境监测网络，实现了土壤环境质量监测点位所有县（市、区）全覆盖，查明了农用地土壤污染面积、分布和对农产品质量的影响，掌握了重点行业企业用地污染地块分布及其环境风险，相关数据也和多个部门实现了共享应用。"十三五"以来，在强化源头预防方面，生态环境部联合相关部门持续开展了农用地土壤镉等重金属污染源头防治行动，将 1.8 万多家企业纳入土壤污染重点监管单位。而在此之前，仅在"七五"期间开展过土壤污染状况调查，事实上，这项调查鉴于多方面的因素，没有全部完成。另外，法律法规及相关制度不完善，使得土壤污染预防的权责不清，污染整治的标准不明，导致土壤生态保护和污染防治工作出现困难，耽误了污染的治理，未能有效控制部分区域污染形势。当前中国土壤环境质量发生了基础性变化，但土壤污染防治工作的底子依然薄弱。

可以说，我们在这方面的研究才刚刚起步，风险评估管理机制刚刚建立，对土壤污染还没有通行的解决方案，且各种方案的利弊难以权衡。我们所做的研究工作距离充分地认识土壤环境保护规律，建设农业用地土壤污染防治立法还有相当长的路要走。单从法学的角度来看，我们所做的基础研究依然滞后，相关的理论课题仍待拓展，有些法学理论方面的课题在我们的研究中甚至尚未涉及。针对农业用地土壤污染的预防、控制、修复和开发利用等相关工作，目前法律规定还相当不完善。笔者认为，造成这一状况的原因主要有以下两个方面：（1）我国环境立法工作起步较晚，目前尚有待健全，环境基本立法未能确定完备的环境法律体系，大量新兴立法只能在出现迫在眉睫的危险后才使人们逐渐认识到其必要性；（2）我们对某些环境问题的研究尚不充分，大量基础性调查和研究限于财力、物力未能及时跟进，使得环境法学研究缺乏自然科学和社会科学相关的统计数据作为决策基础。时间和资金投入巨大的土壤污染调查在我国至今才开始起步便是典型的例子。

在前期的研究中，笔者曾经翻译和收集了部分国家和地区土壤污染防治法律法规，但是还缺乏深入细致的国别研究。如果仅从形式上去观察别国或其他地区的立法是什么，而不深入了解它在产生、发展、执行中的问题以及改善状况，就很难从中吸取真正的经验和教训。例如，同样是土壤污染整治基金制度，在不同的国家和地区就存在迥然的差异；同样是土壤污染清除的严格责任，但是立法缘由和在司法实践中的功能却千差万别。我国的土壤污染很大程度上是"肥害""药害"和"毒（重金属）害"混合造成的，土壤污染治理费用之巨让美国、日本等国长期以来都在反思其资金渠道的合理性和费用负担方式的合理性问题。此外，我们的研究者提出的一些原则，在现实面前不能不反思它们的理论基础。以污染者付费原则和谁污染谁治理原则为例，可以肯定地讲，作为我国环境法上的两项基本原则，它们体现了增加排污者违法成本，减少或遏制环境污染的基本原理，在我们环境污染防治工作中功不可没。但是，如果在土壤污染防治领域仅仅只是简单重申这两项原则，无疑就忽视了整治土壤污染问题的整体性、复杂性及治理中应当遵守的规律。环境法的一些基本理念正是在这种冲突与矛盾中深化和演进的，在制度建设进程中考察土壤污染防治立法的形成过程、发展与实施情况、产生的影响以及今后的发展动向和产生的新课题等问题及其与农业用地土壤污染防治的互动关系能够给我们的土壤污染防治法治的实现带来更加有益的启示。

新《环境保护法》尽管表明了风险预防的精神，但"总量控制"仍未摆脱旧有的"减排指标"思路。法律规制的重心未向土壤污染上游推进，环境规制的风险转向没有实现。[1]近些年因土壤污染风险的积聚而生的社会事件频发，这对环境管理部门应对风险的能力提出了更高的要求。直面社会问题，建立风险管控机制成为当前的社会管理趋势。如连云港市在经历严重的土壤污染事件后，已将土壤风险监测点增至 40 个，使上千万亩受污染耕地得到安全利用，农用地土壤环境安全得到基本保障。风险点位的布设涵盖了该市已受污染的和可能受污染的区域，包括污染行业企业周边、固废集中处置场周边地区、历史污染区域及周边、规模化畜禽养殖场及周边果蔬菜种植基地等需

---

[1] 张宝，吴星翰.历史遗留污染的法律规制——以石门砷污染为例 [C] // 中国环境资源法治高端论坛论文集.武汉：中国环境资源法学研究会，2016.

要重点关注的风险区域。[1]在土壤环境多元共治模式下，风险社会要求在公共权利和社会权利的对话中，形成政府主导、社会参与、多元互动和大众共治的农业用地土壤污染风险规制格局。[2]对农业用地土壤污染风险的控制应参照风险生成路径和"限值型"标准规制，将农业用地土壤修复标准贯穿污染防治的行政管理和司法活动全过程。[3]

二、土壤污染规制的法律属性

从纷繁芜杂的社会生活体验中，我们深刻地认识到：任何事物的发生发展，所有活动的开展前进，社会历史的进步实践，总是有着一定的规律和法则。"不以规矩，不成方圆"，人们对自然规律的破坏将使得自身遭受大自然的惩罚；同样，对社会规则的违反也会遭受不利的后果。而且，随着当代整个人类生活联系越来越紧密，交流愈加广泛，各种思想互相激荡冲击，社会的各项活动都需要各类规矩章程加以规制，"徒法不足以自行"的久远时代告诫已经过时。在环境保护领域，土壤污染这个新兴的、关系全球的巨大问题，如果离开法律的社会性强力规制，必将愈发严重。土地作为最为重要的生产生活资源，作为最为基本的生态环境要素和关系民生健康的重大物质因素，保持其土壤质量的良好更为法律所重。防止农业用地土壤污染，对受到危害的土地土壤加以整治，需要的规制手段和规矩规则应具有法律规范性。农业用地土壤污染防治法治是落实土壤污染防治的基本原则与具体制度，承担着防止土壤环境恶化和保护土壤生态之重任，对于农业用地土壤污染的预防和整治具有重要意义。[4]

---

[1] 韩东良，王从帅.连云港增设土壤风险监测点［N］.中国环境报，2016-09-08（05）.

[2] 秦鹏，李奇伟.污染场地风险规制与治理转型［M］.北京：法律出版社，2015（6）：41.

[3] 魏旭.土壤污染修复标准的法律解读——一种风险社会的分析思路［C］//中国环境资源法治高端论坛论文集.武汉：中国环境资源法学研究会，2016.

[4] 罗丽.论土壤环境的保护、改善与风险防控［J］.北京理工大学学报（社会科学版），2015，17（6）：124-128.

　　土壤环境生态功能的弱化和异化不仅仅来源于自然灾害，更多时候来源于人为的因素，这是风险社会于当代的新状况。恢复和重建土壤生态系统，能够促进减少灾害风险行为妨害稳定的社会关系之法律规范的重构，可谓之土壤生态减灾，或称农业生态减灾领域法的建构。为预防和弱化风险社会下的"环境灾难"，必须以法律手段作为主要的杠杆，并将社会风险置于法律的全程控制之下。从制度层面来说，农业环境保护上法律规定的缺陷凸显土壤污染防治亟须立法的紧迫性。我国的《中华人民共和国环境保护法》《中华人民共和国土地管理法》《中华人民共和国土壤污染防治法》《中华人民共和国农业法》《基本农田保护条例》《中华人民共和国农产品质量安全法》《中华人民共和国清洁生产促进法》《中华人民共和国水污染防治法》《中华人民共和国大气污染防治法》《中华人民共和国固体废物污染环境防治法》[1]《土壤环境质量　农用地土壤污染风险管控标准（试行）》和《农用地土壤环境管理办法》等规范、标准中的有关规定对防治农业用地土壤污染起到了一定的积极效果，但农业用地土壤污染的严峻形势及某些地方出现的生态恶化趋势表明，这些非针对性的、零星的边缘规定难以对农业用地土壤环境保护起到强有力的法治支撑。

　　土壤具有制度性介质的属性。农业用地土壤污染防治是弥合水、大气污染防治，保证农作物清洁和食品安全的社会总体安全制度断裂的介质工具。就水质污染来说，其又是寻求上下游制度话语公约数，实现调整对象功能互补的衔接环节。土壤污染作为污染物生命周期的一个片段，对上下游水污染损害的规制是农业用地土壤污染防治制度存在的外围制度。土壤污染与其他环境要素的状况、与农业污染带来的其他可能状况相连接，土壤制度与其他社会制度互相供给有益元素，将以土壤污染防治专项立法满足"边际性制度需求"走向回应"总体

---

[1]　后文简称《环境保护法》《土地管理法》《土壤污染防治法》《农业法》《基本农田保护条例》《农产品质量安全法》《清洁生产促进法》《水污染防治法》《大气污染防治法》《固体废物污染环境防治法》。

性制度需求"的多元共治的局面。[1]

就土壤本身来说，农业用地土壤污染防治是一项浩大的工程，政策引导、技术支持、环境意识、产业市场促进以及法律等都是土壤污染防治的方法，但用国家强制力保障实施以环境法为核心的法律是实现农业用地土壤污染防治的重要工具，尤能为土壤污染清理提供直接的规范支撑，土壤之殇呼唤法治之救赎。[2]法律，或者称法律机制，在解决农业用地土壤污染防治事业上具有举足轻重的地位，任何形式的解决办法或举措，归根到底都要回到法律层面上来，法律制度为社会事业提供稳定的、长期的运营范式和方法指引。同时，法律也已经超脱了污染防治中纯粹的工具性价值，成为实现整个社会治理（法治社会或依法治国）的基本依托。从某种程度上可以说，形成我国农业用地土壤污染现状的部分原因可归于制度不完善、执法不到位。农业用地土壤污染防治立法的不完善导致土壤污染防治无法可依；农业土壤污染防治工作中执法不到位使得土壤污染行为不能得到及时的制止，土壤污染状况不断加剧；农村土壤污染案件处理存在障碍致使农业用地土壤污染防治失去有效的司法保障。有了制度，才能解决农业用地土壤治理的原动力问题，才能形成全方位有效的保障。土壤污染问题乃至全部环境问题长期得不到解决甚至持续恶化，根源在于法治的缺失。立法的薄弱直接导致土壤环境管理权的缺乏，土壤污染防治只能依据现有为数甚少的、授权不充分的法律进行环境管理，这与土壤污染的严峻形势及其防治的实际需要很不相适应。在探究农业用地土壤污染问题的发生、演化时，多数学者将法律与政策的缺失作为最主要原因之一。没有法律制度作为土壤环境治理的稳定规则，涉及农业用地环境各方的行为就缺乏长远确定的预期，土壤基本生态就得不到有效的保障。

---

[1]　肖峰.论我国土壤污染防治立法的效果导向及其实现［C］// 中国环境资源法治高端论坛论文集.武汉：中国环境资源法学研究会，2016.

[2]　魏旭.土壤污染修复标准的法律解读——一种风险社会的分析思路［C］// 中国环境资源法治高端论坛论文集.武汉：中国环境资源法学研究会，2016.

近些年，土壤污染主要是因农业用地土壤生态破坏引发的事件随着民事诉讼法的新修而走上诉讼之路，如重金属类污染诉讼渐成常态。但是，因具体在土壤污染方面的诉讼规则、责任认定等没有法律依据和指标标准，诉讼在审理中、裁决上遇到极大的困难，导致众多的诉讼以明显不公的补偿或者以原告（多数为受害者或起诉帮助人）的败诉结束。这说明了两个问题：（1）如果有法可依，则社会风险甚至危机事件就能够走上法治的轨道，受到法律有效的规制；（2）如果法律规定不明确，则法治控制下的社会风险将得不到很妥善的处理，仍然会集聚社会矛盾，导致新的社会风险。可见制定土壤污染防治法或专门的农业用地土壤污染规制法则是根治我国土壤污染并形成完备的土壤环境管理体制的基本需要。无科学有效的程式规则，则司法机关"难为无米之炊"，或成为土壤违法行为的司法"保护者"，或成为"第二个环境行政管理者"，不能充分发挥审判职能保护农业土壤环境。司法的终极性与权威度也是农业用地土壤污染规制科学立法和规范属性的集中表达。

就土壤污染现象来说，长期以来，违法成本低是长期困扰土壤环境法治的问题，较其他环境要素尤甚。自新《环境保护法》实施以来，大大加重了对违法行为的惩罚力度，环境违法行为显著减少，成为改变"违法成本低、守法成本高"现象的一个有效方式。

土壤污染能够导致新的社会风险的特点，进一步说明土壤污染具有致灾性，或者说二者互为因果。土壤污染主体多，原因杂，义务责任界定模糊，标准繁乱，只有建立法律机制，才能持久地防控和有效地治理土壤污染。土壤污染预防与治理，中央与地方农业土壤环境标准，土壤污染义务体系化与综合协调的土壤污染"机制天敌"制度的构建，是法律控制机制的应有逻辑。[1]

---

[1]　王建平.土壤污染致灾性控制的逻辑理路［J］.四川大学学报（哲学社会科学版），2013（6）：126-139.

三、土壤污染的行政治理制度供给

因经济社会建设和快速城镇化带来对土地资源不断增长的需求，占用农村土地尤其是农业用地现象时有发生。一些违法违规占地屡禁不止，个别地方政府对农业用地的管理失范失序。并且，以"GDP锦标赛"为导向，招商引资的"竞争"需求成为"筑巢引凤"的行政动力。加之农民群体素来处于"权利贫困"的不利地位，导致一些地方集体土地征用和征收成本低廉，缺乏市场估值而又极具使用价值的农业用地容易成为被攫取的对象，在监管失范下现有制度限制轻易被打破，以"土地整理""协议拆迁""以租代征"等名目繁多的违规、不合理的集体土地占用方式屡屡出现。在农业用地土壤环境保护执法方面，如果对土壤污染行为监督不力，则占用土地以及污染行为甚至可以显得理所当然，使得土地管理和环境保护法律等规范框架下在农业用地生态环境维护方面存在执行上的严重短板，这就难以满足生态文明和经济社会发展对法治的正常需求，也与土地管理供给侧结构性改革所确立的理念和模式格格不入。[1] 从另一个层面看，几十年来农村地区承载了社会发展带来的大部分环境代价，政府方面未能对农村生态环境弱化做出足够补偿，当前的环境管理机制在农业生态权益保护方面显得较为乏力。

土壤污染防治专门立法将能够在一定程度上克服这一行政治理不力的问题，在立法目标、精神和法律确立的原则、基本制度下建立的一整套新农业用地土壤管理模式，将能在极大程度上满足农村环境行政管理需求。农业用地土壤污染将由环境保护部门、农业部门、土地管理部门、水利部门等部门分工协调管理，由政府和下属部门两个层次共同治理，设定义务性规范和授权性规范。在农业用地环境管理权利义务中，政府对土壤污染的责任不低于农民（集体）的环境义务且

---

[1]　肖雄.供给侧改革下土地资源司法保护路径选择——以土地行政非诉执行审查裁量基准为例［C］// 中国环境资源法治高端论坛论文集.武汉：中国环境资源法学研究会，2016.

负最终的土壤污染治理责任，并在行政职责义务设定中有精细化程序保障。土壤污染防治专门法中，农业用地土壤特点、土壤行政管理治理职责、法律制度环境监管责任依次相属且明确相互关系。[1]创新的土壤环境行政治理模式将以不断提高土壤行政监管效能和满足农业用地土壤生态最高需求为目标。

不同类型的农业用地对土壤行政管理需求有所差异。从土地区位类型上来看，可以将农业用地分为平原农地和丘陵山地。平原地形对管理整治区基础设施要素要求较高，而丘陵地带则相对对水资源要素要求较高。[2]农业用地的行政管理部门和环境保护部门需要根据不同类型的土地状况，有针对性地开展污染防治监督管理工作。

四、生态文明法治理论下的土壤污染控制

只有大力推动生态文明建设，才能实现"美丽中国"目标。作为对马克思主义生态发展思想的继承和发扬，生态文明理念同时强调实现人的全面发展和在社会发展中实现人与自然的和谐共存。马克思、恩格斯指出，自然环境是"我们人类（人类本身就是自然界的产物）赖以生长的基础"[3]。人类改造自然时更应努力适应和保护自然，实现人与自然的和谐发展。人类文明史的脉络表明，"生态兴则文化昌盛，生态灭则文明没落"。对于各类污染的防控和环境要素的治理正是为了实现人的全面可持续发展，通过对生态环境的保护达到人与自然和谐共荣，进而促进人的更高阶段发展之目标。[4]

同时，践行绿色发展理念、建设美丽中国是党中央的重大决策部

---

[1]　刘志坚.论土地污染防治专门法中环境行政监管规范的设定——基于现行环境保护立法缺失的思考[C]//中国环境资源法治高端论坛论文集.武汉：中国环境资源法学研究会，2016.

[2]　谷晓坤，范春晓，柴铎，等.不同类型区农用地整治对农田生产能力的影响[J].自然资源学报，2013，28（5）：745-753.

[3]　中共中央马克思恩格斯列宁斯大林著作编译局.马克思恩格斯选集（第4卷）[M].北京：人民出版社，1995：222.

[4]　史玉成.生态扶贫：精准扶贫与生态保护的结合路径[J].甘肃社会科学，2018（6）：169-176.

署，各方面普遍意识到生态安全是国家安全的重要组成部分，建设社会主义生态文明也是国家文明体系不可或缺的构成要素，这揭示了国家的一种新的文明进步形态和时代发展特征。在环境各要素的生态保护中，土壤环境尤其是农业用地土壤环境状况具有举足轻重的地位，因为它同时涵盖对水体、大气、湿地、自然保护区等要素的保护，是否能对农业用地土壤污染进行有效管控直接关系到我国的生态安全维护和生态文明建设。在我国土壤环境法律制度与政策深入推进的阶段，加强以重点生态功能地区为治理核心之一的农业用地生态政策和法律制度供应具有重大的时代意义。

第三章　我国农业用地土壤污染防治制度的发展与渊源

我国涉及农业用地土壤污染防治的规定发端于 20 世纪 80 年代，至目前形成了以土地管理、基本农田保护、固体废物污染环境的单项要素规制及土壤治理标准系统为主要内容的法律法规标准体系。但因为专项法律（即农业用地土壤污染防治法律）的阙如以及制度的固有缺陷，使得当下对土壤污染防治的规定难以发挥应有的作用。结合国情、"土情"，构建完善系统、协调而有执行力度的法律体系是制度发展的趋势。

第一节　我国农业用地污染规制立法概况

我国涉及农业用地土壤污染防治的法律法规在 1985 年、2002 年、2014 年、2018 年前后有几次比较显著的发展，主要表现为土壤保护单项立法、农产品保护立法、土壤污染防治法、土壤治理标准以及地方性法规规章的制定，但总体上法律渊源多样、规范分散庞杂，地区间的土壤环境状况相异并有不同的农业土壤管理标准和措施。

一、我国农业用地防污法律的演进

从 1972 年的联合国人类环境会议开始，我国以此为契机拉开了包括土壤环境保护制度建设在内的生态环境保护法律体系建设的序幕。[1] 我国关系到农业用地土壤污染法律制度规定的发展可分为四个阶段：1979—1986 年，属于立法原则性保护土壤，防止土壤污染的阶段；1987—2004 年，是土壤污染防治的大量分散性立法阶段；2005—2017 年，国家开始重视土壤污染防治针对性立法，出现政策重视的高峰期，立法专门化走向愈加清晰；2018 年至今，随着《土壤污染防治法》及系列标准、管理办法的出台，农业用地土壤污染防治方面开始走向制度化和法治化。

（一）法律法规等涉及农业用地污染防治的立法和发展

1989 年施行的《土地复垦规定》指出建设施工单位、生产经营企业有责任支付因土地土壤污染的预防、治理、复垦而产生的费用，或者负责进行土地复垦，恢复土壤良好的生态环境。2000 年《中华人民共和国水污染防治法实施细则》对水质污染农业用地进行规制，规定用工业用水、建设排水灌溉耕地的，县级以上人民政府应定期对土地状况进行检测，防控因污水灌溉造成土壤、种植作物和地下水污染。2002 年修订的《农业法》规范了农药、化肥和农用薄膜的使用，禁止使用过程中产生新的风险，对可能危害人畜安全的农业生产资料的生产经营进行调整，实现了防止"三废"污染农业生产环境的目的。2014 年《工业危险废物产生单位规范化管理指南》明确工矿企业产生有毒有害废物的单位在搬迁、终止经营时，该地块必须经过土壤环境监测，并提交有关检测报告，当地环境保护部门负责实施监管，各级环保机关切实加强上下级及横向间土壤环境保护协作。2016 年 6 月 12 日，原国务院法制办发布了原国土资源部起草的《国家土地督察工作条例（草案送审稿）》报送国务院审议，并在 7 月 12 日前向社会广泛征求意见。同年 6 月 24 日，原国土资源部《全国土地利用总体

[1] 李挺.我国的土壤污染防治现状及立法研究［J］.湖北函授大学学报，2017，30（3）：101—103.

规划纲要（2006—2020）调整方案》印发实施。同年7月1日实施的《农田水利条例》对农业用地土壤污染防治工作也有很大的促进作用。

2017年11月施行的《农用地土壤环境管理办法（试行）》规定从土壤污染预防、调查与监测、分类管理和监督管理等方面对农业用地土壤环境进行保护监督管理。2018年5月生态环境部通过的《环境污染强制责任保险管理办法（草案）》落实《土壤污染防治行动计划》（以下简称"土十条"）关于开展环境污染强制责任保险试点的规定，开始对环境污染包括农业用地土壤污染责任的强制保险进行顶层设计和方案规划。[1]同年8月施行《土壤环境质量　农用地土壤污染风险管控标准（试行）》（GB 15618—2018），明确了农业用地土壤污染风险筛选值、管制值及使用和监测要求，用筛查风险和分类管理项目值以取代原有土壤污染与否的达标判定。同年10月修订的《中华人民共和国大气污染防治法》第二条要求对颗粒物、二氧化硫等大气污染物实施协同联合防治。2019年施行的《土壤污染防治法》专节对农业用地防治土壤污染、保护和改善生态环境进行规定。2020年4月修订的《固体废物污染环境防治法》是以污染物质作为污染源加以规制、防止土壤污染的法律，注重对产生固废的全过程全封闭管理，避免堆积扩散。2021年5月，施行了由生态环境部、农业农村部、自然资源部和林草局四部门联合印发的《农用地土壤污染责任人认定暂行办法》，规定造成农用地土壤污染，需要依法承担土壤污染风险管控和修复责任的单位和个人为土壤污染责任人，其负有实施土壤污染风险管控和修复的义务；并规定对农用地土壤污染责任进行启动与调查、审查与认定等以确定污染责任人。

2021年12月，生态环境部、国家发展改革委、农业农村部等7部门联合印发的《"十四五"土壤、地下水和农村生态环境保护规划》提出，到2025年，全国土壤和地下水环境质量总体保持稳定，受污

---

[1]　董斌，凌晨.土壤污染防治基金制度建构：域外经验与本土实践［J］.大连海事大学学报（社会科学版），2019，18（6）：55-61.

染耕地和重点建设用地安全利用得到巩固提升；农业面源污染得到初步管控，农村环境基础设施建设稳步推进，农村生态环境持续改善。2022 年 1 月 29 日成文的《国务院关于开展第三次全国土壤普查的通知》，决定自 2022 年起开展第三次全国土壤普查。要求全面查明查清中国土壤类型及分布规律、土壤资源现状及变化趋势，真实准确掌握土壤质量、性状和利用状况等基础数据，提升土壤资源保护和利用水平，为守住耕地红线、优化农业生产布局、确保国家粮食安全奠定坚实基础，为加快农业农村现代化、全面推进乡村振兴、促进生态文明建设提供有力支撑。

（二）全国及地方有关农业用地土壤修复整治立法与政策实践方面的发展

《中华人民共和国国民经济和社会发展第十一个五年规划纲要》指出要在全国进行土壤污染状况调查，自 2006 年 7 月原国家环保总局和原国土资源部开展土壤污染状况数据库建设等工作，取得了有关土壤污染的基础数据，为开展农业用地的土壤质量工作提供了信息支撑。2011 年《国家环境保护"十二五"规划》中"加强土壤环境保护"项下规定了土壤污染修复的内容。2016 年 10 月，国务院印发《全国农业现代化规划（2016—2020 年）》，把农业用地土壤污染治理作为农村现代农业发展的重要任务。2017 年 1 月，国务院印发《全国国土规划纲要（2016—2030 年）》，提出把农业用地土壤污染整治和修复作为土地综合治理的重要内容，控制土壤面源污染，改善污染土地质量，尤其在受污染严重的耕地区域集中开展土壤修复工作。2018 年 1 月，《中共中央　国务院关于实施乡村振兴战略的意见》提出农药、化肥使用减量化，把土壤污染综合治理作为实现农村绿色发展、人与自然和谐共生新格局目标的重要抓手，着力开展专项土地整理和修复技术应用试点等，为农村环境治理做好了顶层设计。[1]

---

[1]　丛晓男，单菁菁.化肥农药减量与农用地土壤污染治理研究［J］.江淮论坛，2019（2）：17-23.

2018 年 6 月《中共中央　国务院关于全面加强生态环境保护坚决打好污染防治攻坚战的意见》指出要加强耕地土壤环境分类管理，强化土壤污染管控和修复。同年，生态环境部先后印发《关于加强涉重金属行业污染防控的意见》《涉镉等重金属重点行业企业排查整治方案》，提出严控土壤污染源，加强农业生产的重点监管与污染物质的分类处置。[1] 2020 年初，财政部、生态环境部、农业农村部等 7部门联合发布《土壤污染防治基金管理办法》，规范土壤污染防治基金的资金筹集、管理和使用，实现基金宗旨，由省级财政通过预算安排出资设立，采用市场化方式发挥引导带动和杠杆效应，引导社会各类资本投资土壤污染防治，支持土壤修复治理产业发展政府投资基金。

在 20 世纪末，我国一些省市与国外专业机构合作开展了土壤土地质量的检测。浙江省较早开展了土壤污染调查工作，山西省政府要求工矿企业普遍做好矿区的土壤生态环境调查和基础数据库建设工作，上海市政府在世博园建设期间开展了园区的土地质量状况的调查并建立污染治理系统。对农业用地土壤整治比较具有代表性的是原沈阳市环境保护局、规划局和土地管理局于 2007 年出台的《沈阳市污染场地环境治理和修复管理办法（试行）》，其以保护当地居民土壤环境健康为目的，系统规定了污染场地厂址的环境保护、污染防治、修复措施、责任义务等，较为详细地明确了土地环境保护的一般方法、原则，符合土壤污染防治的基本规律，具有导向性作用。

2020 年 6 月《广西壮族自治区土壤污染防治条例（草案征求意见稿）》公开征求意见，出现了一些结合广西特殊情况作出的规定，如"高背景值地块利用管控""耕作层土壤剥离利用""农用地风险管控修复效果评估"等。《重庆市贯彻落实土壤污染防治行动计划工作方案》将农业用地土壤污染源防控作为土壤污染防治工作的重心，并把农业用地与其他类型土地分类管理，将其污染修复整治作为一个独立的任

[1]　王夏晖.以法为基，全面推进土壤环境管理制度体系建设[J].环境保护，2018，46（18）：7-10.

务加以规制。[1]2023 年 1 月，北京市开始实施《北京市土壤污染防治条例》，规定推行农业绿色发展，控制农药、化肥使用量。开展相关行业农药、兽药、肥料、农用薄膜等农业投入品调查核算，按照年度公开种类及使用量等信息。实施农用地分类管理，按照土壤污染程度和相关标准，将农用地划分为优先保护类、安全利用类和严格管控类；对污染土壤编制修复方案开展修复工作。

二、我国农业用地土壤污染制度现状

我国涉及农业用地土壤污染防治的规定散见于《宪法》《中华人民共和国民法典》（后文简称《民法典》）和有关环境保护、土壤污染防治、农田保护、农用地土壤环境管理以及各种环境要素污染防治的法律与规范性文件中。有关污染治理（包括农业用地土壤生态保护）的内容主要分散在相关法律、法规和其他文件中。如《农业法》《固体废物污染环境保护法》对农业用地污染防治问题均有涉及，涵盖农业环境保护、耕地土壤污染预防的内容。农业用地土壤污染防治专门法律的缺位，有体系的、可操作性的具体立法的缺失是促使我们不断深化研究的深层动因。

（一）《宪法》与环境基本法律等有关土壤污染防治的规范

作为国家根本大法的《宪法》为农业用地土壤污染防治制度的确立提供了最权威的依据。《宪法》第九条、第十条、第二十六条涉及土地所有权制度、防治土地污染和保护生活生态环境的内容，虽然没有直接对农业用地土壤污染防治作出规定，但其已经成为构建我国农业用地土壤污染防治法律制度最根本的法律渊源。我国《环境保护法》将土壤生态规定为环境基本要素之一，其第二十条是有关防治土壤污

---

[1] 孙宁，彭小红，丁贞玉，等.部分省级土壤污染防治行动方案的对比分析与思考［J］.环境保护科学，2017，43（6）：1-8.

染的内容，对农业用地法律制度建设作出了概括性规定。此外，在全国性的农业保护、土地管理、资源利用、遗迹自然区管制法律法规及环境标准文件中涉及了农业用地的生态保护，如2017年修正的《水污染防治法》第五十一条第二款对利用工业废水和城镇污水浇灌农田，指明应预防污染土壤、地下水和农产品。《大气污染防治法》《农业法》《土地管理法》等法律法规也有关于农业用地土壤环境保护的规定。值得注意的是，新《环境保护法》所确立的从对土壤的利用优先到生态整体保护优先，从土壤污染的事后救济到全过程控制预防，污染治理的财政支持，向基层延伸的监管责任等原则值得推崇，在土壤污染防治制度构建中将发挥重要作用。[1]

（二）地方性法规和规章有关土壤污染防治的规定

地方立法方面，有20余个省市对土壤污染作出过规制。2005年《上海市环境保护条例》规定，"农业生产者应当科学地使用化肥、农药、农用薄膜和饲料添加剂，防止对土壤和农畜产品产生污染"，对农业生产污染土壤作出了原则性规定。江苏省有关环境保护的地方性法规规定，农业生产者在使用化肥药品和农用薄膜时，应尽力防止出现有害残留物污染土壤环境。有些地方还出台了有关土壤修复、生态治理的文件，这些文件涵盖的内容十分广泛，主要包括农业污染防治、农业生态环境保护、农田污灌、固体废物污染环境防治、危险废物污染环境防治以及核电厂辐射环境保护等。地方立法也出现了土壤污染治理修复制度的雏形，开展土地功能置换和土壤环境评价，如《本溪市土地复垦开发管理办法》《浙江省固体废物污染环境管理条例》规定对搬迁场址进行土壤质量修复。2015年初，浙江省高级人民法院发布了两份关于办理环境污染刑事案件若干问题的规范性文件，把违反国家规定排放、倾倒、处置有毒有害物质严重污染环境的行为作为

[1] 王宏巍，张炳淳.新《环保法》背景下我国农业用地土壤污染防治立法的思考[J].环境保护，2014，42（23）：58-60.

打击重点。2015 年 11 月，湖北省第十二届人民代表大会常务委员会第十八次会议审议通过了《湖北省土壤污染防治条例（征求意见稿）》。2016 年 2 月，福建省实施了《福建省土壤污染防治办法》。2016 年 4 月，北京市发布新修订的《北京市突发环境事件应急预案》。2016 年 10 月 1 日，全国第一部土壤污染防治的地方性法规《湖北省土壤污染防治条例》正式施行，该条例设专章规定了对农产品产地等土壤环境的保护，总结了早期土壤污染防治经验，对当前零散的土壤污染防治规定加以整合，是地方对农业用地土壤保护的一次极为有益的尝试。[1]《广东省土壤污染防治条例》承继《土壤污染防治法》的制度设计，在土壤污染预防、污染源头管控、责任体系建构等方面更加细致并有针对性，颇具地方特色。[2]此外，四川省、云南省、安徽省等都先后制定实施了土壤污染防治相关的地方性法规。

（三）有关土地质量标准和监测规范

土壤环境质量标准中的农业用地土壤污染风险管控标准广泛适用于耕地、园地和草地等农业用地，此外还有其他有关的土壤环境质量监测标准规范，对土壤环境质量分类、土地最高容量极值、土壤环境检测范围等均有涉及。[3]《工业企业土壤环境质量风险评价基准》制定了土壤基准直接接触和土壤基准迁移至地下水的两套基准数据，具体标准规范包括土壤质量标准、土壤技术标准以及土壤监测标准。从立法及规范建设情况来看，对于土壤环境保护，我国在 2008 年、2014 年和 2018 年分别有较大的发展，其中 2014 年原环境保护部针对

---

[1] 乔子轩.加快土壤污染防治立法步伐［N］.农民日报，2015-06-06（003）.

[2] 常春英，吴俭，邓一荣，等.中国土壤污染防治地方立法思路与探索——以广东省为例［J］.生态环境学报，2018，27（11）：2170-2178.

[3] 《土壤环境质量　农用地土壤污染风险管控标准（试行）》（GB 15618—2018）代替原《土壤环境质量标准》（GB 15618—1995），自 2018 年 8 月 1 日起实施；与上述标准同日实施的还有《土壤环境质量　建设用地土壤污染风险管控标准（试行）》（GB 36600—2018）；《展览会用地土壤环境质量评价标准（暂行）》（HJ/T350—2007），自 2007 年 8 月 1 日起实施；《食用农产品产地环境质量评价标准》（HJ 332—2006），自 2007 年 2 月 1 日起实施；《工业企业土壤环境质量风险评价基准》（HJ/T 25—1999），自 1999 年 8 月 1 日起实施，现已废止；《土壤环境监测技术规范》（HJ/T 166—2004），自 2004 年 12 月 9 日起实施。

农业用地土壤修复出台了几个文件，对农业用地的土壤污染整治具有重大意义。但从总体上来看，对于农业用地的保护及污染防治没有系统规定，也缺乏一些必要的配套措施，现有环境标准及技术不成体系，有"群龙无首"的散乱之感。对于农业用地，土地用途不同，修复的标准也应不同，但目前还没有具体可参照的修复标准。长沙市从2013年开始率先实行土壤环保认证制度，对符合要求的农业用地，颁发土壤环保认证证书和标牌。[1] 2014年初，原环境保护部发布了《污染场地土壤修复技术导则》《场地环境调查技术导则》等5项土壤环境调查技术和场地土壤修复技术的系列环保标准。从法律实践上看，近年来，国家高度重视对农田重金属超标的整治，积极出台政策措施。2015年湖南省长株潭地区率先开始重金属污染耕地治理以及农作物种植结构调整的尝试，启动了4km²重金属污染耕地第三方修复试点工作，由政府购买服务、企业组织实施，取得了降镉率60%以上的治理成果。但总体上，目前这项工作尚处于起步阶段，面临资金、技术、模式等方面的问题，需要国家加大政策支持力度，推动耕地质量尽快改善。2016年8月1日我国施行新修订的《国家危险废物名录》，推动危险废物的精细化管理，能够在一定程度上预防因对有毒有害废弃物管理或处置不善而流向农业用地土壤。为推进农用地土壤污染状况详查成果应用，开展耕地土壤污染成因排查和分析试点，生态环境部2019年印发《关于开展耕地土壤污染成因排查和分析试点工作的函》（环办土壤函〔2019〕874号）和《耕地土壤重金属污染成因排查与分析技术方案（试行）》，明确广西等9地作为深入推进耕地土壤污染源头管控工作、排查和分析耕地土壤污染成因的试点地区；此后，重庆、广东、广西、湖南、四川、云南等地区陆续开展重金属污染排查整治，着力推进耕地污染成因排查与分析等工作。

自"土十条"发布以来，尤其随着《土壤污染防治法》的实施，我国农业用地土壤污染防治法治进程从中央到地方明显加快，围绕农

---

[1]　张业修.土壤环保认证值得推行［N］.中国环境报，2013-11-08（02）.

产品安全的土壤污染治理工作取得明显进展，农业用地土壤污染防治"四梁八柱"的管理制度体系基本建立起来。[1]

从法治实践上看，在相关法律颁布实施的当年，就开展了 7 个环境先行区建设；有 11 个省份提前实现农药使用量负增长，17 个省份提前实现化肥使用量负增长，21 个省份实现禽畜粪污综合利用率超过 75%；组织土壤污染整治修复技术应用试点示范项目 200 余个，并取得预期效果；完成全国土壤污染风险评估并确认采取风险管控或污染修复的地块 550 余块，完成管控或修复的地块超过 460 块。经过当年生态环境部在全国农业用地土壤环境的采样调查显示，土壤环境状况大体稳定，重金属污染总体得到有效控制。这说明以建设美丽中国为目标、以改善生态环境质量为重心的"净土保卫战"得以扎实推进。[2]

第二节　我国农业用地土壤污染制度不足和发展趋势

尽管我国农业用地土壤污染防治已经有了一定数量的法律法规，有些制度政策在国际上都堪称先进，但从整体上看，仍然存在立法供给不足，法律系统散乱，标准规定滞后，执行不到位等问题。需要大力提升法律制度的科学性、针对性、及时性等。以农业用地土壤环境保护和污染防治为中心，建立专门的、系统的、全面的、防治一体的、执行力度大的法律体系是制度发展的大趋势。

一、我国农业用地土壤污染防治制度不足

从上述对我国土壤污染立法现状的描述与分析可以看出，我们在农业土壤污染防治的制度方面，主要为预防化肥农药、污水灌溉以及

[1]　王夏晖，刘瑞平，孟玲珑.以生态环境保护督察推动土壤污染防治责任有效落实[J].环境保护，2019，47（14）：13-16.
[2]　生态环境部.生态环境部举行 11 月例行新闻发布会[J].中国环境监察，2019（12）：19-29.

工业"三废"对农业用地土壤带来不良影响，中央和地方立法对土壤环境标准、土壤环境调查、预防理念、管理措施、修复目标以及污染土壤的法律责任等均有涉及。虽具有一定的制度建设基础，但这些措施只能看作是一些制度雏形，还有较大提升空间，难以满足农业用地土壤污染防治事业的发展规律和制度需要。总体上立法供给不足，法律制度碎片化问题严重，数量少，质量不高，较之现代农业用地土壤污染防治的要求来说是远为不足的。现行农业用地土壤污染防治立法步伐已较大地落后于现实，存在着以下几个突出的问题：

第一，我国农业用地土壤污染防治法律制度供应不足。专门立法不成熟，[1]外围立法目的模糊，分散凌乱，规制对象范围狭窄；偏重对土地退化中显见的土壤污染的规制和对于点源污染的控制与治理，欠缺统一的规制规划；对生态环境没有有效的治理与监督保障机制；防范不到位，治理不彻底；过于宽泛，法律责任不明；层级效力不足；土壤污染预防、监测治理、改良利用缺乏科学合理的协调机制；且重复立法、立法冲突，土壤污染防治的基本制度没有从根本上确立起来。

第二，在立法形态上，污染防治的制度规范多为原则性、概括性的规定，散见于环境综合法、农业专门法及其他法律法规中，缺乏系统健全的配套制度。与其他发达国家相比，现行法律规范未形成具体细致的土壤环境管理制度。虽然涉及土壤污染防治的法律法规很多，但这些条文关于土壤污染的内容都是随附性的，农业用地并没有作为一个独立的环境要素加以保护，只能视为附属型外围立法。

第三，立法内容上缺乏针对性。现有的规范并没有针对土壤污染的隐蔽性、积聚性、不可逆转和滞后凸显等特点和问题加以制度预设，使得土壤污染防治法规在施行效果上差强人意。例如，通过对固体废物、废水、废气的控制并不能达到对土壤污染控制的效果，因为这些

---

[1] 2019 年实施的《土壤污染防治法》尚无实施细则，关于农业用地的规定只有 9 个条文，对于土壤污染防治的规定显得较为粗糙。

废物的污染比较直观，通过感官就能有所体察，而土壤污染则往往需要对土壤状况及其对人畜健康的影响进行专业检测方能确定。

第四，行政管理制度上，管理部门众多，权责划分不够清晰，监管职能相对分散。对土壤污染的治理亦缺少资金保障。[1]我国许多的环境立法主要是在十一届三中全会过渡时期的集中立法阶段形成的，具有鲜明的计划经济法制的时代特征，且法律规范中确立的管理体制紊乱。一个明显的表现是：行政管制规范条文较多，而民事领域的相应规范较少。土壤执法上困难重重，执法在解决环境纠纷中的功能未得到适当发挥。污染的严重后果和执法效力不足之间存在巨大张力，基层环保部门对土壤环境违法行为无能为力等障碍因素多。行政执法（包括司法行为）应达到效率和公平的动态平衡，尤其源于土壤污染结果的迟滞以及责任认定难度问题带来的效率阻碍，影响了《土壤污染防治法》功能的发挥。法律规定了以农产品重金属含量超标来倒查土壤污染及修复责任的制度，然而因对法律规范的偏离执行使得一些地方对食品安全的监督形同虚设。资金管理上，现有的低层次制度规范不能为土壤整治管理提供稳妥的财政保障，[2]且环境保护资金很少用于村民地区的生态治理。值得提出的是，党的十九大报告指出要强化土壤污染管控和修复，加强农业面源污染防治，开展农村人居环境整治行动；加强固体废弃物和垃圾处置。党的二十大报告进一步要求加强土壤污染源头防控，开展新污染物治理；加快实施重要生态系统保护和修复重大工程；健全耕地休耕轮作制度，建立生态产品价值实现机制，完善生态保护补偿制度等，对于农业用地土壤污染治理制度发展将具有极大的促进作用。

第五，责任规定方面缺乏明确性，很多法律法规的"法律责任"章节不够具体，有规制无监督，有权利无救济。反映在农业用地土壤

[1] 韩冬梅，金书秦.我国土壤污染分类、政策分析与防治建议［J］.经济研究参考，2014（43）：42-48.
[2] 冯汝.论我国土壤污染防治基金及其法律制度的构建——以台湾地区土壤及地下水污染整治基金制度为借鉴［C］//中国环境资源法治高端论坛论文集.武汉：中国环境资源法学研究会，2016.

污染的司法方面，就是污染损害赔偿的赔偿额度难以确定，没有成熟的程序规则可以依循，漫长的诉讼周期也加大了农民的诉讼成本，农民群体实现环境诉权存在现实障碍。农业用地土壤污染沿贯了环境法中的无过错责任原则，无形中加重了农民群体的责任而可能打击农户等善意农业生产者从事生产的积极性，并因其履行能力的欠缺而可能致使法律目标在一定程度上落空。[1] 而且，以与农业用地土壤污染最为密切的《土壤污染防治法》来说，立法未能对风险决策裁量权加以控制。土壤环境污染防控是一项涉及高度科技知识与专业判断的事项，不确定的风险难以通过事前立法加以命令和控制，便由立法机关通过概括授权的方式赋予行政机关以自由裁量权。该法授予行政机关在土壤污染防治标准制定、组织实施污染风险管控和土壤环境恢复等方面广泛的主导权，但并未规定相应的裁量权应如何行使与合理控制。又如，根据最高人民法院、最高人民检察院《关于检察公益诉讼案件适用法律若干问题的解释》第十八条规定，人民法院认为人民检察院提出的诉讼请求不足以保护社会公共利益的，可以向其释明变更或者增加停止侵害、恢复原状等诉讼请求。诉讼请求应如何列明才能足够保护社会公共利益，如何释明、法院如果不释明则"被遗忘的"部分公共利益如何保护，尚未见到更加明晰的规定。再如，《生态环境损害赔偿制度改革方案》（以下简称《方案》）规定检察机关在提起诉讼前应当先行督促相关行政机关依法履行法定监管职责或者督促《方案》规定的政府机关和有关社会组织提起诉讼，以及对生态环境损害赔偿民事诉讼审判、执行等方面还负有诉讼监督的职责。但就行政机关的行为应达到何种标准，检察机关督促监督需达到何种强度则尚未明确。[2]

另外，就土壤环境质量标准来说，国家层面的土地质量评价体系没有建立起来。[3] 将中国《土壤环境质量标准》和发达国家的同类

---

[1]　赵腾宇.《土壤污染防治法》下的农用地污染防治 [J].黑龙江省政法管理干部学院学报，2019（4）：113-117.

[2]　张宝.从危害防止到风险预防：环境治理的风险转身与制度调适 [J].法学论坛，2020，35（1）：22-30.

[3]　王国强，郧文聚.土地质量评价研究的简要回顾与展望 [J].中国土地科学，2011，25（7）：92-97.

标准相比较可以发现，我国涉及的污染物种类单一，尤其是有机污染物少，污染物浓度的设定缺乏农田环境质量风险评价基准，不能为有效地保护土壤环境质量和人体健康提供充分依据，[1]同时一级标准笼统，二级标准操作性差，脱离于现实，滞后性严重。过分追求统一的标准，难以适应我国多样化的农业用地土壤状况，土壤标准在污染认定的检测中也不能够发挥很好的作用。原环境保护部 2015 年公布修订的《土壤环境质量标准（征求意见稿）》较之前的标准有所进步，但仍然存在如下问题：删除了原有的土壤自然背景值内容，让土壤环境保护无目标可依；按照土壤 pH 条件将镉（Cd）限值由两档细化为四档，给实际土壤保护工作和污染判断增加了难度，而其他七个重金属与 pH 关联不大，不利于土壤污染评估；严控"六六六"、铅和"滴滴涕"三种污染限值，因三种污染物已经禁用，故多此一举；较少考虑农业用地土地的类型及地区差异，对总锰、总钴、氟化物等 10 种土壤污染选测项目规定了过于严格的标准，有些重金属临界含量值高，不利于地方科学地制定标准并实施土壤修复；因征求意见稿没能吸收最新研究成果，无配套土壤立法，亦未与其他环境要素标准衔接，对高重金属含量污染区的土壤修复将是过大的挑战。[2]2018 年 6 月 22 日，生态环境部第 13 号公告发布了新的土壤环境质量标准，即《土壤环境质量 农用地土壤污染风险管控标准（试行）》（GB 15618—2018）以替代《土壤环境质量标准》（GB 15618—1995）。

二、农业用地土壤污染法律制度不足之原因分析

长期以来，我国对土壤环境污染问题的解决存在着难以克服的困难。就行政层面来说，以加快经济发展、提高 GDP 增长率为主要甚

---

［1］ 朱静.美、日土壤污染防治法律度对中国土壤立法的启示［J］.环境科学与管理，2011，36（11）：21-26.

［2］ 陈能场.农业用地土壤环境质量标准修订之我见［N/OL］.澎湃新闻，2015-01-24.

至唯一目的的心态已经深入当前某些地方领导官员的潜意识，这导致地方官员尤其是行政负责人忽视甚至放任农村的农业用地污染，经济发展偏离了应有的方向。就一些污染现象来看，地方层面甚至国家层面在政策决策过程中，对耕地等农地的合理利用、发展规划与管理、经营方式、农化产品及农林畜牧业可能缺乏统一、系统、有效的管理，或者说对法律法规的执行欠缺应有的适应性和灵活性。[1]地方政府领导或有关部门负责人任期有限，而土壤环境治理与修复的终身责任制没有建立起来。[2]面对复杂、深重、治理艰难的土壤污染问题，"过客"心态致其成为土壤污染防治的"调研客"。地方上激烈的招商引资竞争氛围加大了把土壤污染防治立法摆上日程的难度；土壤污染信息的掩盖及信息严重不对称可能使得中央难以确知环境状况，而无法及时制定与修正土壤污染防治法律和政策。问责机制不足，导致对土壤环境"好与不好一个样，治与不治一个样"。有些污染企业具有深厚的"官方背景"，缺乏行政强制权力的环境执法人员职业安全感缺失，没有对抗污染行为的"高压棒"和"精气神"。另外，人们普遍缺乏土壤污染防治意识。土壤污染防治意识是指人们在一定的历史条件下对土壤保护、土壤污染、土壤污染的预防和治理等现象的心理体验和价值评价，它包括了人们对土壤污染防治的看法、态度和对自己在土壤污染防治方面的权利和义务的认识等。第一，对农业用地土壤要素作用的属性机理认识不够，不知如何科学地使用土壤、防止土壤的污染，从而不当地、过度地利用农地；第二，人们普遍对我国土壤环境尤其是农业土壤污染和生态破坏的严峻局面认识不足，公众环

---

[1]　例如，《土壤污染防治法》施行后，多地纷纷出台配套实施办法，加快推进实施土壤污染防治法，采取一系列措施，遏制了污染加重趋势，保障了土壤环境质量总体稳定。但有些地方出台的地方性法规存在"机械立法"现象，即照抄法律规定而较少结合本地方特殊的农业用地情况，制定有针对性、操作性强的规定。法律实施中还存在法律责任落实有差距、配套标准和规划制度不健全、农用地分类管理有待加强、建设用地风险管控待强化、法律实施保障不足以及监督执法不到位等问题。见栗战书.全国人民代表大会常务委员会执法检查组关于检查《中华人民共和国土壤污染防治法》实施情况的报告[R].2020-10-21.

[2]　张杰、李维.治土路线明确　任务仍然艰巨——二〇一六年土壤污染防治工作综述[N].中国环境报，2017-01-10（001）.

境意识明显呈"政府依赖型"特征，对于自身及其他社会组织应该做的和能够做的环保工作没有清晰的认识；第三，不能科学地认识土地土壤的价值，在经济发展和生态维护之间不能做到统筹协调，往往是重视经济发展或对自身利益过度追求，而忽视了土壤的生态安全价值，土壤环境没有列入"红线"保护范围，对土壤环境保护的重要性重视不够。

例如，我国"遍地开花"的工业园区导致污染问题。2014年秋天的腾格里沙漠污染事件、2016年3月11日南京绿石发布的揭露江苏盐城响水生态化工园区强酸性污染调查报告、黄河岸边的工业园集群等，无不显示着经济恶性发展下的"U形弯"：个别地方政府为了政绩，想尽办法招来各类企业，企业靠污染赚钱，政府靠污染创造经济奇迹，经济的增长以透支环境为代价，而环境透支对经济的影响和群众生命健康安全的影响是众所周知的。大量存在的工业园成为土壤环境污染的重要致因，它们的存在使得河海沟渠、市镇村落生态遭受不同程度的破坏；一些排放几乎都不能达标的企业聚集在一起，更多的是为了方便排污而已，或者让排污行为看起来更合法化一些。无论是腾格里工业园，还是连云港工业园，它们有一个共同的特点，那就是成为低端工业的扎堆园。很多企业没有任何治污设备，但就是可以毫无顾忌地生产和排污。根本问题不是国家不重视，不治污，而是地方政府和企业没有动力治污，因为园区的经济就是污染型经济，若严格执行了环境保护法律法规，则地方依靠什么增加GDP呢？

上述这些污染严重的园区，很多企业都生产同样的东西，比如农药，中国生产同一种农药的企业有几百家，但在国外发达国家，可能就只有几家，所以说低端、分散是中国工业面临的巨大问题。而且，产业结构迟迟得不到调整，不能从源头上加以控制，无法彻底解决工业园的污染问题。经济基础是上层建筑的决定因素，污染当前，法律所能做的更多是表达，而很难真正改变，这也是为何我们的法律总是

"看着美"，而不能实际地用来"过日子"的原因之一。

从伦理学上看，我们在土地经济、生态和社会三个维度的价值选择上，毫不犹豫地选择了其经济价值并长久秉持"经济为上"的理念，忽略了土地的其他价值维度，从而造成了土地伦理的失范。一块区域的土地是由地表的土壤、动植物、微生物、矿物质、地表地下水以及人类生产活动本身组成的动态的、互动的"社区空间"，人类是这个社群中的一个成员，必须与其他成员相互依赖。一些因素的不合理作用，强制增加或减少某些因素，会把土地本身的功能过度剥离，使得本来自然的"社区"产生异化，从而违反正常的"土地伦理"。发展生产建设过程中，我们在向土壤倾倒垃圾、排放废物以及从事其他有害土壤环境的行为时，显然没有意识到这个问题。

行政执法程序上的"过度保密"对完善农业用地土壤污染防治制度也带来了一定的不利影响。在以巨额花费进行了全国土壤污染状况调查，掌握了有关农业用地土壤污染的具体信息后，有关机构把这种信息作为国家机密严格保密，禁绝向公众提供土壤环境污染状况，使得群众无法获得影响自身生产生活的安全警示信息，虽然未因此造成污染地群众的恐慌，但却把治理农业用地土壤污染归于政府"单打独干"的局面，极不利于推动全社会开展土壤污染防治事业和构建农业用地土壤环境法律制度。

从土壤生态环境的行政管理上来说，20世纪80年代以来，我国形成了以行政管理为主导，分级指导与统一监督相结合的管理体制，环境治理能力得以提升。但是，面向当今日益复杂艰巨的土壤生态问题以及公众对食品安全的时代期盼，这一治理模式逐渐显示出较大的不适应性，主要表现为治理难度增大，成本升高，土地环境资源产权不清，农产品价格形成体系不完备，市场机制难以对农业用地的占有、转让和用益进行资源调配，无法充分利用和发挥土地环境资源的功能。多数农民群体参与土壤环境治理的意识淡薄，或者是无序的非自觉参与，而现有的土地制度安排又无法确保公众的参与权和监督权。总体上看，我国在土壤环境防治方面存在的主要障碍是政府、社会、基层组织和广大村民的权、责边界不明晰，减弱了农业用地土壤污染的防治能力和潜力。这一个问题反映了我国土壤污染防治制度的原生性瓶颈。

就修复产业来说，当下城市化进程中，农业用地存在多种利益主体。在顶层制度设计缺位的情况下，利益争抢、责任推诿、巨大的修复耗资等使得具体工作难以开展；基础产业发展程度过低、商业盈利模式不清也难以促进法律制度的发展。

三、我国相关制度的发展趋势

土地土壤立法是环境立法的薄弱环节，迫切需要建立起适应我国经济社会发展水平的土壤污染防治法律法规体系，填补我国在这一领域的空白。在民族复兴伟大进程中，改革开放是我国应当长期坚持的宝贵经验。法律的借鉴和移植，不能再囿于传统的国家社会性质形态，不同类型的制度都可以互相学习和引进，这已经成为全球范围内的共识。于是，借鉴国外的土壤污染防治法治经验，结合我国之现状，为我国农业用地土壤污染防治制度建设提供相应的法学理论铺垫，也是制度发展、法治实现的前期理论支撑内容之一。有学者在比较研究国外一些主要国家及地区的土壤污染制度的发展脉络、特征、实施的影响、存在的问题及发展趋势的基础上，提出了农业用地土壤污染防治法律草案。

我国是单一制国家，建立专门的综合规制型法典模式是当下的路径。事实上，目前学者及机关实务界所提的立法建议、法律草案都是在单一系统制度思维模式下的成果，即在已经实施的土壤污染防治法律基础上，以农业用地土壤的污染防治作为重点，可以单独出台涉及农业用地污染管理的法律，从上至下一以贯之。同时地方可以根据该法的原则、精神、条款和规定制定自己的实施细则和补充规则（特别行政区和个别省自建、自有农业土壤污染规制法律体系，可以参照中央法律的一些条款弥补自身制度之不足）。对全国的农业用地进行综合考察，适用于一个制度体系，将能大大提高制度建设的效率，提升法律执行的效果，促进农业用地土壤污染的科学修复整治。

2016 年 3 月 17 日成文的《国务院 2016 年立法工作计划》中，环境、资源、能源类等大量涉及农业用地土壤污染防治的法律法规被纳入立法起草和修订规划计划，包括农药管理条例、农田水利条例、危险化学品安全管理条例（修订）、退耕还林条例（修订）、农作物病虫害防治条例、粮食法、村庄和集镇规划建设管理条例（修订）、应对气候变化法、固体废物污染环境防治法（修订）、土地管理法（修订）、地下水管理条例、排污许可管理条例等。[1] 我们建立的将是"一专多能"的法律体系，"专"就是一部（农业用地）土壤污染防治法律，以该法为核心，建立起以农业用地土壤污染的防治为主，兼及各类土地土壤污染管制的法律制度，如矿山土地治理、废弃物土地土壤改良、毒害化学品土壤利用禁止、近农业区土地建设使用规制等；建立起对有关土壤治理的其他环境要素的管制，如重金属放置析出无害化处理、水质污染防治、生态多样性保持、大气质量恶化监测与治理；构建并完善与农业用地土壤保护有关的水环境保护、大气环境改良、全环境要素的节能减排等全方位制度体系。这就建立起来以专门法和外围法相结合、互相促进，全方面实现农业用地土壤污染的预防和有效治理目标的法律体系。

全国人民代表大会环境与资源保护委员会曾表示，土壤污染防治法是原"修三立四"立法规划之一。2014 年环境与资源委员会鉴于突出的农业用地土壤污染问题，已抓紧研究、制定相关的制度规范，全国人大常委会在环境立法上取得新进展。早在 2015 年 3 月举行的第

---

[1] 国务院办公厅.关于印发国务院 2016 年立法工作计划的通知［EB/OL］.2016–04–13.

十二届全国人大三次会议上，就有 241 位代表提出了关于制定专项土壤污染防治法、黑土地保护法等近 8 项议案，指出我国当前严峻的土壤污染形势已经对土壤生态安全、农产品安全和粮食安全构成了严重挑战，进行相关的土壤污染防治立法已经刻不容缓。全国人大环境与资源委员会把土壤污染防治法律草案提交全国人大常委会审议，环资委指出，土壤污染防治直接关系民众的"菜篮子""米袋子"安全和人民身体健康，对此应引起全社会的足够重视。[1]

2015 年，人大代表对农业用地土壤污染治理给出了具体建议，如加强对耕地情况的监督监测，规定法律责任，明确环境监管治理、标准建设、国家示范指导、修复与资金等细节。目前造成污染的责任主体大多不明，制约污染土壤修复的最重要问题是资金来源，专项地方债的发行不能从根本上解决土壤修复资金的正向循环，因此通过环境绩效服务合同，做到专业化整体式设计和管理计划将进入法律视野，可能成为制度设计的重要组成部分。新的土壤污染防治法，将一改往昔法律可操作性差、责任落实不到位的缺陷，追求"源头预防 + 标本兼治 + 铁腕究责"的土壤环境保护执法高境界。

2015 年，中央"一号文件"和《政府工作报告》《农业环境突出问题治理总体规划（2014—2018）》《全国农业可持续发展规划（2015—2030）》《关于打好农业面源污染防治攻坚战的实施意见》纷纷出台，标志着农业用地土壤污染攻坚战吹响了号角。农业土地资源环境保护从法制化向法治化快速推进：全国人大常委会通过或修订的《环境保护法》《固体废弃物污染环境保护法》《大气污染防治法》等，对固体废弃物、大气、灌溉水进入农业环境的条件作出了规定；《农业法》《农产品质量安全法》设专章规定了农业资源与农业环境保护、农业野生植物保护、农产品产地环境保护等内容；国务院发布的《基本农田保护条例》《畜禽规模养殖污染防治条例》《野生植物保护

---

[1]　陈丽平.民委建议适时纳入立法规划［N/OL］.法制日报，2016-01-05.

条例》《农用地土壤环境管理办法（试行）》对推动耕地质量保护、畜禽养殖废弃物综合利用和无害化处理以及野生植物保护作出了更加明确、具体的规定；原农业部为贯彻落实国家相关法律法规，制定出台了《农产品产地安全管理办法》《农业野生植物保护办法》等多项部门规章。在地方土壤污染防治法治工作方面，各省区市纷纷制定农业环境保护规定和执法办法、制定农产品安全管理法规以及编制农业用地土壤污染应急预案。

2016 年 1 月 11 日，全国环境保护工作会议在北京开幕，会议明确提出要以改善环境治理为中心，深入实施大气、水、土壤三大污染防治行动计划，以法治和标准为牵引，全面开展土壤污染防治行动，建立规范的污染土壤监测与整治联合监督机制。治理方法上，根据农业土地相应的土壤类型和重金属等物质超标情况，因地制宜，采取相应的治理方法。我国农业用地土壤状况极为复杂，解决"土壤病"，首先摸清"家底"为迫切事项，对哪些土壤受到污染、污染到何种程度必须公开透明。毫无疑问，我国有执行力的法律法规和政策文件的出台，在一定程度上能够缓解农业用地土壤污染的状况。所以有必要根据我国农业用地土壤污染现状，建立专门的法律制度，以环境重罚、打出"组合拳"全面治理土壤环境污染。[1] 且全国土壤污染状况详查工作业已在 2022 年完成，对我国农用地土壤污染总体状况已有初步了解。国家高度重视，土壤污染防治立法已在施行，农业用地土壤污染集中整治已然箭在弦上、整装待发。

---

[1]　竺效.环保重罚措施对法律实施的影响［J］.中国高校社会科学，2016（4）：125-131.

第四章　发达国家制度经验的立法借鉴

在制度构建发展实践中，我们不能闭门造车。国外许多国家在土壤环境保护和污染防治方面有着较为丰富的经验和深刻的教训，能够对我国的法律制度体系建设提供有益的参考。有些国家的农业用地土壤污染历史和状况同我国有诸多相似之处，其建立的土地土壤制度值得我们学习。本书选取日本、美国、德国的法律制度加以考察，原因在于这些国家的农业用地土壤污染规制制度在世界范围内相对先进并具有代表性。日本以预防公害和发展生态农业为法治目标的全面系统制度体系，美国的"棕色地块"制度和对中小企业土壤环境义务科学合理规制制度，德国的"状态责任"等为其重点，是制度中的突出之处。这些国家，或与我国的农业用地土壤污染历史情况及国土资源情况类似，或其制度为世界现代化农业用地土壤污染制度的代表，故选择学习研究之。我们应大胆考察借鉴其立法方法和制度系统，为我所用，构建具有我国特色的农业用地土壤污染防治法律制度体系。

第一节　日本农业用地土壤污染制度考察

日本自19世纪下半叶即开始出现"矿毒"危害，土壤污染曾是最为严重的社会公害之一，也是较早针对农业用地进行专项立法的国家之一，法律制度建设以掌握各类污染物及危害，防止产生有害农畜产品，保障人体健康为目的。日本是完成由土壤污染型社会向土壤清洁型社会转变的成功代表。

一、日本农业用地土壤污染调查制度

（一）调查的目的

对土地土壤状况进行调查分为普通调查和特定调查，特定调查开展的前提是土壤有污染的嫌疑。为耕作或为发展畜牧业的目的而提供的土地，土壤经过长期的翻新利用及与地表地下水、与地上空气的接触吸收，可能会产生不利于土壤环境的"特定有害物质"。[1]

（二）调查的层次和缘由

对土壤的调查分为土壤本身、流经交换水和施用制剂的调查三个层次。在以下情况下可以启动农业用地土壤污染调查：（1）土地转换。土地经过流转或者用途改变。（2）存在污染可能。有一定的意见或数据显示可能存在土壤环境不安全因素。（3）健康危害。出现了影响人体健康的作物。（4）行政强制。各地方一级机关负责人认为可能存在土壤污染的，可以行政权命令开展调查。

（三）调查实施的主体与方法

法律明确一般的土壤污染调查由土地所有人、占有使用人等权利人开展，在调查可能存在专业性难度时，可以委托专业机构进行，原

---

[1]　日本《土壤污染对策法》第二条规定了特定有害物质的范围。特定有害物质是指《土壤污染对策法施行令》中公告的铅、砷、三氯乙烯及"其他物质"，其中有关"其他物质"种类的规定，可见《土壤污染对策法施行令》，该《施行令》除规定了25种污染物质外，同时还对应实施土壤污染状况调查土地的基准、调查命令和处置命令的要件、公用设施管理土地的种类等事项做出了规定。除了上述法令外，同时出台了《土壤污染对策法施行规则》，对土壤污染调查的程序、方法和相关技术标准做出了规定。《土壤污染对策法施行规则》同时规定了各种物质的土壤溶出量基准和重金属的土壤含量基准（即总量限制标准），土壤溶出量基准主要是考虑如果人体摄食受有害物质溶出污染的地下水时，可能会对健康造成危害而制定的；土壤含量基准则是考虑到如果人体直接从含有害物质之土壤摄取食物时，可能会对健康造成危害而制定的。该规定与《农业用地土壤污染防止法》规定的镉、铜、砷，以及有毒物质特别措施法关于有毒物质的规定存在着一定的区别，在适用时可以互为补充。

则上由责任人负担费用。[1]都、道、府、县知事可以在认为必要时，决定由行政机关自身进行土壤污染调查。调查必须展示职业性，抽取必要的土壤断块，并避免危及土地权利人的各项权益，[2]对合理的询问质疑做出明确有效的说明。日本《土壤污染对策法》第三条和第四条指明，土壤污染状况调查分为书面调查、采样调查和概况调查三种，其中第三种是前两种方法的结合，调查者根据指定或选定程序采取合适的调查方法。以土壤直接摄取吸收物质的观点为例，对一块农业用地的调查不能仅限于土壤表层含有成分的检测，更多的是对地表地下水质、周遭生活生态环境的全面检验。

二、土壤污染的治理制度

治理制度的关键源于多部门的合作，如何合作是根本性因素，即分工合理性是关键。日本地方职能部门较多，土壤污染治理的成败在于是否能有合理的分工。一般地，由地方一级机关负责人主导制订土壤污染整治计划，依据环境省和农林省的规定，对策计划包括分别设定不同农业用地块的针对性修复方法和拟达成的目标、整治期间农业用地利用方式的变更、新污染源的预防尤其是周遭水质的监测、具体修复的程序性事项等。农业用地土壤对策计划和修复方案应向社会公开，以便公众可以提出建议和参与监督，都、道、府、县知事可以对土地的所有人和其他权利人课以更多的有关污染预防和修复治理的义务。

对农业用地土壤的治理，大致分四个步骤：（1）做好信息核实。查明污染损害现状，即污染物质都有哪些，各种物质在地块的具体分

---

[1] 对于土壤污染的调查，日本《土壤污染对策法》第十条至第十九条规定了"指定支持法人"的资格和管理方式，并于第二十条至第二十一条规定了其执行业务的范围，包括向采取污染清除措施的公共团体交付补助金、实施土壤污染状况调查、询问、清除土地污染和向土地性质变更做出建议，以及推广增进相关知识和相关业务等。该法第二十一条至第二十四条同时规定了指定支持法人之基金的来源（含补助金、政府以外出资及政府预算）、事业预算书、收支预算书报送环境大臣认可以及向环境大臣提出事业报告书、收支决算书报告等内容。

[2] 任效乾，王荣祥，等.环境保护及其法规[M].北京：冶金工业出版社，2005：101-103.

布点位和浓度，其形成过程和动态作用趋势，拟采取的措施对土地有何后续影响。（2）明确治理各方责任。推动土壤修复，由都、道、府、县知事牵头，按照法律规定的土壤污染责任明确相关方义务。（3）根据地块情状，选择最佳治理方案和治理标准，实施农业用地土壤的修复。修复措施根据农业用地地块性质，单一或综合使用客土填埋、覆盖、土壤密封、土壤和水质净化、重金属吸收作物种植等技术方法。修复中坚持"使用最佳技术"和"维持生态平衡"原则，在公众的参与监督下，注重切断污染源，防止新的污染产生，防止污染扩散和二次污染。修复措施在技术上完成后，经过技术人员测试，向政府（知事）报告。（4）知事主导成立评估土壤修复效果的专门委员会，委员会由农民、专家学者和一些企业人士组成，他们对对策法上的制度措施的实施效果进行讨论、考察、检视，并形成效果意见书，以此检查施行结果，完善实施效果，达到预防、治理、维护的"三效合一"（见图4-1）。

三、与日本农业用地土壤污染防治有关的衔接制度

（一）关联立法

日本土壤污染防治立法的特点之一就是有着大量的关联立法。通过关联配套立法制度对农业用地土壤污染相关的问题加以规制。在《土壤污染对策法》及其实施细则颁行后，还对部分关联立法做出了修正，以期健全土壤污染防治制度。这些外围关联立法，通过《水质污染防止法》对污水排放加以规制，通过《大气污染防止法》对废气排放加以规制，都有助于从源头上防治土壤污染。结合规定矿山环境保护、规范农药生产使用以及环境治理费用负担方面的法律规定，形成了比较完整的外围土壤污染防治立法规范和政府土壤环境管理体系。表4-1反映的是日本土壤污染防治关联立法的大致构成。

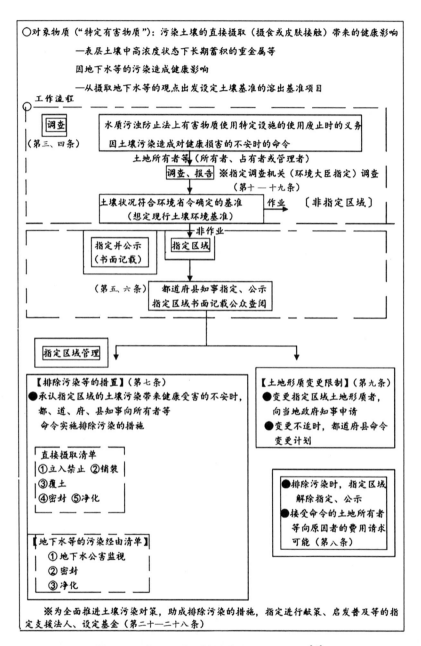

○对象物质("特定有害物质")：污染土壤的直接摄取（摄食或皮肤接触）带来的健康影响
　　　—表层土壤中高浓度状态下长期蓄积的重金属等
　　　因地下水等的污染造成健康影响
　　　—从摄取地下水等的观点出发设定土壤基准的溶出基准项目

○工作流程

| 调查 | 水质污浊防止法上有害物质使用特定设施的使用废止时的义务 |
| (第三、四条) | 因土壤污染造成对健康损害的不安时的命令 |

土地所有者等（所有者、占有者或管理者）

调查、报告　※指定调查机关（环境大臣指定）调查
（第十一—十九条）

土壤状况符合环境省令确定的基准　　作业　〔非指定区域〕
（想定现行土壤环境基准）

非作业

指定并公示　　指定区域
（书面记载）

（第五、六条）都道府县知事指定、公示
指定区域书面记载公众查阅

指定区域管理

【排除污染等的措置】（第七条）
●承认指定区域的土壤污染带来健康受害的不安时，
都、道、府、县知事向所有者等
命令实施排除污染的措施

直接摄取清单
①立入禁止　②铺装
③覆土
④密封　⑤净化

【地下水等的污染经由清单】
①地下水公害监视
②密封
③净化

【土地形质变更限制】（第九条）
●变更指定区域土地形质者，
向当地政府知事申请
●变更不连时，都道府县命令
变更计划

●排除污染时，指定区域
解除指定、公示
●接受命令的土地所有者
等向原因者的费用请求
可能（第八条）

※为全面推进土壤污染对策，助成排除污染的措施，指定进行献策、启发普及等的指
定支援法人、设定基金（第二十一—二十八条）

图4-1　农业用地土壤污染治理大致程序[1]

［1］　大塚直，大岁幸男.土壤污染对策法のすべて［M］.東京: 化学工業日報社，2003: 13.

表 4-1　与土壤污染相关的法律法规结构示意

基本法：《环境基本法》——土壤污染相关的环境基准（对象：26 种物质）		
《二噁英对策特别措施法》——规定与二噁英类物质相关的环境基准		
污染防止对策		污染清除对策 专门法：《土壤污染对策法》 —规定受污染土壤的调查、登记和净化责任
大气	《大气污染防止法》※	《农业用地土壤污染防止法》
	规制毒烟排放	规定了针对铜、砷等特定有害物质所致土壤污染的对策计划的制定
	《二噁英对策特别措施法》	《二噁英对策特别措施法》
	与二噁英类物质有关的排放基准	规定了针对二噁英类物质所致土壤污染的对策计划的制订等
水	《水质污染防止法》※	土壤
	规制排水、禁止有害物质向地下水渗透	调查—指定区域—对策计划—实施"费用负担"—确认
	《二噁英对策特别措施法》	
	规定与二噁英类物质有关的排水基准	
废弃物	《与废弃物处理和清扫相关法》	《土壤·地下水相关的调查、对策指针》
	填埋处理的基准、终处分场的建造标准等	
化学物质等	《与化学物质的审查和制造等规制相关法》	《水质污染防止法》
	规制特定化学物质使用技术上的基准	向存在危害健康之虞的地下水污染发出净化命令
	《肥料取缔法》	《与废弃物处理和清扫相关法》。当发生妨碍生活环境保护或者存在妨碍生活环境保护之虞时，发出排除妨碍的命令
	规定不引起土壤污染的产品质量基准	
	《农药取缔法》	
	（※）规制与矿山相关的设施则依《矿山保护法》	

（二）配套制度

为确保农业用地的清洁生态，配合专门综合法与关联立法制度的实施，日本建立了相关的衔接制度，这些制度主要有土地形态变更管理制度、土壤污染保险制度、土壤修复"助成"基金制度、职业资格制度等，这些制度措施保证了农业用地土壤在调查、指定"台账"管理、污染清除的核心制度等方面的良好有效实施，并发挥着相配合的促进作用。同时，为达到法律所规定的发展农业用地事业、保障人体健康的目标，通过各种财政金融的、政策产业的措施，广泛建立清洁基地，大力发展有机农业，在适宜区开展集约型农耕，在山林湖河小块种植畜牧区进行自然耕作生产，并采取专业严格的运输、检测、售贩渠道，确保了农作物从源头到消费的安全。

四、对日本农业用地土壤污染防治制度的评析

（一）日本法律体系建设观览

日本法律制度构建的立法原则、目的、立法程序、实施执行和法治检验制度值得研究。日本土壤污染调查制度、"台账"制度、土壤改良治理制度、实施效果检验制度、外围法律制度和法律责任制度具有很大的借鉴价值。至 2013 年，有关农业用地土壤污染防治的全国性法律政令多达 18 部，[1] 是土壤污染规制的主要构成内容，在"环境六法"中占有相当大的比重。如此密集的法律规制，是与其社会发展中取得的经验教训和法律发展背景分不开的。

自明治维新之后，在"产业富国"政策的推动下，日本工业快速获得现代化发展，由此引起的土壤污染事件不胜枚举，出现了几个比较严重的农业污染事件。如：19 世纪中后期出现的足尾铜矿污染农

---

[1] 環境庁総務課.環境六法［M］.東京：中央法規出版株式会社，2013：697.

田事件，这是早期日本工业发轫后出现的规模最大的农业用地土壤污染事件，自此工矿企业对农业的污染问题开始受到重视。"痛痛病"事件中，因农作物、水体含有大量超标的毒害金属物质使人体骨质疏松并产生剧烈疼痛之症，该事件加快了日本《农业用地土壤污染对策法》的制定步伐。相关法律授予都、道、府、县知事广泛的土地状况管制权力，规定其对本区域内的农业用地土壤环境和农作物食品安全负责。为了更好地保护农业用地土壤，维护农作物的茁壮生长，1989年日本修改《水质污浊防止法》，1999年制定《二噁英类物质特别对策措置法》。[1]此后，铬类有机溶剂造成的地下水污染也成为社会问题。日本环境省也是为了专门研究、治理日益严重的环境危机而宣告设立的。

日本环境省设立后，首先召开了"土壤环境应然对策"的研讨会，经过9轮全体讨论，集中形成了"关于今后土壤环境如何保全的对策"的资料及观点。随后中央环境审议会开展了"关于今后土壤环境如何保全的对策"的咨询会，约3个月的时间，经过了土壤分会6次、土壤农药部会议3次，共9次审议。2002年1月25日，公布了"关于今后土壤环境如何保全的对策"。发布的内容大致是法律依据及以后的工作介绍，并提出了制度化的方向性指导。关于法律案的决议，日本国会审议时议论纷纷，在野党甚至提出了修正案，但最终原案表决时获一致通过，[2]这是立法表决的大致经过。

《土壤污染对策法》共有八章四十二条和一个附则共五条，分为总则、指定、管理、治理和财援部分，基本涵盖了土壤污染防治中的各种问题，对农业用地土壤进行全面规制。立法原因是：扩散呈现的土壤污染危害，使得政府下大决心整治土壤问题；农产品领域的对

---

[1]　日本从1973年起就开始发布类似的调查报告，都、道、府、县等地方自治体都必须根据环境省《土壤污染相关的环境基准》（1991年环境厅第46号告示）的规定开展土壤与地下水污染的调查。其后环境省于1999年1月对指针进行了全面的修改，制定了《土壤·地下水污染相关的调查、对策指针》，指导都、道、府、县等地方自治团体开展土壤污染的调查工作。

[2]　大塚直，大岁幸男.土壤污染対策法のすべて［M］.東京：化学工業日報社，2003：1-5.

外开放，有力地促进了农业领域清洁优良农产品的源头生产控制；经济生活水准的提高，国民不断追求农药等农用资料无超标、高品质的农业食材。这些原因大大促成了《土壤污染对策法》的出台。立法目的：农业用地的土壤污染制度建立的根本目标就是保护公众生命健康、财产安全。[1] 采取专门法和外围法相结合的立法模式，以利益引导方式，把人民对健康和财富的追求转化为实施法律、参与土壤保护的动力，最大限度地调动公众参与防污治污的积极性，以土地所有人、责任人为主体，[2] 政府主导者和基金财团援助为支持，相关或不特定民众广泛参与。在采用德国"状态责任"的基础上，落实"污染者负担"的原则。

（二）日本农业用地土壤污染防治法律实施的社会效能

日本在农业用地土壤污染防治问题上下足了功夫，建立了专门法、合并法、外围法和专门法协调统一的法律规范体系，并严格执行和遵守。有了这一系列法律制度，日本的农业从"工业文明"中解脱出来，似乎"浴火重生"，回到了起点：保守而注重生态，土地得到充分养护和保持，精耕细作，清新自然。2009 年日本发布了《环境白皮书》，该白皮书指出，至 2008 年 3 月底，在绝大部分对策制定区域，正在开展治理计划；超过 87% 的指定地区已经完成土壤的修复和改良；在重金属（如镉）重点污染区域，已经采取了有效对策防止稻田作物的新污染可能。

---

［1］ 日文名称是"土壤污染对策法、どじょうおせんたいさくほう"（土壤污染对策法），包括《农业用地土壤污染防治法》（原文也为"对策法"）和《土壤污染对策法》两部法律。但"对策"包含整治、治理、防治、策略等意。从环境法的角度，我们习惯上把类似的法律称作"防治法"（其实是重"治"不重"防"）。我国学者在研究日本相关法律时，也有不同的称谓，但都是指同一部法律。

［2］ 立法根据土壤的污染程度、土壤的类型采取不同的管制方式，以减轻污染土壤所造成的损害或避免污染扩大。《土壤污染对策法》虽未对"农业型"土壤污染和"城市型"土壤污染分章进行规定，但在土壤污染调查、整治责任承担、费用负担、管制方式等具体制度中对它们仍是区别对待的。如日本对农业用地土壤污染的调查，由政府进行，但对非农业用地的土壤污染，可以采取强制性措施，由政府强制相关义务主体调查，并由其付费。对于农业用地的土壤整治措施，诸如命令污染行为人停止作业、部分或全部停工；通知居民，竖立告示、标志；必要时疏散居民或限制人员活动；对污染土壤上生长或产出的农作物进行检测，必要时销毁；限制污染土壤的用途，如不得种植特定农作物或不得用于居住等。关于工业、商业和住宅用地的土壤污染问题，不是本著的研究对象，本文不作评述。

第二节　美国农业用地土壤污染治理法律借鉴

美国对土壤污染防治的主要法律实践是针对"棕色地块"的管理整治，以及为满足土壤环境管理所需巨额资金而设立的"超级基金"。土壤污染防治管理措施在各个阶段的土壤立法及修正案中都有体现。

一、"棕色地块"

（一）"棕色地块"的概念

"棕色地块（Brownfields）"一词的称谓，可追溯至20世纪70年代中后期。这一概念首先在当时美国的钢铁工业文献中被使用，后来被普遍地运用到经济发展工作中，用于绿地（Greenfields）保护等活动中。[1]但到20世纪90年代，该词的含义发生了变化。由于政府一度过于关注经济的发展，少数民族以及低收入者不成比例地被暴露于污染源之中的不公平现象日渐突出，导致环境正义运动日益高涨。"棕色地块"问题再度回归到环境保护层面，其本质再次成为人们关注的热点。美国联邦环保局于1995年所公布的"棕色地块"定义，在过去相当长的时间里得到了广泛的引用，即"废弃、闲置或不使用的工业场址，由于环境污染物的存在或有存在的可能性，开发或再开发困难的土地"。[2]2002年，美国联邦环保局更改了"棕色地块"的定义。《小规模企业责任减轻和棕色地块振兴法》将"棕色地块"定义为"因为存在或者潜在地存在危险物质、污染源或者污染物而导致发展、再开发、再利用困难的不动产"。尽管美国联邦环保局对"棕色地块"的新定义被广泛接受，但联邦、州和地方计划中对该名词的定义仍然存在较大分歧。

---

[1]　《综合环境反应、赔偿与责任法》（CERCLA）中首次提出了"绿地"（Greenfields）及"棕色地块"（Brownfields）的概念。"绿地"是指从来没有用于工业或商业目的的地方，通常是在郊区或乡村。

[2]　Sheahan J.Recycling America's land: a national report on brownfields redevelopment［R］. The United States Conference of Mayors，2006.

（二）"棕色地块"的成因

美国许多城市"棕色地块"产生的过程基本相似，通常囿于工商业因经济重心转移或转变投资环境等因素，将工厂迁离原址，城市出现许多空地、低度利用的工商业土地及需要修复或拆除的建筑，这些"棕色地块"多半已遭受污染，如特拉华州的威明顿市与巴尔的摩。威明顿市从 19 世纪开始发展工业，工业区主要集中于白兰地与克里斯蒂娜河沿岸。工厂迁离后，特拉华州"棕色地块"评估计划研究发现这些地区的"棕色地块"多半已遭受污染，呈现空置、废弃、低度利用等状况，影响范围扩及樱桃岛、东七街半岛、威明顿港邻近地区、南麦迪逊街、肚皮巷、布朗敦、托兹巷及少部分工商用土地，面积共 $17.5km^2$；巴尔的摩向来以大型重工业为经济基础，但是自 20 世纪 60 年代以来，工厂大量关闭导致制造业就业机会减少，原先的工业土地因被怀疑受到污染，大量遭到弃置而成为空地或低度利用的土地。"棕色地块"问题是同固体废弃物污染联系在一起的，会引发严重的污染问题，给人体健康带来巨大风险。

（三）美国再开发"棕色地块"的原因分析

（1）开发"棕色地块"是环境正义的要求。美国 2000 年会议的报告指出，美国境内的"棕色地块"大约有 81568 处，这些地区的居民健康保障状况极差，居民也因暴露在污染环境中而深受各种疾病的困扰，"棕色地块"几乎成了环境不正义的同义词。[1] （2）开发"棕色地块"是减缓城市蔓延可能性的要求。所谓蔓延是指：从城市周边蔓延发展的低密度住宅与工业发展，使林地、湿地、农地与其他自然环境等因为快速开发而消失。第二次世界大战后期，蔓延逐步成为城市发展主流，"棕色地块"再开发、再利用被认为是阻止城市蔓延的最佳途径之一。（3）经济诱因是促使美国"棕色地块"开发的

[1]　Sheahan J.Recycling America's land：a national report on brownfields redevelopment ［R］. The United States Conference of Mayors，2006.

主要原因。虽然存在着潜在的环境风险，"棕色地块"仍具备了发展上的优势，如"棕色地块"的基础设施相当完备，包括接近劳动力市场、原料市场及输出市场，接近大众运输、道路、水、污水下水道、电力及其他设备。此外，"棕色地块"再开发计划的预先准备成本（preparation cost）比开发生地（raw land）的成本低。"棕色地块"再开发不但能使私人开发者可以因土地价值增加而获益，也可以帮助公共部门消除环境危机，使新企业或住宅愿意入驻社区，增加社区的工作机会并增加税收。

二、"超级基金"

受"诺夫水道事件"的影响，为鼓励私人资本进入土壤污染防治市场，并在"棕色地块"土壤环境损害责任主体不明或不能确定责任主体时土地治理能够得到足够的资金支持，美国 1980 年发布了《综合环境反应、赔偿与责任法》（以下采用字母缩写 CERCLA），即《超级基金法》，创建了著名的"超级基金（Superfund）"制度。

CERCLA 实施 5 年后，大约只有 15 个载入国家优先治理顺序清单（NPL）的受污染场址得到了净化。相比 400 多个仍未得到处理的场址，其数量较少，因此该法的效果并不算理想。至 1986 年底，载入 NPL 的场址急剧增加至 900 余处，CERCLA 已经完全不能满足土壤污染治理净化的要求。1986 年国会通过《超级基金修正案和再授权法》，对原法进行修订，扩展了公众知情权的内容，并要求企业建立外排化学物质信息库。[1] 法案中列出了几项保护方案，各有不同的清除标准供责任人选择。但不论采取哪种方案，都必须达到维护人类健康与环境质量的目的，也不得违反其他环保法令的规定。

2002 年 1 月，美国前总统乔治·布什签署了调整 CERCLA 责任

---

[1] 蔡伟凤，官泓.美国"超级基金"对我国土壤修复制度的启示 [C] // 中国环境资源法治高端论坛论文集.武汉：中国环境资源法学研究会，2016.

相关章节的修正案，即《小规模企业责任减轻和"棕色地块"振兴法》。作为规制美国土壤污染的重要现行立法，CERCLA 及其后一系列的修正案（《小规模企业责任减轻和"棕色地块"振兴法》又称作《综合环境反应、赔偿与责任新法》，即 NewCERCLA）对美国土壤污染的控制和治理作用十分显著。

（一）CERCLA 的立法背景

美国有关农业用地（农场）土壤污染防治法规是和公害防治法中的有害废弃物清理的相关法规结合在一起的。在 CERCLA 颁布之前，主要从水污染防治、农药化学品控制等方面的外围展开立法工作。其关联立法示意如表 4-2 所示。

CERCLA 出台前，涉及农业用地保护的重要立法主要有《联邦杀虫剂、杀真菌剂和杀鼠剂法》《有毒物质控制法》《资源保护回收法》《联邦水污染控制法》《安全饮用水法》。这些立法为经水污染的场地进行修复，净化水域水源，控制毒害物质扩散，清除土壤中超标物质，维持农业用地土壤环境清洁提供了可靠的制度依据，也为农业安全生产和生态文明社会下的经济繁荣作出了重要贡献。

（二）CERCLA 的内容

CERCLA 通过制定严格的污染物标准，形成了以严格责任为特点的土壤污染净化的责任制度。正是慑于严格责任的压力，以周边地区为中心实施再开发日渐困难的现象变得日益突出。联邦和州政府为了对"棕色地块"实行治理，采取了各种措施来促使相关当事人自觉地采取净化措施，在 CERCLA 施行后的一个时期，美国的土壤污染场址的修复取得了相当的成就。因 CERCLA 推行了"严格责任"，实施过程中出现了一些不利情况。一方面，不能囊括当下所存在的所有涉及农业用地的污染场址；另一方面，对广大中小企业也是一个巨大的负担。于是，着眼于更加有力地实施 CERCLA，参众两院提出了数个法律草案和议案，历经漫长的过程，对 CERCLA 加以修改完善。

表 4-2　土壤污染相关立法示意

相关立法	年份	主要内容
《环境政策法》 *National Environmental Policy Act*	1970	1970 年时任美国总统尼克松签署该法，成为第一个有关环境公共政策的法案
《清洁水法》 *Clean Water Act*	1972	主要控制水污染，制定各种产业排放标准、水质量标准、允许排放的计划、提供特定问题方案并建构贷款基金等
《安全饮水法》 *Safe Drinking Water Act*	1974	经过多次修订，建立水排放核准计划，以管理饮用水的质量
《资源保护与恢复法》 *Resource Conservation and Recovery Law*	1977	用来规制生产者、运输者及危险废弃物的管理者，建立了有害废弃物从源头到坟墓的管理系统
《有毒物质控制法》 *Toxic Substances Control Law*	1977	对有毒有害化学物品的交易进行管理，以保护人体健康和环境，对多氯联苯、石棉以及其他有毒物质实施管理

三、《小规模企业责任减轻和"棕色地块"振兴法》

美国 2002 年通过的《小规模企业责任减轻和"棕色地块"振兴法》（又称为《综合环境反应、赔偿与责任新法》，即 NewCERCLA）对 CERCLA 做了修正。[1] 该法对 CERCLA 长期受到诟病的土壤污染净化严格责任进行了修改，同时该法以振兴"棕色地块"为目的，是美国治理土壤污染立法的新发展。2002 年 1 月 2 日，当时的美国联邦环保局官员怀特曼在布什总统签署该法令时，对该法给予了极高的评价。他评价该法是"振兴'棕色地块'的重要立法"。而布什总统在签署该法的政词中也高度评价了这部法律。

---

[1]　Small Business Liability Relief and Brownfields Revitalization Act.Pub.L.No.107-118 Stat. 2356，2002-01-11.

（一）NewCERCLA 的制定背景

迄今在美国境内大约存在着 100 万个"棕色地块"，[1] 要从根本上使得数量如此庞大的"棕色地块"得到治理，就必须出台治本之策，对现有的立法进行调整。原有的严格责任规定成为阻碍"棕色地块"再开发、再利用的主要原因之一。根据以前立法的界定，"潜在的责任者"的范围普遍涵盖了"未来的土地购买者、相邻土地的所有者、对污染贡献份额较小的中小企业等"，这使得为数众多但资力明显不足的中小企业在土壤污染责任面前显得无能为力。[2] 另外，州法和联邦立法协调上的问题，使得可能在依各州的土壤污染政策履行土壤污染净化义务的同时，还要承担 CERCLA 上的义务，这就极大地削弱了潜在的责任主体治理土壤污染的积极性。联邦政府和州政府介入"棕色地块"治理的问题，在 NewCERCLA 施行以前也未能得到解决。该法从对污染的管理权和范围上作了新的规定，并经 2002 年 1 月众议院第 2869 号决议通过。

（二）NewCERCLA 的内容

与 CERCLA 相比较，NewCERCLA 的立法目的主要表现在三个方面。（1）为中小企业减轻一定的依据 1980 年 CERCLA 规定应承担的责任，并修订该法以促进"棕色地块"的污染清理和再次利用。（2）为州政府的"棕色地块"整治行动提供经济援助。（3）尽量弱化联邦政府在对"棕色地块"的管理工作中的作用，突出州政府对"棕色地块"的管理责任。为达到 NewCERCLA 设定的目标，议会提出应该振兴因存在"棕色地块"而经济走向衰退的城市、社会生活，即复兴城市"棕色地块"所处地区的社区。对于能够重新加以利用的

---

[1]　Shira K J.Returning common sense to cleanup? the small business liability relief and brownfields revitalization act［J］.Arizona State Law Journal，2002,34（3）：991.

[2]　Levine A S.The brownfields revitalization and environmental restoration act of 2001：The benefits and limitations［J］.The Villanova Environmental Law Journal，2002，13（2）：217.

"棕色地块"，应该改变其被闲置的状态，充分发挥其经济价值，例如可以将其因地制宜地开发成供当地居民休闲用的公园。长期以来，在经济衰退的背景下，在城市复兴的过程中对未开发的土地都采取了保护的态度。新法的颁布，正是为了改变土地再开发的困境，使得因污染而闲置的土地经治理后能被重新开发利用。根据计算，每新开发 $1km^2$ 的"棕色地块"，相当于节约了近 $5km^2$ 的清洁土地。该法突出了对中小企业的保护、固体废弃物（municipal solid waste）处分权人的责任，以及土壤环境修复措施。

（三）NewCERCLA 在责任体系上有所发展

CERCLA 将应该承担责任的主体称为"Potentially responsible parties"，即潜在的责任方。该法第 107 条根据反应费用和自然资源损害赔偿的法规将责任费用类型归结为 4 个类别：[1] 对自然资源带来的损害、减损或损失，评估该排放行为导致的损害、减损或损失的合理费用。[2] 根据相关规定，"因果关系"（Causation）是自然资源损害赔偿举证的必要条件之一，并非费用补偿的必要条件。NewCERCLA 的免责规定更加科学。在对 CERCLA 第 107 条（b）诉讼时效（Statute of limitations）、既判力（Res Judicata）和附带禁反言（Collateral Estoppel）的免责规定上，政府作为被告可以引用该条款以及传统衡平法上的免责事由。[3] 因 CERCLA 采用的是严格责任，一般只要存在土壤污染事件则当事人就需承担责任。但如果其有强有力的证据证明该污染属于不可抗力、战争、毫不相关的第三人所为或不存在合同关系与善意购买者，且己方已经尽到了所有的注意义务，

---

[1]　王曦.美国环境法概论［M］.武汉：武汉大学出版社，1992：380.

[2]　《综合环境反应、赔偿与责任法》（CERCLA）在有关章节中这样给"资源"下定义，即："土地、鱼类、野生动物、其他生物、空气、水体、地下水、饮用水源，以及其他类似的为联邦所拥有的、管理的、托管的、与之有关联的或为其所控制的……任何州或地方政府、任何外国政府、任何印第安部落，或因托管而让予任何印第安部落成员的资源。"简而言之，自然资源是指为联邦政府、州政府或印第安部族所托管的土地、空气、水（地表水和地下水）以及环境中一切活的生物。

[3]　加藤一郎，大塚直.土壌汚染と企業責任［M］.東京：有斐閣，1995：148.

采取了完备的防护措施，则可以主张免责。"小规模企业减轻责任"改变了 CERCLA 第 101 条关于"善意的土地所有者"在 CERCLA 下自然资源损害赔偿的责任。涉及产生污染物的运营设施和处置处理的设施，NewCERCLA 的责任主体包括该设施的现任所有人、经营者、有害物质处理者以及有害废弃物清输者四类。因此，责任主体的认定问题在诉讼中往往是"兵家必争之地"，在严格责任的规则原则下，案件当事人要规避清偿责任，其直接的抗辩理由就是否定其责任主体地位的成立。

四、美国农业用地土壤污染防治主管机构与治理标准

美国采取的是由行政机关自身调查土壤污染状况的制度，并对各种土地采取风险评价的方法。美国农业用地土壤整治（称作"再开发"）主要就是指"棕色地块"问题。美国"棕色地块"再开发的参与者呈现出多元化的结构。根据执行机构的不同，"棕色地块"再开发利用的层级机构分为联邦政府、各州、地方政府和社区以及非政府组织。

（一）"棕色地块"治理开发的主体

1. 联邦政府

联邦政府的联邦环保局是"棕色地块"再开发的最高指导单位。联邦政府通过 30 个机构致力于提供许多相关资源，包括补助金、贷款、技术援助，帮助社区进行"棕色地块"的开发。1997 年开始推行"棕色地块"全国合作行动章程（Brownfields National Partnership Action Agenda），鼓励机构间的合作，进行环境整治、经济发展、公共健康、社区更新及其他多方面合作，努力改善"棕色地块"的问题。许多联邦"棕色地块"计划被重新改造、修改，以切合"棕色地块"特殊的

特征。

2. 州政府

环境与经济发展部门提出自愿清理、责任减轻、税金减少、技术援助与廉价的贷款等"棕色地块"相关策略。美国全国各州已发起 30 多个自愿清理项目（Voluntary Cleanup Programs），经过整理的"棕色地块"纳入土地再利用计划。[1] 州政府机构一般拥有较丰富的资源与人员，以及针对特定地区的专业技术，如环境议题或公共健康计划，以此来协助地方政府与社区成员。

3. 区域单位

因经济、环境与社会问题，如贫穷、失业或环境污染，可能导致地方区域性社会危机，区域单位间在"棕色地块"开发中可能彼此合作，共享政府资源，促进非传统管理技术与问题解决方式之发展。

4. 地方政府

地方政府因控制土地使用过程，所以能够控制整个"棕色地块"再利用的结果。地方政府提供包括规划、经济发展、环境服务、社区计划（包括住宅与公共计划）、公共健康教育与风险评估等公共服务。每个地方政府办公室根据土壤清理过程中各基层单位表现的清理能力与能够承受的程度，对"棕色地块"再利用进行层级定位。地方政府与个别商业组织、环境组织、经济发展组织、社会及社区组织工作协调，对"棕色地块"长期的影响进行评估，在"棕色地块"再开发的同时，与各非政府机构共同参与对土壤状况的管理。

5. 商业集团与私人基金等非政府组织

非政府组织在"棕色地块"再利用行动中，支持改革计划并积极承办各项研讨活动，对地方层级促进"棕色地块"再利用的帮助很大。2000 年举行的美国市长会议（The United States Conference of

---

[1] Dennison M S.Brownfields redevelopment: programs and strategies for rehabilitating contaminated real estate [M]. Government Institutes, 1998.

Mayors）上，总统、国会及其他相关团体共同为改善"棕色地块"制订了八项土壤质量保护的措施。

6. 私部门

由于美国大部分"棕色地块"土地都是属于私人所有，因此地方政府的"棕色地块"计划主要着重在促进私人开发商清理与再使用"棕色地块"。私部门机构包括银行、顾问公司、工程公司、私人开发者、地方商业以及重要的"棕色地块"再开发伙伴等。私部门首先必须调查所有可能的土地，通过地方政府与私部门的合作来领导清理与再开发"棕色地块"。

7. 社区

社区一般由乡镇组成，一些彼此熟知的商人或居民一起工作，故而形成。当地许多居民居住在"棕色地块"附近，经济机会与环境权益受到"棕色地块"影响。由于社区中居民种族或生活习惯有所不同，因此成功的"棕色地块"计划必须在规划初期强调社区居民区别参与形态，协助解决地方问题与规划未来发展方向。

（二）"棕色地块"开发治理的程序标准制度

"棕色地块"的再开发程序被分为几个基本阶段：场址确认、初步场址评估、经济评估、详细场址评估、计划发展与资金、清理计划与计划的执行、土地再开发。将这一过程中采取的各项措施加以归类，形成的典型受污染场址整治或者"棕色地块"再开发的法律制度有：

第一，土壤污染的信息管理。为了收集、管理受污染场址的信息，联邦环保局在全国范围内实施了场址污染的信息收集工作，并建立"综合环境反应、赔偿与责任信息系统"（CERCLIS）。

第二，土壤污染调查和风险评估机制。土壤污染调查的结果为土壤污染信息库准备基本数据，同时也是对场址进行评级的基础。

第三，"棕色地块"治理财务援助制度。"棕色地块"计划赞助者（Brownfields Project Sponsors），即社区、州、私人开发者、非营利团体或以上的组合，主要使用财务策略为"棕色地块"开发实施援助。直接策略可降低资本支出，提供股权投资机会，增加计划的收益。"棕色地块"计划赞助者会根据开发时的财务状况选择适当的财务策略，甚至混合使用这些工具，通过完善立法，以财务保证和责任保证的形式降低财务计划上的阻碍，间接减少"棕色地块"再开发的成本。

第四，公众参与。公众参与在一个成功的"棕色地块"再开发计划中是一个重要的构成因素，社区的涉入可避免法律上的挑战与政治上的争论，节省时间、金钱及资源，也可提升开发者清理污染的能力与水平。

五、美国土壤环境保护法案实施的社会影响

以上是对美国众议院 2869 号法案至《小规模企业责任减轻和"棕色地块"振兴法》（NewCERCLA）立法过程的回顾。在为美国总统签署该法致辞时，怀特曼指出："这一法案能得到总统的签署，付出了巨大的努力。我要特别感谢联邦环保局内为此付出七年艰辛努力的人们。总统对'棕色地块'的重视使得该法成为环境立法中享有优先待遇的法律……这一法律将使美国境内数以万计对相邻的环境造成威胁的、被废弃的'棕色地块'得到重整，使举国的社区拥有了对'棕色地块'求偿的工具。作为两院共同努力的结果，该法肩负着改良生态、增进公众健康的使命。有了这部法律，我们可以更好地改正以前的错误，代之以美国人民渴望已久的和谐环境。总之，我们将净化'棕色地块'并为子孙后代提供更为绿色和健康的环境。"[1]

美国著名的环保团体塞拉俱乐部（Sierra Club）认为，该法案的财政刺激手段，让全体纳税人承担土壤污染净化的费用；而关于责任

---

[1] Remarks of Governor Christine Todd Whitman, Administrator of the U.S.Environmental Protection Agency, at the signing of H.R.2869, The Small Business Liability Relief and Brownfields Revitalization Act, Conshohocken, Pennsylvania [OL].2002-01-11.

免除的规定，可能引来对净化水平低下的疑问。但是该法案得到了市长、多数企业和开发组织、地方社区和不动产企业的欢迎。美国市长会议（United states Conference of Mayors）对该法案给予了高度的评价，称其为"国家城市发展的重要立法"。另外，美国全国不动产联合会也对该法表达了较强烈的支持，联合会会长马丁·爱德华兹认为，该法案在"棕色地块"净化、经济、环境保护与开发等各方面均作了合适的规定。而其他组织如美国议会会议（National conference of State Legislatures）、全美律师协会（American Bar Association）、美国建筑师学会（American Institute of Architects）等都对该法的通过表示欢迎。

NewCERCLA 是长期致力于减轻中小企业责任的民主党和执政的共和党共同努力的结果。概括起来，NewCERCLA 的颁布具有三个方面的意义。（1）缓和或减轻了潜在责任方的严格责任，促进和活跃了土地交易行为。（2）联邦政府在"棕色地块"振兴政策上，对州政府作出了大限度的让步，使州在"棕色地块"重整问题上拥有了更大的主动权。[1]（3）对州政府开发"棕色地块"给予了更多的资金支持（补助金）。

第三节 德国农业用地土壤污染治理制度

德国工业化发展历程久远，历史上相同相似的土地受污染的现象十分突出。过去的一些垃圾处理场以及因过去的活动而受到污染的土地在德国被称为 Altlasten，土壤污染的现象已经成为德国环境管理中十分重要的问题。随着人们生活质量的改善和环境保护意识的提高，土壤污染问题也逐渐成为公众关注的重点。1993 年，原西德境内疑似受到污染的土地约有 71000 处，原东德境内疑似受到污染的土地约有 67000 处。至 2002 年底，全德约有 362000 处土地场址疑似受到不

---

[1] Levine A S.The brownfields revitalization and environmental restoration act of 2001: The benefits and limitations [J].The Villanova Environmental Law Journal, 2002, 13（2）: 217.

同程度的污染，面积超过 1260km^2，极大地增加了投资成本和社会风险。[1]工厂遗迹地、垃圾处理场以及过去军事行动导致的土地受污染问题，成为 20 世纪 90 年代德国环境法学研究的重要课题。在欧洲一体化进程中，土壤环境保护成为日益重要的课题。在欧盟层面，当前德国正积极促进土壤污染防治立法同欧盟的立法相衔接，因此也衍生出一些有关土壤污染立法的重要课题。

一、土壤污染专门立法与外围关联立法

（一）德国农业用地土壤环境立法概述

由于联邦德国 1972 年以前的基本法（《宪法》）中没有明确地将环境保护的立法权限作为联邦立法权限加以规定，因此联邦德国的环境立法是以地方州为主发展起来的。1974 年制定的《联邦污染控制法》（*Gesetz zum Schutz vor schalichen Umwelteinvirkungen durch Luftverunreinigung*）是德国在环境保护方面的综合性立法，它彻底消除了联邦法与州法的分裂状态，是一部具有概括性意义的环境保护法，[2]该法的颁布施行对联邦德国环境法体系的形成具有提纲挈领的作用。[3]联邦德国的环境法律、法规完备具体，数量很多，到 20 世纪 70 年代末已有 160 余种，不仅有环境保护基本法，而且有很具体的环保法规。

从法的效力来看，联邦德国与环境相关的立法可以划分为州和联邦具有法律效力的法规命令（Rechtsverordnungen）。其中，大量的环境立法是由行政机构以行政法规的方式做出的，作为行政机构行使

---

[1] Ferguson C. Risk Assessment for Contaminated Sites in Europe [R].Land Contamination & Reclamation, 1999,7（2）.

[2] C.Ule, Bundes-Immissionsschutzgesetz, 1974;
H.Engelhardt, Bundes-Immissionsschutzgesetz, 1975;
G.Schwerdtfeger, Das Bundes-Immissionsschutzgesetz,NJW,1974,S.77ff.

[3] 文伯屏.西方国家环境法 [M].北京：法律出版社，1988：18-19.

自由裁量权的指导或者作为法规命令的解释。在德国的环境立法中，排放标准、污染测定方法以及污染防治措施等都是以行政法规的方式做出的。具体到环境立法权限划分上，《德意志联邦共和国基本法》（*Grundgesetz für die Bundesrepublik Deutschland*），即德意志联邦共和国的宪法对联邦政府和州政府环境立法权限有专门、细致的规定。在整治土壤污染的立法进程中，德国先后形成了外围关联立法和专门立法相互补足的格局，并且随着 20 世纪 90 年代中后期土壤污染专门立法的不断完善，德国土壤污染关联立法在内容上不断更新，通过修正案的形式同土壤污染专门立法相结合。

（二）农业用地土壤污染专门立法

农业用地土壤污染防治的法律法规主要有 20 世纪末实施的《联邦土壤保护法》《联邦土壤保护和污染防治条例》《建设条例》等。德国土壤污染的严峻形势和各项外围立法局限性之间矛盾的凸显，使联邦政府加快了制定土壤污染专门立法的步伐。自 1992 年起，德国就先后公布了数稿《联邦土壤污染保护法》专家草案。由于当时强势的在野党社会民主党主张更为严格的内容，第一稿草案被废止，其后经多方征求意见，草案数易其稿。1998 年 3 月 17 日颁行了关于废弃物清理及土地保护的法律《联邦土壤保护法》，该法主文部分于 1999 年 3 月生效，生效部分解释了环境法中废弃物的适用范围。[1] 此后，德国又颁布了《联邦土壤保护和污染防治条例》[2] 作为德国实施土壤保护立法的具体规则。该条例有 13 个条文并附有诸多实体性事项措施以保障法律实施。以有害的土壤和被怀疑存在有害变化的土壤为保护对象，该法所称的污染场址是指废弃物处分设施遗迹地，如倒闭的垃圾处理场和其他用来处理、存放、掩埋垃圾的固定场址及造成土

---

[1]　该法第 2 条第 5 项规定："本法中污染地点是指：1. 倒闭的垃圾处理场和其他用来处理、存放、掩埋垃圾的固定土地（前垃圾处理场）；2. 停止运转的设备以及曾经处理过损害环境物质的土地（旧址），而经由此对于个人或全体引起有害的土地改变或其他危害。"

[2]　Federal Soil Protection and Contaminated Sites Ordinance（BBodSchV）[EB/OL]. 1999–07–12.

壤有害变化、给个人和公众带来危害的工业遗迹地等。采取排污措施、安全政策措施，减少直至消弭土壤物理和生化功能的不利变化，预防或减少对个人和公众的损失，保持土地状况的完整清洁（土壤层面），恢复受污染土壤及被此类土壤污染的水体，使土地免受负面影响，尽量避免对土壤的自然功能和历史文化功能产生不利影响。

（三）农业用地土壤污染外围关联立法

1.《废弃物法》（Abfallgesetz）

20世纪70年代前，德国只有各州的一些法律对废弃物问题作出过规定。1972年德国颁布第一部《废弃物法》对废弃物实施管理。该法以生活废弃物为重点，首次从联邦的角度统一了固体废弃物的法律条例，规定了固体废弃物的基本处理方法。1972年的《废弃物法》只以简单的填埋和焚烧废弃物行为作为规定对象，1986年修订的《废弃物法》增加废弃物的再利用的内容。2004年德国发布的《循环经济与废弃物法》，使得以"减量化、再利用"为主要特征的循环经济在德国以法律的形式被固定下来。但是，作为间接规范土壤污染的立法，《废弃物法》有着自身的缺陷。根据"法不溯及既往"的法理要求，对该法生效前产生的不当污染的界定和处置行为没有系统的、有针对性的规定。其外围法律主要有：《循环经济与废物管理法》有关土壤保护条款，危险物质转移的规定，《肥料与植物作物保护法》《基因工程法》《联邦森林法》和各州的森林法，国土整治法规，交通干线的建设、修整、维护和运行法规，交通与道路管制法规，建设规划法和建筑法规，联邦矿业法，联邦污染治理法规等。

2.《水基准法》（Wasserhaushaltsgesetz）

1957年联邦议会通过，2009年新修订的《水基准法》是一部纲领性的联邦水管理法规，详细的水资源管理规定由各州具体制定。联邦水管理法以沿岸海域、地表水和地下水为对象，对与水资源利用相关的许可制度、污水排放制度和建立水质管理责任人作出了规定。根据该法，对因水质污染导致人体和财产损害的，按无过错责任原则归责（第 22 条）。在土壤污染方面，《水基准法》主要对废弃物中的有害物质向水下沉浸引发水域污染的问题作了规定。与《废弃物法》的问题一样，《水基准法》对土壤污染的多层体制管理也存在时效的问题，难以有效应对农业面源污染的新形势。[1]因此，对历史性的土壤污染，德国相关外围立法调整存在着很大的局限性，这也是长期以来困扰德国的一个重要问题。对于历史性土壤污染案件，通常的实践就是广泛借助 18 世纪末以来为各州所贯彻的《警察法》加以调整。

3.《环境责任法》（ *Umwelthaftungsgesetz* ）

作为与环境损害相关的民事特别法，德国《环境责任法》制定于 1990 年 12 月，并于 1991 年开始生效。该法在附录一列举了 96 种设备的所有者为责任主体，对于因尚未完工的设备所引发的环境危险，由《环境责任法》（第 2 条第 1 款）规制。该法第 6 条导入了因果关系推定条款。虽然此前在《水管理法》中已经确定对水污染相关的责任人实行无过错责任的归责原则（《水管理法》第 22 条），但是《环境责任法》对导致大气和土壤污染的特定设施所有者课以无过错责任的同时，责任主体承担的义务内容也更为严格。该法同时对责任义务的承担方式作了规定，还对义务费用的发生、责任基准及限制作出指示。

4.《警察法》（ *Polizeirecht* ）

除了上文已经提及的相关立法之外，作为州政府专属立法的《警察法》是解决环境污染问题的重要渊源。《警察法》通过赋予特殊主体职责，约束特定对象的行为来侧面维护涉及土地管理的秩序性内容，当环境污染危险得到确认，但是相关行为又不属于环境保护单行法的规制对象时，《警察法》就起到补充适用的作用。但是，《警察法》

[1] 沈百鑫，沃尔夫冈·科克.德国水管理和水体保护制度概览（上）——德国水法和水管理理念[J].水利发展研究，2012，12（8）：73-78.

的原则性规定难以适应环境保护自身的特点。同时，《警察法》的适用以对公共安全产生确定的危险事实为前提，如果土壤污染等环境污染产生的危险尚未具体化，则对责任主体发出去除危险的命令也是超出《警察法》权限的。警察当局介入环境污染必须以证明存在具体的危险为前提，而对土壤污染而言，就必须以对污染场址进行必要的调查为前提。通常的做法是，由警察当局责令土壤净化义务主体消除危险，或者由警察当局自己实施净化工作后向责任人追偿。

5. 部分州土壤污染立法

德国大多数州都制定了以废弃物管理或者土壤保护为目的的立法，预防或治理境内的土壤污染。（1）《巴登符腾堡州土壤保护法》，关于废弃物抑制及处理的《场址污染处置法》对场址污染的掌握、净化及监视的相关内容作了规定。（2）《黑森州废弃物法》，一部规定废弃物抑制、减轻、利用和处置的法律。（3）《莱茵 - 普法尔茨州工业废弃物与场址污染法》，以净化场址污染、维护公共福利、保护土壤自然生态为目的。（4）《图林根州工业废弃物与场址污染法》，以净化场址污染，对存疑的场址进行调查、监视，保证土地自然环境为目的。

（四）专门立法与外围关联立法的关系及法律与政策的整合

1. 专门立法和外围关联立法相结合的制度体系

在专门立法和外围关联立法的关系上，一般地，《联邦土壤保护法》既是对其他有关法律法规的补充，也是一部优先适用的法律。在更为专门的法案对土壤污染以及特定危险物质有规制的场合，则该法对其未规制的部分加以补充适用；如果其他法案只是规定了一些基本原则而缺乏具体的措施，则该法当然具有排他适用的效力。例如，因不合理使用而导致种植作物损害的，应用一般的侵权法即可化解纠纷、保障权利，而如果因不当使用带来土壤污染的情况，则该法无疑具有了第一顺位的法律指引功能，得以在执法和司法程序中执行。

2.《联邦土壤保护法》与其他政策法令的结合

为了提升土壤土地整治的效果，德国政府有意识地将有关土壤污染防治法律（如《联邦土壤保护法》），同其他政策法案的相关规定进行了融合。在土壤污染治理的过程中，无法仅仅依靠《联邦土壤保护法》完全实现对土壤资源及其生态的保护。根据德国政府的意向，除了对受到污染的土地进行专门整治，以循环可持续使用以及预防理念也得到广泛认可，法律与政策在从单一治理土壤污染到以保护土壤生态、预防产生污染物质的发展中趋向一致。[1]

二、土壤污染防治的基本原则及确立的基本制度

（一）基本原则

1. 预防原则

固定土地的所有者、居住者或其他当事人，其活动可能导致土壤特性的改变，则有义务预防土壤有害变化或影响。如果土壤变化在时间上和空间上，给土壤功能造成了多方面的影响，应采取预防措施。为了履行义务，应避免和减少对土地的影响。联邦政府在听取当事人意见并取得联邦参议院授权后，可以发布预防土地有害变化的条例，规定应履行的义务。同时，该法规定了对农业用地环境不利的预防义务。对于林业用地和地下水污染，则应分别根据联邦森林法第 2 章和各州森林管理法的规定，以及与水有关的法律规定，预防土壤污染。根据相关文件，法律政策越来越重视对土壤污染的预防性价值，将新政策中有关土壤污染预防的规定与原有规定中整治清理的条款置于同等重要的地位，并纳入循环利用、有序利用的生态发展思维，赋予农

---

[1] German Federal Ministry for the Environment, Nature Protection, Nuclear Safety.German federal government soil protection report［R］.Bonn, 2002.

业生产以更令人瞩目的高度。

2. 普遍责任原则

法律规定了普遍的土壤污染防治与清除义务。法律规定在任何情况下土地的所有者和使用者都有防止土壤被污染和清除污染物的义务。固定土地所有者和居住者有义务采取措施，避免其土地发生有害变化。造成土地不良变化或污染的当事人和承继人，以及相关的土地所有者和居住者，有义务治理土地污染和由其造成的水体污染，保证在长时期内不发生土地危害。一旦发生污染，要考虑防止污染物质扩散的措施、排污的措施和安全的措施。依照商法和公司法，拥有固定土地的法人要防止土地发生有害变化和污染，即使在放弃了对固定土地的拥有权后，仍有修复土地的义务。经规划法许可使用的土地，应依照该法履行土壤保护义务。

3. 时效性原则

《联邦土壤保护法》对土壤污染责任主体的责任作了限制。法律规定，对于过去的土壤有害变化和发生在 1999 年 3 月 1 日以后的污染，应该予以净化。但对于那些已经履行法律要求、诚实可信、不能预料会发生土壤污染的当事人，应该免除其净化污染的责任。在 1999 年 3 月 1 日以后，土地所有人转让不动产，如果已经知道土地的有害变化或污染的，有义务先行进行修复。[1]

4. 行政主导原则

德国土壤防治立法是行政主导型的立法。在对如何实施清除污染、进行调查和规划以及责任承担问题上，《联邦土壤保护法》将其加以明确区分，把土壤保护行政主体的职责放在了首要地位。行政部门负责对土壤环境状况进行日常监测，可以要求土壤权益享有者自行调查土壤状况，承担必要的监测费用；上级机关可以发布政令，要求第三人对土地承担相应的环境保护责任。

[1] 胡静.污染场地修复的行为责任和状态责任 [J].北京理工大学学报（社会科学版），2015，17（6）：129–137.

5. 综合治理原则

政府逐渐意识到，仅仅依靠一部土壤污染防治法律难以充分实现对农业用地的保护，把土地的质量状况、肥沃性保持、可持续生产能力一体统筹考量才能维持农用土地资源的产业作用。专门法律和具体法规政策、外围法令措施相结合方能发挥制度实效。于是，就土壤污染的整治和涉土环境的保护在立法和管理上不断靠近，使以清除污染为核心的综合治理得以开展起来。

（二）农业用地土壤污染防治的基本制度

1. 土壤利用与变更限制制度

土壤利用与变更限制包括对土地开发利用的限制和对土壤原料应用与引进的限制。根据规划法的规定，长期不可开发用地应该保持其不开发的状态；当建筑法规定不明确时，联邦政府在听取当事人意见并取得联邦参议院授权后，发布条例规定土地所有者应履行的义务，合理地维持和恢复土壤的功能。各州的法定主管机构可以在履行相关义务的前提下申请开发未利用土地。联邦政府在听取当事人意见并取得联邦参议院授权后颁布条例，适应本法关于污染土地材料的应用和引进的要求。具体而言，就是根据申请的时间、地点和土地自然禀赋，限制材料和土壤的种类，调查相关材料和土壤的预先处理措施和其他适当措施。

2. 土壤污染调查制度

调查类别分为初步调查和详细调查。[1]初步调查是指以测量为主的现场检查，并根据调查结果确定是否存在土壤退化以判明能否解除对疑似受污染场址的怀疑。详细调查是指为最终风险评估所进行的进一步综合性调查，详细调查以确定污染物的数量与空间分布，污染物的可移动成分，污染物在土壤、水和空气中传播的情况及其被人体、

---

[1] 韩梅.德国土壤环境保护立法及其借鉴［J］.法制与社会，2014（30）：239-240，246.

动物和植物吸收的可能性等为主要内容。根据《联邦土壤保护和污染防治条例》第 2 章的规定，在被废弃工业地点存在污染地的证据有几种：污染物在特定地点较长时间或大量地堆放；运输、管理和方法表明存在大量此类物质污染土壤；在废弃物堆放点，有证据证明废物没有被适当地处理、存储和处置等。根据土壤保护法律规定，实施土壤污染调查的主体可以是环境主管部门、负有土壤污染净化义务的义务人以及受环境主管机关委托的第三方主体。法律对实施调查的第三方机构的资质提出了要求，依法开展工作的专家调查机构，应当具备必要的专业知识和所需设备。

3. 土壤污染评价制度

为了掌握土壤污染信息，并为预防和治理有害的土壤变化提供科学的基础，《联邦土壤保护法》规定了土壤污染调查的评价标准。以法律建立了启动值、行为值、风险预防值等价值指标体系，形成贯穿土壤污染调查的评估值控制制度。第一，启动值。"启动值"是指如果评估结果超出该评估值，则需要启动个案调查，以土地使用为出发点确定是否存在土壤有害变化和污染。因符合启动值而实施的土壤污染评价称为"触发评价"。第二，行为值。"行为值"是指如果影响或污染超出该评估值，则是土壤有害变化和污染存在的信号，需要进行土地使用评价。行动值的作用在于推动土壤污染评价行动的实施。以行为值推动的评价称之为"行动评价"。第三，风险预防值。"风险预防值"是指通过法律或条例规定值域范围，如果评价超标，通常意味着土壤有害变化存在。在评价过程中，需要综合考虑污染浓度与地质、风速、沉降等因素的关系。在进行风险预防评价时，还应该考虑触发评价和行动评价的结果，测定土壤中生物和其他物质，评价不同污染类型取样的代表性，达到较为精确判断土壤中有害物质含量和土壤质量的目的。对发生有害变化的土地进行风险预防评价的法律条例，由联邦政府在听取当事人意见并取得联邦参议院同意后制定并发布。经过调查，如有适当的证据表明土壤可能已经出现退化，则主管机关可对那些承担有害防止和污染清除责任的当事人实施进一步调查措施。

4. 土壤信息管理制度

为了对受污染场址实现有效管理，《联邦土壤保护法》第 19 章"数据传输"中规定，联邦政府和各州要进行数据传输，数据传输的范围、内容和费用等分别依照两者制定的行政协议决定。相关数据不允许在个人间进行传输。联邦政府应利用各州传送来的数据资料，建立全国土壤信息系统。法律通过规范信息来源以保障土壤污染信息的准确性与权威性。当主管机构被授权通过听取当事人意见发布条例时，被选定的当事人应具有代表性，包括科学领域人士，受影响的当事人，商业、工业、农业、林业、自然环境保护协会，文物古迹保护协会，各自治协会和各州负责土地保护、污染、地学和水资源学管理的相关机构。如果上述法律条例涉及农业和林业用地，也应该听取各州农业和林业的最高机构的意见。

5. 土壤污染基金制度

德国环境责任基金法律制度起步较早，在废弃物处理管理立法、大气污染防治立法、环境责任法和土壤污染防治立法等领域均建立起了比较完善的责任基金制度。与土壤污染净化责任相关的基金制度（以下简称"土壤责任基金制度"）在土壤保护和土壤污染治理工作中发挥了极为重要的作用。德国土壤环境基金责任隶属于整体环境责任基金体系，环境责任基金体系十分庞大，不仅涉及联邦立法，还涉及州立法以及联邦、州缔结的条约等，从性质上来说不仅存在大量私法性质的基金，也存在大量与私法责任相关的基金。有关基金的提案主要有：（1）特别财产提案（德国社会民主党）。1984 年的"特别财产提案"和 1986 年"污染遗迹地净化提案"拟通过设立"特别财产"来对污染遗迹地进行治理，是早期德国构建土壤责任基金的实践。

（2）土壤污染基金法草案（绿党）。1986年绿党提出了设立土壤污染基金的草案，草案具体由三部法案构成，包括《受污染土地污染基金法案》（BT-Drs.10/5529）、《氯化物税收法案》（BT-Drs.10/5530）和《废弃物特别收费法案》（BT-Drs.10/5531）。（3）远距离复合污染基金草案。1998年《联邦土壤保护法》规定，对农业污染土壤进行管理，当土地所有者和占有者并非污染原因者时，根据州法的规定应赋予二者一定的补偿求偿权（第10条第2项）。（4）联邦特别废弃物费用征收草案（1991年）。这是为了抑制废弃物产生、促进资源的回收利用，为补充以特殊废弃物为收费对象的费用征收制度，节约联邦废弃物治理费用而产生的。

三、德国土壤污染责任的基础——状态责任

（一）何谓"状态责任"

在对责任的设定上，结合实际情况和企业、土地所有者的承受能力，以污染致损及可能带来危害的实际状态，采"状态责任"。造成土壤环境破坏，并导致农业歉收的，首先考虑追究民事方面的责任，行为人对受害者进行损害赔偿，义务人有排除危险行为或状态的义务。责任人不明时，则确定为"国家责任"。[1]如前所述，导致污染的实际状态可能存在多种表现形式。[2]在巴伐利亚州，废弃物的状态责任是以1982年12月13日所颁布的公共安全与秩序范围内的州刑事与命令法第9条第2项为依据的。之后，依据此项法律规定对于相关案件采取必要的措施，所针对的都是实际权利的拥有者。此措施也

---

[1]　Friedrich Schoch, Polizei-und Ordnungsrecht, in: Schmidt-Aßmann（Hrsg.）, Besonderes Verwaltungsrecht, 12.Aufl., 2003, Rn.118 ff. 转引自李建良. 台碱安顺厂污染事件之法律分析——以高雄高等行政法院93年诉字第941号判决、94年诉字第296号判决及94年简字第193号简易判决为探讨中心［M］//汤德宗, 李建良.2006行政管制与行政争讼. 台北: 新学林出版社, 2007（10）: 101-158.

[2]　例如,《黑森邦废弃物法》于1994年12月20日颁布, 载《法律与命令汇编》（GVBI）S.764;图林根《垃圾管理及废弃物法》于1991年7月31日颁布, 载《法律与命令汇编》（GVBI）S.273。

可以针对财产所有人或者其他使用权人，然而该规定并不适用于实际权力拥有者在实践这项法律规定时，违反财产所有人以及其他财产处分权人意愿的情形。根据特别规定，一个人对其他人负有责任时，这些措施就应该针对该主体而实施。在以《巴伐利亚水资源法》第68条 a 项为基础所发布废弃物清理污水监督的措施之前，也以州刑事与命令法第9条第2项的规定为标准规范。

（二）法律适用

对因农业用地土壤被污染造成的损害和危害，不仅适用专门的土壤污染法案，同时对因故导致的各个环境要素、各种规制对象、不同损害形式适用有关的法律法规，包括土壤环境外围立法以及涉及因素管理的土地土壤相关法令。

（三）责任承担形式

在造成农业用地土壤污染有具体的或可预测的损害时，一般首先进行民事的赔偿追偿，包括恢复土壤状态和金钱赔付。但根据不同主体，也可能担负行政责任。在赔偿不力或者造成了重大的危害或者怠于承担赔付义务时，可能以"污染土地罪"的形式获咎。[1]

（四）责任发展趋向

污染防治在法律实践方面有了新发展，法院的司法判例以及土壤污染防治政策出现了相互融合的发展态势。在司法判例方面，德国联邦宪法法院和行政法院系统受理有关土壤污染问题案件较为集中，比如审理关于违反德国土壤保护基本法等的申诉。生效的判决对于此后法院审查有关责任问题能够起到一定的指导作用，几乎能带来和土壤保护政策相同的效果。"状态责任"的适用趋于灵活，不再仅限于对实际状态的考察，而把对土壤污染的滞后破坏作用可能带来的样态也

---

[1]　刘可贞.土壤污染刑法惩治机制研究［D］.长沙：中南林业科技大学，2012：17-19.

加以综合考量。

四、对德国农业用地土壤污染立法的总评

《联邦土壤保护法》是德国第一部系统性规制土壤污染的全国性法律。时至今日，其在农业用地土壤污染防治方面一直发挥着巨大的作用，但仍需要出台更加具体细致的操作规程对几乎每一条实质性规范加以释明，并促进更优化落实。近年来该法的新修订融进了关于污染物流向预防以及保持土地土壤自然生态功能的理念，更加符合农业用地法治的时代要求。该法施行后的实践表明，一部具有纲领性的法律需要以实施细则、行为规则和示范法令等形式为联邦和各州的行政机关提供解释性的执行指引。相关立法和政策举措不仅关注已经受污染地块的整治修复，逐步地更加强调在土壤利用中纳入土地循环使用思想和土壤预防性保护观念。那些为避免产生新的污染地块的法律条文与整治恢复污染地块的条文具有同等的重要性，在预防性的土地土壤规范方面，联邦环保部不断吸收其他领域法律关于环境要素保护的立法成果，这有助于整体性提高农业用地土壤保护能力。

《联邦土壤保护法》与《联邦土壤保护和污染治理条例》实施时间并不长，对法律质量和实施效果作出结论性判断还为时过早。然而德国政府对在国际范围内增强对土壤保护合作事项的关注仍然十分笃定，例如加强双边和多边的发展筹划，开展与中欧和东欧方面关于土壤治理技术和法律的合作等。德国十分注重在欧盟范围内对农业用地土壤环境的信息共享与讨论研究，在欧盟历次的关于土壤环境保护的论坛中，德国都把研讨成果作为重要的法理发展参考甚至法律依据。因此这种讨论应该持续开展下去，那些可能加入欧盟的候选国也被期待在土壤保护方面进行法治领域的合作。农业用地土壤生态保护是德国环境法律中极具重要性的内容，鉴于农业生产的重要性，且污染地块种植产出的质量低、风险高，还具有复杂累积性特点，环境法律中

对于农业用地清洁生产、预防污染物进入土壤进行了大量的规制，统一肥料施用标准并加强对遗留物的检测清除，把土壤污染的防与治有机结合起来。

《联邦土壤保护法》体系确立的责任义务和资金承担机制在德国土壤污染防治制度中有着重要地位，二者内容彼此交织，相互支持，共同构成土壤保护制度主体，成为土壤法律体系在该国得以贯彻实施并取得良好效果的主要原因。我国在农业用地土壤保护立法中有必要借鉴这两项制度，且引进该种制度的条件也已成熟。[1]

第四节　构建农业用地土壤污染防治法律体系和行政风险管理制度

预防和整治农业用地土壤污染，让农业走上可持续的生态自然之路，建立法律制度是根本的保障。经过十余年的努力探索，我国在农业用地土壤污染防治法治方面迈出了坚实的步伐，成功跨越第一步立法建制、第二步法律规制阶段，但在第三步专门法律体系建设方面遇到的困难不少，存在发展瓶颈问题，主要是顶层设计有待补强，立法进程有待加快，标准体系有待完善，执法力度需再加强。专门法律完善以及标准体系构建应引起有关部门的高度重视。尤其是立法层面，应建立有效的农业用地土壤污染防治制度体系。法律体系构建中，应着重确立自然生态的立法观念，防治并重与末端治理相结合，合理设置立法层次，确保基本制度的有效实施，落实责任制度，专项法与综合配套法相辅相成，立法类型上应采取单一的利益效益主导的立法模式。

---

[1]　梅宏，马心如.德国《联邦土壤保护法》中义务承担制度和资金承担制度研究［C］// 中国环境资源法治高端论坛论文集.武汉：中国环境资源法学研究会，2016.

一、对国外农业用地土壤污染防治制度的可借鉴性分析

从以上对几个代表性国家有关农业用地土壤污染历史及法律制度发展的考察中可以看出，上述国家在推进经济社会发展时期，都曾遭遇非常突出的土壤污染问题，有些与我国当下的情况多有相似之处，其环境防治制度梗概及建设路径与我国互有移植之可能。

从调查制度上看，美国、德国都是由行政机关调查，日本从节约行政资源考虑，规定由土地所有者等进行调查，这是其制度独有之处。日本在污染土地的登记上，实行"台账"登记管理制度，采用登记簿记载的做法比较好，这是日本台账登记簿的先进之处，立法上应确立这一制度。从风险管理上看，美国等国对各种土地采取风险评价的方法，日本采取的是限定项目标准主义，对策的目标采取项目达成基准。

在污染土地的管理上，日本"台账"指定出现污染的农业用地为对策区域，对其进行日常监测，并着手开展污染清除的土壤治理；美国建立"棕色地块"与振兴制度，围绕该类地块，分门别类加以规整，防止污染扩大；德国通过"状态责任"使得被划定的污染区域能够大体上保持现状，为下一步的治理打好基础。

治理方面，各国多采用污染直接清除的办法，或挖掘运输，或析出净化，不能当即清理排除的污染在划定范围后保持原状或转作非农用土地。技术上的措施大体相同相通，各国法律上也对其多有规定，能够直接采用并发展自身污染清除技术和产业。在治理制度中重要的是责任的承担以及违法的处罚等，这样可以明确社会各方在农业用地土壤保护中的权利、义务及社会责任，保障优良的土壤治理效果。

资金来源方面，发达国家拥有多渠道的、制度化的资金筹集方式，政府补贴、保险赔付、企业环境税费、社会捐赠、罚没财产等都为农业用地土壤污染整治提供有效资金支持。如日本土壤污染修复"助成"

专项基金就来源于国家财政、指定支援法人以及社会各界的资金支持。这些都规定在其土壤（农业用地土壤）的法律制度之中，在土地所有者、管理者、承包者及污染责任者等无力承担的情况下由有制度保障的基金助力农业用地土壤污染防治工作的顺利开展，显得弥足珍贵。[1] 上述经验，有些适合直接采纳，有些可以根据当下实际情况灵活变通，因地制宜。

因发达国家与我国在农业用地土地制度上的差异，在一定程度上导致公民对土壤污染现象存在不同的看法，并直接影响其参与防治土壤污染的行为选择。我国对国有土地和非国有土地在政策上有不同，发达国家之间在农业用地方面的制度亦有差别（如德国土壤的公权力社会化管理、欧美的州主体和个人能动性发挥，以及日本都、道、府、县知事统管下的政府与公众的结合互动机制），在农业用地土壤污染防治制度上并无根本的差别，至少在制度构建观念和技术上可以说是一致的，这也充分表明法律制度的移植、引进和借鉴是可行的。

表4-3 发达国家与中国土壤环境管理法治比较

	发达国家	中国
制度建设	有专门土壤环境保护与污染防治法律。如日本《土壤污染对策法》，美国《综合环境反应、赔偿与责任法》及《小规模企业责任减轻和"棕色地块"振兴法》，英国《1990年环境保护法：第二A部分》	2019年实施的《土壤污染防治法》
监督管理	采用基于风险控制的管理模式	尚未建立土壤风险管理模式
标准指标	具有完备的土壤环境标准体系。北美国家均制定了国家和地方两级土壤质量指导标准	土壤标准体系不完善，全国采用统一的《土壤环境质量标准》
资金保障	多渠道的资金筹集方式，如日本土壤污染修复"助成"基金等	资金来源有限且无保障

---

[1] 何嘉男，王有强.日本农用地土壤污染修复对我国的启示［J］.法制与社会，2018（8）：139-140.

二、立法基本原则

环境保护法中普遍适用的基本原则，有污染人付费、利用人补偿、开发人保护、破坏人恢复的原则和可持续发展原则，以及预防与治理结合的综合治理原则等，在农业用地土壤环境保护中一样适用。基于农业用地的特殊性，农业用地土壤污染防治治理还应坚持以下特殊原则：土壤生态可持续利用原则、城乡土壤保护一体化原则、保障农民土地利益和土壤环境权益原则、政府管理与农民参与结合的原则。

（一）土壤生态可持续利用原则

农业用地相对于建设用地对土壤的生态状况有着更高的要求。对土壤环境的保护，尤其是诸如耕地 20cm 耕作层的土壤生态的维护，既有法律上的要求，又有专业技术上的要求。这需要开展针对提高农民行使权利和土壤保护知识与技能的培训教育。多年来掠夺性的开发利用土地导致了农村环境的整体恶化和农业用地地力的持续下降，但农民群体因权利微弱、知识缺失不能够及时作出反应并采取相应的对策。在知识经济时代，决定生产力的因素从人力资源的数量转变为劳动者掌握知识与技能且对事物具有理解、判断和创造能力的人力资源质量。教育是人力资本形成的基本途径，直接影响到农业这一基础产业的生产运行层次。农林水土管理部门和环保部门既要充分认识到维护农民土地权利和环境权益的重要与紧迫性，又要注重对农民实用技术技能的培训，在水土保持、土地合理使用、化肥农药农膜使用、面源污染防控、农副土特产品加工、农村养殖等方面提供充足的支持和服务，确保农业用地土壤可持续利用。

（二）城乡土壤保护一体化原则

统筹城乡环境保护是协调城乡共同发展的重要内容。"环境保护重城市"的工作方式使得农业用地土壤保护被边缘化，加之城市化进程、基层政府和农民资金的短缺，使得对土壤保护的基础建设投入严重不足。农村为城镇提供清洁清新的生态产品和安全的农产品，农业用地生态质量的提高不仅有利于农村经济可持续发展以及农村环境的重点改善，更有利于缩减城乡二元差别，构建环境友好型社会。土壤污染防治要求破除生态环境保护中的"城乡二元结构"，统筹城乡规划，将农业用地与建设用地作为一个整体加以规范。土壤污染防治中，应坚持城乡一体、城乡并重的理念，并且对农业用地土壤进行优先保护，重点整治。[1]在政策、资金、人力、技术上给予农村以切实支持，加大对农业用地土壤环境保护的投入力度，加快土壤污染预防整治基础设施和环境修复项目的建设。[2]

（三）保障农民土地利益和土壤环境权益原则

农业用地土壤污染的防治与保护农民环境权益息息相关。政府只有在财政资金、规划建设上多方面向农村投入，才能把法律上赋予的农民环境权利落到实处。农民群体多年来处于制度上的环境权利义务不对等状态，且国家通过土地征用从农村转移的土地获得数万亿的资产收益。[3]土地开发建设中遗留的问题，在当前集中暴露，旧问题未解决，新问题又不断出现。农村土壤污染使得农民以往清洁的家园遭到破坏，使第一产业处于危险中，社会主义新农村建设受到妨害。要改变农业用地土壤污染状况，首先必须把农民的环境权益放到极为重要的位置。"对基本生存资源和其他环境资源的不平等占有，是构成贫困的基础。贫困人口不但被剥夺了基本资源的使用权，而且，他们常常是其他人消费方式所导致的污染的受害者。这在工业化和后工业化社会中，表现为穷人更容易遭受大气、水和土壤污染等的危

---

[1]　杨张蕾.农用地土壤污染防治法律对策研究［J］.乡村科技，2018（1）：99-100.

[2]　李挚萍，陈春生，等.农村环境管制与农民环境权保护［M］.北京：北京大学出版社，2009：296-302.

[3]　李佐军，刘英奎.社会主义新农村建设与"三农"问题干部学习读本［M］.北京：中共中央党校出版社，2007：41.

害。"[1]保障农民的土地权益和土壤环境权利是立法应秉持的重要原则。

（四）政府管理与农民参与相结合的原则

政府管理下的公众参与是做好农业用地土壤污染防治工作的重点。政府主要在政策规划、资金资源、服务教育方面给予支持和指导，立法要体现政府责任、农民土地土壤权益保护、环境教育和清洁生产技能培训及培养农民参与土壤保护的意识与能力。公众参与原则，主要是农民参与土壤污染防治事业，包括：保障农民获取有效的土壤污染信息；保证村集体组织和农民参与决策，在乡村建设规划、环境影响评价、环境行政许可等方面享有知情权、参与权和监督权；由农村农民向全社会各业扩展，通过建立广泛参与机制，吸收社会力量参与，树立生态文明理念，多形式、多层次地开展农业用地土壤环境宣传，把增强意识、调动积极性和推广健康文明的生产生活方式结合起来；切实保障农民群体的环境权利，通过法律进村、费用支持的方式，对涉及农业污染的行政复议、公益及私益诉讼及其他救济措施予以实际帮助。

三、立法观念与立法体系

农业用地土壤污染立法应克服传统的问题导向型法治观念，采取"预防回应型"的立法理念，变被动为主动，以促进土壤污染的实际解决为立法理念，注重基本制度的完备，[2]保持土壤污染防治立法与《中华人民共和国物权法》《中华人民共和国民事诉讼法》（以下简称《物权法》《民事诉讼法》）的法律精神相一致。

---

[1] 李小云，左停，靳乐山．环境与贫困：中国实践与国际经验［M］．北京：社会科学文献出版社，2005：133.

[2] 张立东，于惠惠．治不胜治的环境问题：问题驱动型到预防回应型环境法的选择——论土壤环境污染防治立法的基本理念［C］//中国环境资源法治高端论坛论文集．武汉：中国环境资源法学研究会，2016.

（一）确立自然生态的法律制度观念

《土地管理法》第一条规定，为了加强土地管理，维护土地的社会主义公有制，保护、开发土地资源，合理利用土地，切实保护耕地。第三十九条规定："根据土地利用总体规划，对破坏生态农业开垦、围垦的土地，有计划有步骤地退耕还林、还牧、还湖。"这些规定包含了对农业用地土壤污染预防和整治的思想。崇尚"天人合一""顺乎自然"，就是在法律中借助农业用地土壤污染防治中的生态理念，大力推进自然农业、生态农业、清洁生产、科学牧林种植，最终让有机、无毒害、高品质的农业生产生活方式成为常态。

农业用地土壤污染防治制度应着眼于对土壤环境的全程预防与污染的根本性治理。根据当前的土壤防治技术和能力水准，治理土壤污染具有多种方式，有"短、平、快"式的低投入治理法，也有需要巨大投入、长期综合整治的方法。如目前在超积累植物筛选方面，我国已发现数十种具有超富集能力的植物，并利用这些植物开展了土壤及水体污染的植物修复工作，如利用蜈蚣草对土壤中砷的超富集功能对砷、铜、锌等污染土壤进行植物修复。此外，还有一些植物，如东南景天、印度芥菜、香蒲植物、凤眼莲等对不同的重金属都有很强的富集能力，利用这些植物已形成了相应的污染土壤及水体的植物修复技术体系。迄今为止，已报道的重金属超积累植物有 450 余种，多数为分布于北美洲、大洋洲和欧洲等地的木本植物。[1] 土壤修复不仅是农业和农产品质量问题，还是一个环境伦理问题，关系到整体环境质量和全体人民的健康福祉。[2]

（二）法律定位

农业用地土壤污染防治立法的目的虽包括对大气、水、固体废物、

［1］　籍瑞芬，李廷轩，张锡洲.茶园土壤污染及其防治［J］.土壤通报，2005（6）：151-154.
［2］　高利红.环境资源法的伦理基础［M］// 韩德培.环境资源法论丛.北京：法律出版社，2001：350.

放射性物质、毒性物质、化肥等可能造成污染的预防，但在末端治理方面，仍要把土壤的整治修复放到极为重要的位置，秉持"预防优先、修复为主、综合整治"的理念。对农业用地环境整治立法，结合国外相关立法的经验，涉及关乎国计民生的重大事项，应由最高的国家立法机关负责制定。这既能够弥补当前我国土壤污染单行立法缺失的不足，也能够通过其法律的效力，协调地方立法，对全国农业用地的规制与工业场地环境风险管制适当分开立法（可以同在一部法律中），宜由全国人民代表大会常务委员会按照《立法法》规定的程序制定并依法公布实施，使之成为全国普遍适用的一般性法律。《土壤污染防治法》颁布之前，在专门法的名称上，有学者建议称为《中华人民共和国农业用地土壤污染防治法》或《中华人民共和国土壤环境保护法》，也有学者建议定名为《中华人民共和国土壤污染整治法》或《中华人民共和国土壤污染修复法》，后者主张该法主要解决已受污染土壤的整治或修复问题，土壤污染的预防应放到其他相关法律、法规中去规定。法的名称要符合规范性和科学化特征。[1] 在当前农业用地土壤环境维护目标下，制度构建的重点是预防土壤受到污染并对已经污染的土壤进行整治。从长期来看，立法也可以从这两个方面全方位建设制度体系。而且，"防""治"更加明确地突出了农业用地土壤法律制度的目标取向。

（三）在以《土壤污染防治法》为基础发展详细且全面的农业用地土壤污染法治体系基础上，突出重点"制度抓手"

1. 农业用地固体废弃物污染治理制度

固体废弃物对耕地生态的不利影响是显而易见的。首先应建立制度规范农村及农业用地周边城镇甚至城市的固体废弃物管理，进行分类和处理。在分类上借鉴国外先进经验，如有毒物（如农药瓶等）与

---

[1]　李博.我国土壤立法名称及其理念之探析——"土壤环境污染防治立法"与"土壤环境保护法"之争 [C] // 中国环境资源法治高端论坛论文集.武汉：中国环境资源法学研究会，2016.

非有毒物区别回收、可回收物与不可回收物的区分等。其次是构建责任制度，即谁污染谁治理，谁的责任田谁负责的制度。耕地使用单位从成立到消亡阶段所产生的所有固体废弃物全部由责任人承担，产生的固体废弃物导致的污染其承担终生连带责任，包括注销后继续治理污染直到恢复原状。为维护农业用地持久可用性，应建立如排除妨害、赔偿损失、恢复原状等相关责任措施。

2. 建立农药化肥使用标准

我国农业区别于发达国家农业主要有几个方面，如化肥和农药使用、机械化生产、大规模农场化生产、产量、质量等方面。不可否认的是，目前我国农业产量、品种、机械化程度已经得到很大改善，缩短了差距，但造成农业用地普遍污染的化肥和农药依然是处于大规模滥用的状态。尽管人们已经意识到化肥和农药对土壤及农产品的污染，转向种植有机蔬菜，但长久以来化肥和农药的大量使用已经造成土壤污染。从预防上，应大力开发和研究有机化肥和农药，降低有机化肥和农药成本，大力推行替代污染性化肥和农药，同时要普及农药和化肥的使用知识，防止滥用。农业专家应指导农民交叉种植作物，给予土壤一定的休息和自我恢复时间，便于土壤的自我肥力调整。在土壤治理上，应研究农业用地修复技术，细化农药化肥污染修复的方法。在法律上规定土壤修复的流程和责任方，甚至治理的资金来源，以保证有效治理。

3. 规范农业用地用水制度

农业用地用水分为两类，一类为主动性灌溉用水，一类为被动输入型农业用地用水。主动性灌溉用水即农田灌溉用水，一定要使用清洁的水源进行灌溉。国家环境保护"十一五"规划中规定，对这类灌溉用水应做到定期检测和进行水质处理，用饮用水的标准严格要求灌溉用水，对于这类灌溉用水应先进行水质鉴定和登记，对不符合条件的应停用并治理污染，达到使用标准后才可使用。被动输入型农业用地用水，主要为以下几类：工厂污水外排进入农业用地、城市农村生活污水外排进入农业用地、江河水井等污染水源渗透进入周边农业用地。可以看出，农业用地相关水污染源是造成农业用地污染的一大因素，且持续时间长，难以治理，这部分农业用地及水源是需要重点关注和研究治理的难点。《关于加强农村环境保护工作的意见》也认识到了监督管理的重要性，规定在治理的同时确保监管到位，以避免污染继续产生。

（四）土壤污染综合法与专项法相结合的制度

我国的土壤相关法律（如《土地管理法》《基本农田保护条例》）的制定体现了我国对土地和农田保护的重视，但前期的一些法律仅仅规定了要保护土壤或者改良土壤，防治土壤的各种污染问题，如流失、沙漠化、盐化及其他污染等，没有明确地要求治理和如何治理，缺少实际操作性的指导条款，这也是致使土壤污染没有得到及时有效治理的重要原因之一。[1]我国曾借鉴日本的经验发布了《土壤环境标准》，但法律中缺少详细的标准援引规定，相关标准无法成为各地土壤环境评价的硬性指标。英、美、日等国家的经验表明，重视和通过法律规制治理耕地污染，建立统一明确的监督管理机制、细化农业用地土壤环境标准非常重要，将治理和预防的相关措施详细地细化在法律中，可以逐渐改变土壤受污染的现状，遏止农业土地保护不力的趋势。我国已经积累了相关立法经验，且社会条件已基本成熟，应借鉴国外好的经验完善我国土壤保护相关制度。

农业是国家的第一产业，农业用地是国家的基础资源，同时耕地等农业自然资源也是广大从事农业生产及相关产业的群众的生命线。农业用地的土地土壤本身就是财富的源泉，"耕者有其田""有恒产者有恒心"，良好的土壤状况对于维持农业生产生活权利人的

---

[1]　赵进斌.新农村建设中加强农村污染治理的思考与建议［J］.理论学习，2015（9）：35–38.

合法权益尤为重要。我国《民法典》"物权编"对各类土地的权属作了比较细致的阐述，有利于以重新确定和分配土地价值为主要目标的土地整理。《宪法》把市区土地以及法律规定属于国家所有的农村和城市郊区的土地规定归为国家所有。森林、山岭、草原、荒地、滩涂等也属于国家所有，但法律规定属于集体所有的除外。形式就是两种：国家所有和集体所有。结合该法第五十八条、五十九条的规定，一般农业用地属于集体土地，可以成为用作农业使用等的自然资源。《民法典》同时规定了集体行使物权的方式和程序，建立了所有权和用益物权制度。基于上述农业用地的性质、所有使用权属及有关制度，可以明确在农业用地土壤污染防治中所有权人、使用权人以及土地受转让人（农场作业、集体转包）各方的土壤保护职责和义务，把土壤污染防治立法与《民法典》如"物权编"相关规定结合，使二者建立起衔接一致的制度体系。

物权的保护离不开对权利受害进行救济。按照一般的法律规则，土地使用人、占有人、管理人（污染土地关系人）因土壤污染管制受到损害的，可以依法向污染行为人请求土壤污染管制损害赔偿。我国法律一般是中央制定基本法律或者给出指导方针，地方自行根据情况制定地方性法规。而我国土壤污染治理多年来无效也与此相关，可以改为中央及立法机构制定基本法及指导方针，并制定标准的土壤污染治理操作方法、流程，地方依照标准执行，各地区根据自身不同情况以任务白皮书的形式按时向上级部门上交时间表、汇报完成进度。我国相对人多地少，土地资源供应紧张，后备耕地资源不足，法律应考虑到土地资源的稀缺性和坚持生态发展的理念，从多个层面保证农业用地土壤的各种功能并增进之。

上述具有法理属性的规定或原则在农业用地土壤污染防治、土地权利人权益维护救济中同样适用。作为环境要素保护领域的土地土壤环境权利保护，土壤保护立法也应有独特的视野。我国新修订的《民事诉讼法》确立了环境公益诉讼制度，新《环境保护法》也明确了提起公益诉讼的主体资格和审理程序，作为重要环境要素的农业用地土壤环境和土壤生态，应乘势而上，在农业用地土壤保护中全面加大加强与新《民事诉讼法》《环境保护法》中有关司法活动的协调。作为一种独特的诉讼模式，土壤保护立法对于土壤保护的文件、侵权纠纷的调解、土壤环保执法文书制备等应有较为具体的规定。明确何者为污染农业用地土壤环境及破坏土地生态资源的违法犯罪行为，何者为行政作为与不作为，何者为一般民事侵权。在界定刑事诉讼、行政诉讼、民事诉讼及公益诉讼四大诉讼模式的基础上，侧重农业用地民事权属及农业土地资源的公益性，结合最高人民法院《关于为加快经济发展方式转变提供司法保障和服务的若干意见》中资源环境保护的新思路及各地纷纷设立的环境保护法庭及司法实践，农业用地土壤保护立法及执法将大有可为。农业用地土壤污染侵权案件越多地进入司法程序，则依靠非正规的自力救济、群体行为而导致的恶性事件就会越少，"土地资源友好型"的农业环境将更快得以实现。

四、风险社会下的农业用地土壤行政管理

2019 年施行的《土壤污染防治法》多处运用"风险"概念，以公众健康风险和生态环境风险为视角，将"风险预防"确立为一项基本原则乃是立法首次突破，并以风险理念建立了土壤污染风险防控与损害修复的制度框架。同时该法也规定以预防为主，在"预防与保护"一章加以落实。这说明立法者认识到风险预防不可为预防为主原则所涵盖，两者规范的目标和手段有所区别：预防为主以项目环境影响评价制度为重心，而风险预防是以环境风险调查评估和监测制度为基础的。此外，原环境保护部 2009 年颁布的《新化学物质环境管理办法》以控制新化学物质的环境风险、保障人体健康和生态环境为立法目的，是体现风险预防原则的典型，在具体制度设计上主要通过申报登记、信息披露等方式进行流程控制以代替惯常使用的命令控制手段以应对

环境污染风险。这些法律制度规范可以视为我国环境立法由结果治理向风险预防控制发展的例证。[1]

在国家行政管理法律法规范畴，涉及农业用地土壤环境的管理属于特别行政法规制之内，是土地土壤生态环境治理方面的行政规范行为。大部分的行政管理活动为行政机关（如环保部门、农业部门、国土资源部门）与农民及农村集体组织、影响土壤环境的企业组织之间的行政管理关系，多涉及行政给付（补偿、赔偿）、行政裁决（有关土地资源争议）、行政处罚（侵占农业用地、污染土壤）等的行政行为。在行政管理活动，如对土壤环境的监测、修复中，行政机关依法受到其他机关的监督；因防治污染不利，可能受到行政相对人（主要为农民群体）要求行政救济的请求（如行政复议、申诉、检举、控告、行政诉讼）；同时行政机关内部也可能因农业用地管理、生态环境维护发生各种内部关系。可以说，农业用地土壤污染防治涉及的行政范围是相当广泛的，但重点相对突出。

在法治条件下，以行政手段（制度）建设推进农业用地土壤环境治理是常态，也是保护农业产业发展最重要的方法。《土壤污染防治法》实施后，我国农业用地土壤环境管理从"总量控制"阶段迈入"质量管理"阶段，并逐步走向"风险治理"阶段；污染防治工作形成从宏观指导、多头管理、单一主体治理到精细化管理、协同防治、多主体参与治理的新格局。[2]为保障农业可持续发展，应着力完善以下行政管理措施：明确农业用地土壤生态红线，进行农业生态补偿与农业环保产业补偿；落实各方责任，完善土壤污染事故行政责任追究制度；对农产品产地进行源头保护，以遏制农业用地土壤面源污染问题；快速推进损害赔偿制度以及土壤环境生态修复制度，搭建农业环境的

---

[1]　张宝.从危害防止到风险预防：环境治理的风险转身与制度调适［J］.法学论坛，2020，35（1）：22-30.

[2]　何宇，梁晓曦，潘润西，等.国内土壤环境污染防治进程及展望［J］.中国农学通报，2020，36（28）：99-105.

责益共同体与污染治理合作平台，"不欠新账，徐还旧账"。行政机关应注重引导产业市场的发展，以执法力量驱动农业用地土壤整治产业 PPP 模式收益实现。[1] 2016 年 9 月 30 日，原国土资源部和原环境保护部等部门联合发布了《关于推进山水林田湖生态保护修复工作的通知》，提出以"山水林田湖为一个生命共同体"的理念开展林、田环境修复工作，整合各方面资金和政策，推进土地治理与污染清除，全方位系统综合整治。这明确了农业用地土壤污染防治执法的系统性建设思路，值得深入研究。

风险社会在农业用地土壤保护领域具有重要的现实意义。因农业用地土壤污染本身导致的初级农产品安全问题这一例就说明以风险管理的理念优化土地土壤行政管理工作的重要性。基于对风险的已有认知，运动式执法、监管力量薄弱、管理职责和利益的纠缠、管理信息缺失和沟通不畅等都能够在应对风险之时衍生新的风险，在行政执法管理中，必须在严格、细致、科学的轨道上下功夫。在现有制度框架下，以风险预防原则作为一个执法基本理念，突出体现土壤污染法治的实践精神。

（一）禁绝口号主义，消除运动式执法

农村大墙小院涂满各种标语：涉及"三农"问题的各种政策宣示，"依法治国""环境保护"等口号宣传亦不少见，也偶能见到"防治污染"之语。但经验证明，这些标语很难真正达到它们宣传的目标。因为用口号代替执法本身，农村环境保护工作没有走上常态化道路，而是仅靠"一阵风"式的行为模式做表面工作。农业用地土壤环境的行政管理应禁绝口号代替行动以及运动式执法的困局，以常态的执法行为维护农业良性发展。

---

[1]　蔡宁宁.土壤污染治理防扩大损害研究［C］//中国环境资源法治高端论坛论文集.武汉：中国环境资源法学研究会，2016.

（二）以风险防范作为行政管理的基本原则

以防为主、防治结合是环境保护工作采取的一般原则，但这个理念在农业用地土壤污染防治工作中虽然适用，却也遇到现实的困境。不惟农业用地生态的极端重要性，这一原则本身即是给人们的心理打开一个缺口：如果未采取预防污染措施，还可以加以治理。但并非所有环境风险都能够得到预防，土壤污染的复杂性使得污染几乎无法根本治理，它所带来的社会风险也难以预测。农业用地土壤行政管理必须以十分慎重的态度，把"防治结合"的管理原则转变为"风险防范"原则。立法建立起土壤风险防范机制，且依靠司法制度保障救济实现。立法确立的行政管制手段是农业用地土壤环境治理的主要内容，从制度本身来说，行政管理与立法制度是被包含和包含的关系，立法为行政管理提供了法律依据和制度依托，并为行政管制手段预设了极大的空间，行政管理实践也为丰富立法内容、完善法律制度提供了不尽的样本。行政管理过程是立法设定的风险防范目标得以完成的通道。司法则是对这个"通道"出现偏差予以纠正的工具。同样显而易见的是，农业用地的行政管理法律手段与物理手段、化学手段等技术操作方式截然不同，即使是高水平的土壤技术方法，如果不能通过法律的规程指导走向实际的、科学的应用，则可能引发技术风险，导致新的危机，甚至冲击农业环境伦理。（见表4-4）

表4-4　行政机关土壤常态化行政管理——风险防范项目表

农民	指导促进清洁生产、合理使用农药化肥地膜、土壤环境教育培训、科学安排非农生产、生态补偿、支持侵权赔偿行为、吸收参与污染预防治理
企业	监督达标排放、远离基本农业用地区域、要求提供数据资料、检查、责令环境影响评价、行政处罚
土地	日常土壤监测、限耕禁耕、召回受污染农产品、设立生态农区标志
机制	预警机制、设立土壤基金、污染调查指定、信息公开、指导修复、污染纠纷行政调解、农业从业人员职业证、土壤修复从业人员认证

作为农业用地土壤污染行政管控的一个部分，可以建立职业资格认证制度，设立专业机构，进行人员培训，纳入考核机制，土壤修复从业人员持证上岗。污染治理中，根据土壤区位、土地质量、背景值等因素，鉴定土壤污染状况，提出土壤污染治理方案，设计操作规程，进行土壤污染整治修复工作。治理终结时，以行政管理机关为主导，农民及村集体、环保组织参与（涉诉的需要司法机关监督；行政机关被诉的，由上一级机关主持），严格审核，实施效果检验。参照注册会计师、注册建筑师等的结果管理方式，由修复人员和所在单位签字盖章，并由责任人员对本次修复终身负责并提供一定时期的后续跟踪服务。根据修复结果和专业人员建议，由主管机关下达对土壤的重新利用命令，如限耕、禁耕、转换土地使用用途、土壤日常监测管理等（如图4-2所示）。

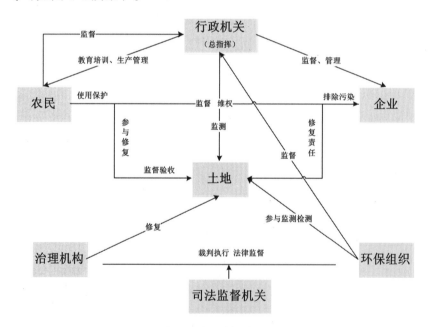

图4-2　农业用地土壤污染治理关系图

在农业用地土壤污染控制中，"有危机就有转机"，要克服风险意识的保守僵化，在鼓励风险决策与防控决策风险之间达成适当的平衡；严格"风险""损害""危机""不确定性""可预料"精准区分机制，把土壤污染与"三农"问题之间的矛盾及协调作为国家治理体系能力和法律秩序重构的切入点；把围绕环境问责的风险沟通、抗议运动以及相关的法律话语作为理论创新的重点；在讨论具体的制度、规范、程序、举措、技术时尽量聚焦作为负资产的土地土壤风险如何切割，分配土地生态正义；以案例研究、实证分析以及跨界合作建立关于农业土壤污染防治法的制度科学体系。

　　从风险社会的角度重新理解和诠释土壤生态法治的基本范畴及相关命题，探讨适合国情、科学有效的日常土壤环境法治模式和紧急事态下的治理模式。[1]探索"土壤修复＋治理"模式，从政府端、需求端和供给端把监管工具与市场机制相结合，转向放管服改革内需的多元化与精细化，以系统治理与技术开发推动形成风险防控新格局。[2]

―――――――

［1］　徐冬根，薛桂芳.国际法律秩序的不确定性与风险［M］.上海：上海三联书店，2017：1-2.

［2］　倪依琳，王晓，廖原，等.土壤修复行业政策市场研究与"十四五"展望［J］.环境保护，2021，49（2）：19-24.

第五章　建设我国农业用地土壤污染防治激励与惩罚制度

　　长效综合激励制度正是为了充分发展利益机制，让广大的参与者在良性的利益博弈中同时获得可预见的法律利益，最广泛地调动农业用地土壤保护及污染防治有关方面的积极能动作用。立法中确立激励机制和责任惩罚十分重要。就激励而言，应着重从完善物权结构、发展农业合理耕作、加大对土壤生态贡献者的补偿和奖励、广泛吸收公众参与等着眼，从根本上建构我国农业用地土壤污染防治长效制度。在农业用地土壤环境保护的社会发展机制上，应坚持激励优先的原则，让社会所有主体都能有保护土地的巨大动力，知其所趋，乐为农业土壤环境保护争功。法律体系构建中最为重要的制度之一就是责任惩罚的落实。责任可量化且可追溯使土壤污染防治制度能够得到执行之魂。土壤污染防治法应落实各方主体的农业用地土壤责任，让所有社会成员知其所止，承担应负之责。应在立法中对这些制度加以确定或确立制度精神，在行政管理中予以贯彻和优化，通过司法手段作为救济保障实施。

第一节　构建法律执行动力机制

　　对环境污染治理的政治安排，就是土壤污染防治长效法律机制的科学设计。尤其是面对农业用地土壤这种复杂的环境要素的污染防治，我们不能因"视而不见"就盲目乐观地等待。农业用地环境质量的改善，必须依赖于我们在改善土壤环境质量方面的长期法治努力。

一、优化土地的所有权与用益物权结构

任何一项法律制度的形成，都是社会各种政治团体博弈的结果。在充分达成妥协，深入认识国家公共管理职能的基础上大力发展社会市场化调节进程，取得全社会认同的效果，使得单纯的自我最大化逐利行为趋向纳什均衡的"帕累托最优"。[1]

农业用地土壤污染防治法律制度需与我国《民法典》中的物权规定等关于集体土地所有权及管理的制度相衔接。土地管理、土壤污染防治、农业用地权益保护，需要与所有权和使用权结合起来，目的在于消弭土壤污染的外部不经济性，成为农村单个集体本身的"内部成本"。应进一步优化当前农业用地土地的所有权与用益物权结构，使土地的占有、使用等权利权益与土壤环境状况挂钩，刺激土壤污染的强力治理，比如类似于EMC合同能源管理原理，在土壤污染治理上也可以参考使用。

（一）扩大城郊及农村农业土地的所有权及用益物权范围

扩大土地权属范围包括两个方面：（1）农业用地对象资源应进一步放宽。森林、山岭、草原、荒地、滩涂、生产设施、农田水利设施、耕地等资源一部分是农业用地，一部分不是。现今工业化、城镇化迅速推进，集体土地日益受到侵蚀，大量的农业用地未经审慎考虑就被用作其他用途且部分被污染，尤其是转为建设使用的土地。这对农业发展相当不利，一方面，应严格管理，控制农业用地的流失；另一方面，属于农业用地有关的资源，如非跨区、界，非流、河、海的农村田边河、沟、湖泊，村民农用的自建、自填、共同维护的新场址、新用地等，宜视为或规定为集体所有。（2）扩充权属权益内容。

---

[1] 按照环境经济学的解释，人类利用管理环境资源的方式主要有两种：帕累托改进和卡尔多—希克斯改进，在双方的互动行为中，若一方的利益获取建立在另一方利益损失的基础上，则可以通过获益方对受损方的经济补偿达到帕累托最优或希克斯最佳状态。

完整的所有权包含对物与经济性权利的占有、利用、收益和处置，而用益物权含于其中，仅包含一定期限的占有、使用和收益。在所有权方面，可以将部分所有权资源向村民、社员等自然人靠拢；对与农业用地有关的资源可以将用益物权适当转为所有权，并扩大用益物权的覆盖范围。

（二）尝试一定范围的"土壤私有"，明确农业用地土壤资源的产权

2015 年党中央、国务院发布的《生态文明体制改革总体方案》中提出要完善自然资源产权制度，这为建立农业用地土壤生态资源的产权制度提供了契机。[1]土地公有、私有制度并不等同于土地之上土壤的权利属性。事实上，在部分农村地区，挖土运土、买卖土壤的行为相当盛行。农村总是社会资源状态改革的"先行地"和"试验田"，囿于传统自闭的政治理念而使经济社会发展遭受滞碍的行为和现象毫无意义。当下国家为发展农业，建立耕地保护制度，废除农业土地税费，加强农业发展补贴补偿，延长耕地承包期限，开展集约规模生产经营等，这些都是对土地的维护和保障，确为利好之策。被激发了积极性的广大村民群众也希望为维护自身权益、保障法定权益资源乃至保护土壤环境做出努力。实践中，在整治土壤污染时，有些村民投入时间和金钱，精心治理，与有关方密切配合从而使得土壤状况得到明显改善。为补偿或奖励其巨大的付出和贡献，尝试确定该块土地一定厚度和范围的土壤为其私有也未尝不可。若不能基本弥补其受到的损失和付出的劳动，则允许其"掘地三尺而私之"，建立优良土壤"动地"时的强制转让、优价转让和补偿制度。

（三）土壤环境状况与土地资源收益等值化

在农业用地的使用过程中，土壤生态环境状况与土地资源的占有

---

[1]　冼艳.土壤污染防治中的刑事责任制度研究［C］//中国环境资源法治高端论坛论文集.武汉：中国环境资源法学研究会，2016.

使用同样重要，使用土地是为获得收益，土地资源具有的良好生态本身即为一种利益形式。将土壤环境状况与土地资源收益等值，就是指在设立农业用地土地承包权利、占有使用土地过程中以及在承包经营期满时，通过契约的形式和权利义务的设置，将当事人对农业用地土壤状况的维护、污染防治、改良，与其在该权利义务关系中的收益挂钩，作为当事人获得利益与否、获得多少的重要参考标准，而把土地地块大小、区位高低等事实情态仅作为合同标的基础数据，不以生态恢复值作价。这需要在深化农村地区土地权益制度改革中，加快生产要素在城乡之间自由流动，主要措施包括实施农产品的安全清洁权威认证，促进鲜农产品生产资源变为资本，激活农村土地权证价值，实现抵押、融资、集约经营的股权操作。精品蔬菜、优质粮油和花果产生于绿色无污染农业，土壤环境的状况与土地资源受益挂钩（体现之一为农产品产地及质量认证），一方面为解决"三农"问题注入活力，更重要的是可以大力推动农业用地土壤的全社会维护和权利人自觉的改良整治，从而倒逼土壤污染防治的机制升级。

（四）将农业用地土壤环境本身发展为"土壤生态物权"加以保护

与传统物权类型相区别，犹如无线电频谱资源、空间航道、网络信息数据等视为物，并赋予权利主体排他性使用和收益之权利，在强调生态文明的背景下，生态利益应当纳入物权法调整的利益谱系。[1] 农业用地功能中对土地土壤自然、美学的要求就是一种生态利益的表达，清洁清新的土壤环境是土壤生态物权，应当赋予权利人（即所有人、占有人、使用人等）占有并使用。应在界定农业用地产权时，赋予农业从业者（农民）"土壤生态资本"所有权人地位。建立污染地块登记公示制度以提高清洁农业用地权利者的声誉，并确认其农业市场的

---

[1] 项波，严丽玉堂.经济发展与生态保护的并行：生态物权是物权的新发展［J］.江西理工大学学报，2016，37（2）：29-35.

完全主体地位，将被污染的土壤地块予以"污名化"，[1]刺激土壤
生态物权保护和恢复的制度性回归。

为切实预防土壤污染，优化或者改革当前农业用地产权结构，可以尝试两种方式：（1）重建村民自治组织，把农业用地土地集体所有制改为农民个人所有制，使村民真正作为农业用地所有权主体发挥主人作用，村民自治组织成为农民群体的服务机构，国家对土地各项权能的行使予以全面的监管和必要的限制；（2）改革现有的农地集体所有制为国家所有制。国家按目前国有农地的管理方式将农地的占有权、使用权、收益权等项权能出让给农民个人，通过国家的农地出让，也可以使农民获得完整的农业用地使用权利。农民就会对该农业用地建立起长远的稳定预期，并会加强对农业用地的生态资本投入。[2]与大气、水体等环境要素相比，土壤具备典型的"物"的特征，属于特定的有体物，可以在一定的土地上设定物的除自由处分外的所有权能，权利人则对其具有了管领能力，[3]土地土壤的基础责任主体扩大了，污染防治事业有了更多、更为扎实的保障，则法律制度的建设和推行能够更加顺利地进行。

二、政策"绿化"与土地禁耕、限耕制度

在生态文明视阈下，开展农业用地土壤污染防治行动规划，与绿色发展的理念内涵紧密相连。[4]政策的"绿化"，包括对"绿色土地"的维护和"绿色农产品"的生产推广，其中尤为重要的一点就是坚持并做好农业用地的禁耕、限耕制度，确保"耕地生态红线"严格执行。禁耕、限耕政策是政府直接干预农业生产的农作物种植管理政策，它

[1] 肖峰.论我国土壤污染防治立法的效果导向及其实现[C]//中国环境资源法治高端论坛论文集.武汉：中国环境资源法学研究会，2016.

[2] 严立冬，麦琼翎，屈志光，等.生态资本运营视角下的农地整理[J].中国人口·资源与环境，2012，22（12）：79—84.

[3] 胡静.污染场地修复责任的属性和类型[C]//中国环境资源法治高端论坛论文集.武汉：中国环境资源法学研究会，2016.

[4] 范珍良，李代全，廖升福.生态文明视野下农村土地污染防治修复机制的司法应略——以"绿色发展"理念为展开思考[C]//中国环境资源法治高端论坛论文集.武汉：中国环境资源法学研究会，2016.

的出发点是稳定农产品供求关系，防止谷贱伤农。政府根据粮食和其他农产品的市场供求状况，每年由农业部门制定年度作物土地（休耕）耕种计划，由市、县分配给农民。同时对与政府签订限耕合同并遵守种植面积配额的农民予以价格支持。同样，因土壤环境的污染，土地肥力的下降，对农业用地采用禁耕、限耕，有利于土壤生产能力的培植恢复，有利于对污染土壤的整治。在休耕期，可以全面做好农业用地土壤的保护和修复，促进要素环境自然生态系统的安全稳定。这是耕作方式在新时期的变革，也是保护农田作物的手段，对防止农业用地污染、保护农产品生产安全具有积极的作用。

生态学观点认为，农作物与外界环境因子是一个协调的系统，耕作制度应遵循物质能量循环规律，在合理的生态平衡基础上建立，此为保障农业安全、稳定发展的前提。因此要十分重视自然环境和社会经济条件与耕作制度的关系，不能让耕作土地的自然肥力用尽，应通过一定时期、一定区域的禁耕和限耕强化对土地的利用和休养地力，可以防止土壤污染并有利于土壤的整治管理。探索耕地轮作与休耕举措的科学实施，鼓励轮作，谨慎休耕；限定在地下水渗流区、重金属污染区和生态严重退化区等区位开展休耕试点；禁止弃耕，严禁废耕。鉴于农业用地尤其是耕地资源紧缺，不宜进行大面积休耕，应以土壤生态安全、土地资源可持续利用为出发点，因地制宜，大力发展土壤改良、替代种植、低吸收作物筛选等合理的土地休耕管理方式。[1]当农业用地出现较严重的污染状况时，禁止种植食用农产品。[2]既要坚持耕地面积红线，也要坚持土壤生态红线，有步骤、有计划地逐步推进生态退耕，坚持最严格的生态保护制度不放松，确保粮食作物安全。将环境保护部门和农业部门、土地管理部门的有关职能相结合，既分工又合作。将农业用地土壤质量标准、农产品清洁安全与土地合理科学开发利用的目标功能融合，使土壤污染治理、禁耕限耕、土地

[1] 陈卫平，谢天，李笑诺，等.中国土壤污染防治技术体系建设思考[J].土壤学报，2018，55（3）：557—568.
[2] 周珂，罗晨煜.论食品安全与土壤污染防治[C]//中国环境资源法治高端论坛论文集.武汉：中国环境资源法学研究会，2016.

利用点位排查相协调，既防止造成农产品安全危险的内源性污染（如农药、化肥、地膜的过度使用），又禁绝导致土壤污染物超标的外源性根源（如排放、堆砌危险物质），形成农业用地土壤污染的系统治理方案。

优化耕作制度，发展立体农业。比如，把南方农业生态脆弱区的"沟谷农业"发展为农、林、牧、副、渔综合发展的高效集约持续农业，发展"两水一旱"的水旱轮作、混合轮作多熟制，充分利用冬闲田，促进农牧结合。[1]

随着农业的规模化、集约化和现代作业模式的发展，发展农业从业职业许可制度或许为今后的趋势之一，且在责任发展上，可能建立禁止污染农业用地土壤行为人从事农业及影响农业安全清洁生产的有关工作的职业限制制度。[2]

绿化的土壤法律制度政策目的就是把虽能促进发展但却危害人们健康的技术和物质排除在土壤环境的大门之外，或把它们清理出去。地方政府在制定经济政策时，要根据本地实际，充分考虑各种可能污染农业用地土壤的情况和因素，着力谋划绿色经济文明建设，切实维护好一方"绿水青田"。2016 年，湖北省人大常委会审议了《关于推进长江经济带生态保护的决定》（草案），规划长江经济带绿色发展，对于维护省内长江流域水资源的清洁，进而保护湖北省农业用地土壤环境有着重大的意义。这是一个良好的实践，应大力提倡推广。

第二节　完善农业用地土壤生态补偿及污染防治的公众参与制度

综合激励制度的形成和发展，离不开对农业用地土壤生态环境做

---

[1]　赵其国，黄国勤，马艳芹.中国南方红壤生态系统面临的问题及对策[J].生态学报，2013，33(24): 7615-7622.

[2]　刘俊杰.我国土壤污染防治的责任机制研究[C] // 中国环境资源法治高端论坛论文集.武汉: 中国环境资源法学研究会，2016.

出努力的补偿奖励机制以及公众的参与。农业用地土壤生态补偿以及有效吸收公众参与是促进激励的重要方面，而公众参与度也是激励制度效应发挥的表现之一。应采取其他多种经济方式和政策举措，对农业用地土壤环境保护者加大补偿支持，尤其是对农民群体的资金补偿和政策优惠，吸引广大社员群众和村集体组织参与到农业用地的环境建设上来。

一、农业用地土壤生态补偿制度

社会发展的历史纵贯反映出人类的进化是不断向前的过程。随着"自然人—社会人—工业人"的发展转变，在自然状态下生态因子固有的调节生态平衡的能力被严重削弱，而"进化人"没有承担起对自然环境、资源系统和其他物种的本来责任，从而产生了人对自然的"债务"。生态系统的承载能力不足以抵御因资源开发利用消耗导致的环境透支则容易形成"生态赤字"（Ecological Deficit），这种资源系统的超载加剧了人与自然的矛盾，而在现有制度下必然产生人与人之间的关系矛盾，引发社会风险。生态破坏带给人类的损害就是环境系统向人追偿的自然反应，以此自动自发调节大自然链条的平衡。

生态补偿（Eco-compensation）是一个较为宽泛的概念，一般指的是生态受益者、生态损害者对生态保护者、生态受害者的经济支付，作为平衡当事人生态环境利益的重要手段。它可以在民事领域和行政领域实现，可以是国内主体间发生的补偿，也可以是国际主体间产生的补偿。补偿形式包括买卖、赠予、无因管理补偿、不当得利补偿、生态权益继承等。补偿形式的多样性表达了生态补偿的开放性特征。[1]农业用地土壤生态补偿是对有关农业生产、土地维护、污染防治、土壤改良等农业土壤生态做出努力和贡献的单位和个人的经济

---

[1]　闫民.流域生态补偿机制的构建和相关法律制度研究——以生态补偿市场参与模式为视角［D］.成都：四川省社会科学院，2014：7-9.

性质的给付。Costanza 团队和联合国千年评估计划（MA 计划）的研究结果表明，生态系统除了能直接为人类提供有价值的物品收益外，还可以提供包括供给功能、调适功能、文化功能以及支持功能等更为巨大的多方面效益。[1]农业用地生态环境的破坏越加严重，唤起了人们的环境保护意识，替代了环境资源尤其是地力无限的不正确认识；学者们逐步将建立生态补偿机制纳入研究视野，其成果形成制度构建的理论基础。生态补偿是促进生态环境保护的一种法律方式。对农业用地土壤的保护，尤其是对污染的预防和整治，如果离开补偿性的各项措施，则不能建立起正常、科学、完备的综合激励制度。

（一）农业用地土壤生态补偿概念的厘定与补偿形式

生态补偿顾名思义是基于对生态环境的给付。目前国内外学者对于生态补偿的概念界定偏重从经济方面考虑，如 Cuperus 等认为破坏生态功能或者其质量，需要给予一定的补偿，即经济类的补偿用以重建类似生态功能或者用于生态改善。有学者更加明确地界定了生态补偿包括功能破坏的补偿和环境污染的补偿两个方面，经济补偿是主要补偿手段，用以进行生态利益平衡，目的是保护生态环境，维持生态环境系统的可利用性。有人则认为，生态补偿的目的主要是平衡相关利益者的利益分配关系，基于环境使用功能方面的保护（维护）、恢复及改善的一种经济激励性制度。也有强调生态补偿的目的是通过提高生态破坏行为的成本，增加保护生态环境的收益，引导行为主体达到自身外部经济性，进而达到保护环境目的之论。基于此，从狭义上分析，生态补偿指人类破坏生态环境或生态系统，对其进行恢复、维护和其他相关改善及治理的补偿，实践中主要是指经济给付。从广义上分析，生态补偿则还应涵盖间接类损失的补偿，包括经济的和非经济类的，具体包括对所在区域因生态破坏造成损失的居民给予经济

---

[1]　黄锡生,张天泽.论生态补偿的法律性质[J].北京航空航天大学学报(社会科学版),2015,28(4):53-59.

（资金、实物）、技术等补偿和政策的支持，对农民因保护土壤环境等而发生的科研活动支出、教育培养支出、环境宣传支出和付出的时间、机会成本等的弥补。狭义概念上的生态补偿目前更适合农业用地土壤补偿。

正确认识农业用地土壤污染防治生态补偿（以下称"农业生态补偿"）的表现形式是了解生态补偿定义的前提。农业生态补偿的含义应包含以下方面：（1）对维护农业生态环境者从成本方面进行的经济补偿；（2）对因生态环境破坏造成的所在区域人员机会成本的经济赔偿和非经济赔偿（提供农业技术，如土壤污染预防知识培训等）；（3）基于农业生态环境的恢复和保护造成的持续性支出的赔偿；（4）农业生态补偿资金来源于生态资源耗损者、受益者等得利方应支出的大额费用，使受到损失损害的一方尽可能得到全部补偿的一种内部经济性结果。农业生态补偿的量度应介于"超额生态赔偿"与"生态保护奖励"之间，从法律对补偿主体的行为倡导性上来说，可以是因为法律鼓励的行为带来补偿，也可以是因法律抑制但不违法的行为带来的补偿；可以是对积极保护、恢复土壤生态环境行为的补偿，也可以是因消极的不作为导致生态破坏、社员利益损失而必须给付的补偿。而且，补偿不是赔偿，一般得到的补偿数额不能全部弥补所付出的努力或遭受的损失，包括财产、健康或发展的机会成本等。因此，农业生态补偿就是为达到保护农业土壤生态环境和土壤生态可持续发展的目的，以经济为主要调节手段，对生态环境的破坏者施以处罚，对生态环境保护者给予奖励，将生态环境利益的外部不经济性转为内部经济性，从而有效保护农业用地土壤生态，维护一定区域内农业从业者土壤环境使用权的公平性。

从补偿的法律性质上看，农业用地土壤生态补偿包括如下四种：（1）从补偿的法律形式上看，生态补偿包括行政补偿与民事补偿。其中，行政补偿是行政行为，包括以抽象行政行为设立的补偿（如以法规、规章的形式建立农业补偿制度，政府有关部门设立行政补偿基金、建立补偿联动机制等）和以具体行政行为设立的补偿（如财政转移、行政合同、行政给付等政府生态补偿的行政行为）。民事补偿包括即时赠予、民事补偿合同、承包地转让合同等。（2）从补偿对象物的转移状况上来看，生态补偿包括物权设定、债权确立等。（3）从补偿范围上看，生态补偿包括国内补偿和国际补偿。（4）从补偿给付与接受双方的主体角色上看，包括不平等主体之间的补偿和平等主体间的补偿。前者如上级国家机关对下级机关部门的补偿、国家机关对村区民众（特定与不特定主体）的补偿；后者如同级机关部门间的补偿、民事补偿等。统括为"官对官"的补偿、"官对民"的补偿、"民对民"的补偿（"民"不仅指自然人，还包括社会组织、以民事主体为行为的机关等）。前两种可以概括为制度性质的补偿，后两种可合称为主体性质的补偿。

在法学意义上农业生态补偿到底属于何种法律性质？是一种经济法律制度，还是行政法律制度，或者是一种民事法律制度，还是三者兼而有之或兼有其中两种性质？许多学者在从法学角度考察生态补偿的研究过程中，巧妙地回避了对这一难以理解定性的法律事务属性的问题。这种回避，一方面显示了当下对农业用地土壤生态补偿认识的不足和分歧，另一方面也说明问题本身的复杂性。对法律类别归纳不精准，不仅会导致立法理论的欠缺，更会影响法律制度的实施。实践操作中对农业生态补偿定性的不同，来源于法学理论上对其内涵的不同理解。在生态补偿的法律性质上，有人把生态补偿看作对人们享用土地这一自然资源的客观成本的弥补型利益再配置，这种理解没有正确把握生态补偿的法律属性。也有人认为生态补偿是一种契约，是农业环境合同实现的途径，包括两种合约形式：（1）国家与特定主体的农业环境行政合同；（2）市场交易主体间的农业环境民事合同。这一定性实际上暗含了生态补偿具有行政法律和民事法律两种属性。而且，它也可能受到行政法律与民事法律的双重调整。农业用地土壤生态补偿是基于公平原则对补偿责任人施加的一种法定义务，它一般因合法的行为引起（环境刑事追诉、行政责任、不利民事后果不在此列），但却因严格遵循此合法行为导致社会外部不经济性、合理利益失衡、主体间损益显失公平，如果法律不进行对农业生态资源的重新评价分配，则合法行为可能会演变成致命的危机。[1]

国家通过行政层面的计划调控，机关机构以管理者的主体身份在行政领域进行农业生态资源权衡协调，则构成生态的行政补偿；与此相对应，市场作为资源灵活配置的有效主体，它在生态产品比如农作物食品的供求之间充当杠杆，社会各个参与者逐渐在对生态价值的深度认知与不断追求中寻求合作与互利，自然人主体间也在自觉不自觉地达成农业环境维护、损失弥补的各类协议，共同构成了生态民事补偿的形式。全面把握生态补偿的行政与民事属性，可以帮助我们建设以国家行政管理为重要内容、社会市场各个民事主体组织广泛参与的综合农业用地土壤生态环境长效补偿机制。

（二）民事领域农业用地土壤生态补偿法律性质

当初人们认为以公法的强制性手段更能解决环境问题，推崇"铁拳治污"，但没有考虑到权力治理的机械单调性、片面肤浅性以及对不断发展演变的环境问题反映的滞后性，而且机关职权的交叉重叠与不当竞争不能从根本上解决生态的利益平衡。这样的法律实施了一段时间之后，人们逐渐摒弃了"以权力制约权利（权力）"的模式，私法手段运行的作用受到重视，回到"以权利制约权力（权利）"的路径上。民法在解决农业用地土壤环境问题上的作用被重新予以审视。农业用地土壤生态补偿中，生态保护者与受益者之间签订的补偿合同，是平等的当事人各方真实意思的表示，该种民事法律行为应受民事法律法规调整。对公共物品政府提供和市场服务的价值研究及实践一再表明：由政府统一提供方式的效率及价值一般低于市场竞争提供方式。

---

[1] 黄锡生，张天泽.论生态补偿的法律性质［J］.北京航空航天大学学报（社会科学版），2015，28（4）：53-59.

以公平与正义为理念，将权利和义务相协调，以农业生态环境的使用、生态资源的分配、生态关系的和谐为对象，着力解决生态补偿中各种关系的促进，解决生态利用中人与人之间利益的合法合理配置，这是法律确定的生态补偿与经济学补偿、生态学补偿等方式的不同之处，上述内容也是引入民事领域的目标所在。民事的生态补偿以交付财物、赋予权益确定"物"，以合同设立、权利设定确定"债"，显然二者的交叉适用又反映了民事领域生态补偿的多样性和方式发展的灵活性。

1. 农业用地土壤生态补偿的物权确认

生态补偿的形式可以从物权所有权、用益物权等方面进行设立。一般情况下的经济补偿，主要是指给付金钱和物品，这是最初的物权行为，标的物交付后物权的所有权即发生转移，这里无须赘述。从生态所赖以存在的自然环境资源的物权方面测度，土壤生态资源本身也属于物，可以为人们所拥有和掌控，也应有物权的设立及相应的规定。我国《宪法》第九条对资源财富社会性的规定，使生态环境的权利和义务主体缺失，所有权行使的模糊性规定导致了权利虚化。但对公共的自然资源不改变其原有法定所有占有状态，将分散的资源合理分配给一定的组织或自然人管理经营，设定用益物权，把农业生态价值视为有形的资源资产，通过下放开放管理经营权，在一定范围和程度上对管理经营人的产权权利予以保护，能够很好地强化社会经济主体的环境产权意识，这也是保障农民群体长期享有土地财产权的体现之一。[1]

2. 农业用地土壤生态补偿的债权确定

债有合同之债，有侵权之债。在民事合同、行政合同中设立对特定的相关人的利益给付，在该承诺给付利益实现前的期待权利则为合同之债。合同之债可以分为即期给付的债和预期设立的债两种，前者

---

[1]　夏锋，曾瑶.赋予农民长期而有保障的土地财产权——中改院专家座谈会观点综述 [N].经济参考报，2016-10-10（A08）.

是就一次性给付补偿（可以是分批次给付）设立的合同，如对某农村区域土地治理改良的财政转移支付合同、防风固沙休耕植树造林的民事补偿合同、集约土地承包合同等对一次性总体行为进行的补偿债权的设定；后者指对系列生态维护的努力进行的补偿，或者因合法行为但可能导致生态受害的，对村民以后可能的损失设定的预见性补偿之债。侵权之债主要是指因未受法律禁止或不能避免的农业土壤生态损害行为（多为合法开发建设的工程项目影响农业土地的质量状况）而设立的债权，如水电开发利用期内对土壤生态环境损害受损居民的补偿等即属此类。同时，债权的确立可以与上述物权的设定相结合，形成物权—债权型生态补偿新型法律关系，如农业土地承包保护利用10年期生态补偿合同等。在民事领域，平等主体间的法律交往是最为盛行的，也更为容易构建人与人之间的和谐关系。农业用地土壤生态补偿在民事中可以通过赠予、环境补偿合同、生态（产品）买卖合同、债权设定、用益物权流转等形式开展。农业土壤生态环境民事主体依照生态补偿制度为依托，通过合同订立与系列行为，设定生态补偿权利归属，界定补偿义务的适当履行，明确责任的承担，从而使得农业生态受害者或维护者的损失与努力得到积极、合适的弥补。毗邻土地的耕者为整块土地土壤的改良而付出的维护成本、西部林圃周遭环境受益者对林木种植单位的受益补偿合同、核电站开发公司对当地土壤生态环境受影响民众的框架补偿协议等皆属此类。这说明了生态补偿在农业土地物权民事领域的平等、公平的法律精神理念。

（三）行政领域农业用地土壤生态补偿制度性质

有学者把生态补偿理解为具体的行政行为，如行政生态补偿、资源行政征收、环境行政合同。李爱年和刘旭芳在谈到行政生态补偿时，将补贴同补助、补偿和赔偿相比较，得出以下结论：（1）生态补偿是对生态利益损失的弥补以及对有目的的生态利益的偿付；（2）生态补偿的主体是政府及其代表的机构；（3）补偿的实施主体和接受主体非对等的关系，存在纵向的管理和被管理角色的差异。因此，他们认为，生态补偿是一种行政法律行为，可以是抽象的行政行为，也可以是具体的行政行为；可以为行政合同，也可以为行政给付。当前中国的农业用地土壤生态补偿多由政府牵头实施，具有行政行为的性质，包括行政征收和行政补偿等。地方性行政补偿亦为常见，如政府对流域源头周遭城郊及村区环境管理的专门办法。目前计征的环境资源税费中关于农业用地的有耕地开垦费、复垦费和土地闲置费，属"收支两条线"管理的财政性资金。[1]从中支取部分用于土壤生态补偿，或者对积极参与土壤污染治理的农民、村组单位予以行政奖励，或减免其应纳税额，可以看作政府的制度创设性补偿方式。从具体行政行为的类型上看生态补偿，其显然属于行政补偿范畴。因目前生态补偿多为在行政机关（政府）主导下进行的，施受主体平时处于行政管理的不平等地位，补偿容易被认为是一种可有可无的或令人感恩戴德的"恩赐"，这是对行政领域农业生态补偿法律关系主体认识不清，对补偿性质界定不明而产生的极大曲解。农业用地土壤生态补偿中的行政法律行为主要涉及环境行政合同与行政给付。行政合同即行政机关作为主体，基于行政作为的目的，与包括行政机关在内的企事业单位、机关、社会团体、个人等主体，在公平、意思一致的基础上，设立、变更、终止行政法上权利义务关系的协议。国家与生态保护者之间达成的农业环境补偿协议具有行政合同的性质，属于环境行政合同。环境行政合同即为配合环境行政目的的达成，由环境行政机关参与的涉及环境规划生态维护等的行政管理类合同。1964年日本横滨市试点使用名为"公害防止协定"之农业用地土壤的环境行政合同，效果明显，此后该制度被众多国家和地区仿效移植。经验表明，环境行政合同对约束影响环境的双方当事人、保护生态、防止污染危害发挥了重要的作用。[2]环境行政合同作为一种非强制性的行政手段，更好地体现

［1］　李慧玲.环境税费法律制度研究［M］.北京：中国法制出版社，2007：177.
［2］　川井健.民法判例と時代思潮［M］.東京：日本評論社，2011：224.

了行政主体和相对方合作与保护环境的理念，将行政行为部分转化为合同行为，将管理工作转移到合同履行上，能够调动被管理方的积极性，合同中的违约条款也可以约束对方严格守约。从另外一种角度看，行政合同将非政府一方（行政相对人）的热忱调动起来进行环境保护活动，带来了互相监督和共同治理的互动效果。不同的补偿形式体现相异的法律性质。与订立行政合同不同，行政给付仅为单向的行政支付行为，包括行政补贴、行政奖励、行政给予，如农机补贴、土壤治理器械装备补贴等。

（四）建立农业用地土壤生态补偿制度的意义重大

我国的生态补偿工作整体起步较晚，虽有个别补偿举措（如退耕还林措施）较早开展，具有大量农业生态补偿经验，在多年的实践中取得了较大的成绩，但是在涉及土地土壤环境要素的补偿上存在措施不彻底和补偿不到位的问题，如农业用地资源开发补偿、肥地流域水资源补偿等，尚处于发端阶段。农业土壤生态目标不能实现，将影响到生态补偿政策的成败；而生态补偿基本制度不能有效建立，将使得"有补无偿"，生态环境保护工作出现反复，在一些时候还可能加剧社会矛盾。在目前农业用地土壤污染形势下，应当严格把握损失的底线，坚持对权利人采取最大补偿的原则。

1. 农业用地土壤生态补偿具有外部效益的内化作用

从经济法的角度，生态补偿通过法律手段使得外部经济效益（外部不经济性）内化为成本，叫作外部效益内化性。[1] 外部性理论是环境经济政策制定中的重要理论依据之一，也是经济法上研究公有成本的基础理论。土壤环境经济生产经营中的外部性主要包括两种情况：（1）对土壤生态破坏和环境的污染造成外部的损失，这种外部损失没有得到矫正，造成危害结果的行为者没有受到责任的追究，未得到

---

[1] 罗士俐.外部性理论价值功能的重塑——从外部性理论遭受质疑和批判谈起[J].当代经济科学，2011，33（2）：27-33.

应有的惩罚；（2）对土地环境资源的节约保护和生态维护的努力付出者，其对公共资源的改善效果被别人（可能是不特定的多数人）无偿享用，其有形付出及机会损失没有得以有效弥补。庇古（Pigou）认为，当社会的边际效益与个人的边际成本不能达到帕累托最优时，仅仅靠市场的作用已经不能平衡这种利益关系，而必须通过政府的政策和调控来让边际税率跟边际补贴挂钩，实现社会经济与个体效益的双优组合。[1]在企业的活动中，这种成本内化的形式表现为企业的社会责任，即这样一种理念：尽管企业在防止土壤公害方面采取了一定的措施，但只要存在损害，其就不可能免除责任。构建农业用地土壤生态补偿制度，其实就是建立起外部性成本内部化机制，根本目标就是通过平衡社会资源成本合理分配，达到农业生态资源的优化配置和合理高效利用。以土壤生态修复基金补偿农村在污染防治中的经济投入，改变土地利用方式正是使生态外部效益内部法律转化的表达形式。[2]而且，在当前农民群体参与农业生产的积极性不高、投入土壤污染防治的能力不足的情况下，对农民进行有效的补偿和补贴，可以调动其清洁生产主观能动性和农业环境维护责任意识。[3]于是，上述生态补偿就出现了经济法上的外部成本内化的法律性质。

2. 生态补偿制度使农业土地恢复其公共物品的法律属性

生态公共物品理论认为，作为向人们提供适宜生活的环境生态，是全体社会人共同享有的自然性权利，是一种公共的"物品"。它具有提供源的开放性、使用上的非竞争性特征。公共、非排他、无须依附法律规定是生态的基本法律属性。但是，这不意味着公共物品资源不受外在活动的影响，没有消耗，可以无须维护而源源不断地自然供应，公共物品的属性使得人们利用时无须付费和付出代价，从而使用

---

[1]　J·G.阿巴克尔，G·W.弗利克，R·M.小霍尔，等.美国环境法手册［M］.文伯屏，宋迎跃，译.北京：中国环境科学出版社，1988：151-157.

[2]　郭琳琳.建立土壤生态修复基金的法律经济分析——以农村土壤污染为视角［C］//中国环境资源法治高端论坛论文集.武汉：中国环境资源法学研究会，2016.

[3]　王伟，包景岭.农用地土壤污染防治的立法思考［J］.环境保护，2017，45（13）：55-58.

时无须担心，"搭便车"心安理得。如果所有人或者大部分人如此认为，则当公共物品的社会属性与其客观的资源有限性产生冲突的时候，"公地悲剧"（Tragedy of the Commons）[1] 会不可避免地发生。建立农业用地土壤生态补偿制度就是要对没有法律保护的环境公共利益（虽然农业用地属于集体土地）加以维护，对公共物品加以保护，对生态破坏者加以限制，对公益呵护者予以补助，尤其是关乎人类粮食问题的农业土地。科学系统的生态补偿制度的建立，能够从根本上、源头上，全方位为其固有发展应有的环境价值设立系统的保障网络。

3. 农业用地土壤生态补偿制度本身具备法律公共属性

法律本身具有规范性、强制性、指引性、奖惩性等特征，农业用地土壤生态补偿作为法律上的一个制度，也必然在自身的特征属性之外，带有法律的规定属性，如法律强制性的补偿与倡导性的补偿。我国《环境保护法》和《水污染防治法》分别有对保护环境、防治水污染有显著成绩的单位和个人给予奖励的条款，这些规定属于强制性补偿，而在强制补偿之外，国家鼓励、支持民间各种形式的生态补偿行为。制度性补偿与即时性补偿：对一些生态资源，国家规定设立补偿制度，建立规范的补偿机制流程，如土地环境资源保护补偿机制等；对于非制度性、非常规的环境保护努力，可以采用个案处理、随时另补的做法。补偿包括对保护农业土壤生态环境做出努力和牺牲的补偿，也包括因合法行为但造成生态损害的补偿（如中国在缅甸的水电站开发项目，预先设置对当地村区居民的补偿方案）。补偿存在差异性，根据不同的土壤生态环境，其补偿方式、力度、制度设定都会有所差异，不同国家也有相异的规定与做法。农业生态补偿所体现出来的上述倾向性，都从不同的角度和层面展示了其蕴含的法律性质，倾向于任一

---

[1] "公地悲剧"为经济学上的著名概念，即作为一项资源性财产的公共土地，因许多人都拥有使用权，且任何人都没有权力阻止其他人使用，而每个人都在"非独占性财产急于多占"的心态下倾向于过度使用，从而造成资源的枯竭。之所以叫悲剧，是因为每个当事人都知道资源将由于过度使用而枯竭，但每个人对阻止事态的继续恶化都感到无能为力。公共物品因产权难以界定而被竞争性地过度使用或侵占是必然的结果。作为农业用地的土地，本来是村集体所有、村民占有使用，不应发生"公地悲剧"，但因过度过快城市化、科技污染、城乡结构失衡、农村权利贫弱以及土地所有者对土地缺乏真正意义上的支配权等，土地呈现"私地公地化"的严重倾向，"公地悲剧"亦不可避免。

种法律性质的解读，都能对建立健全农业用地生态补偿法律机制起到良好的促进作用。

（五）优化农业用地土壤生态补偿责任承担方式

1. 财政支付

政府开展的补偿是当前主要的生态补偿方式。从行政主导、强制命令性补偿向行政激励交易方式，再向市场主导、行政辅助补偿的方式转变，应是农业用地生态补偿发展的方向。补偿范围方面不仅要考虑经济效益补偿，还应关注社会效益、发展利益以及生态损益的变化，合理确定补偿对象、期限和方式，加大财政转移支付力度，以激发被补偿人保护农业生态环境的主动性。在生态补偿实践中，财政转移支付是经常使用的补偿形式之一，包括对企事业组织、个人社区以及政府间的转移支付。政府间转移支付在生态补偿中所占比重较大，应充分发挥当前政府支付的主导能力，将转移支付作为限制和禁止使用（如限耕禁耕、土壤修复等）的保护性区域的重要给付工具，拓宽资金来源、加大补偿规模、优化使用方式。政府补偿应做到信息公开透明，吸收公众参与尤其是农民群众充分参与，以了解其诉求，合理确定行政行为裁量权，并提高公众土壤环保意识。政府补偿可以实行财政转移支付，直接向土地保护者、受损者经济给付，也可以采用政府购买服务，以环境奖励的方式补偿对土壤生态维护作出贡献的组织和个人，"以奖促保"。对于补偿金的发放应做好税费扣除，杜绝以补偿收入作为纳税财源对象导致补偿的不合理及伦理失范。在把握全国和本地区补偿资金承受力度的前提下，设立统一但有区别的标准，实施中充分照顾资源环境富集区域的经济劣势，适当减轻生态脆弱区域农地功能恢复压力。

2. 社会补偿

第一，部分区域依托自身优势资源，在维护良好生态状况的前提下发展生态经济农业、生态观光农业等产业建设。这些生态产业的一部分收入应作为农业生态补偿资金的来源之一，通过征收环境税和其他经营性收入税费等方式将所得纳入补偿资金池进行合理补偿，并根据其生产经营对生态环境的影响状况采取阶段性、差异性征收或者奖励。这种征补方式可以促进农业新产业良性发展，培育清洁能源，减少污染产业，保护生态经济发展，提升农业从业者的利益、福祉。第二，社会团体、个人、非政府组织甚至国际组织对保护生态环境的捐赠也是农业用地土壤生态补偿资金来源之一，例如非政府环保组织通过鼓励公众参与农村环境保护获得资金予以捐赠、国际组织对跨域湿地农田进行的物资捐助等。近年来发展的生态福利彩票也可以作为社会资金来源的方式之一加以推动下沉，助力农村生态补偿事业的发展。[1]

3. 市场保障

市场补偿是实现生态保护的长效方式，也是推进农业生态经济发展的强劲助力。一般来说，仅在因盲目逐利性导致市场失灵的情况下由政府这只"看得见的手"进行干预管制才具有合理性。鉴于个人利益和公共利益的矛盾难以在行政法框架下予以彻底解决，政府补偿也应逐渐走向市场补偿路径并成为农产品市场的推动者。（1）生态补偿协议。生态补偿协议又称环境补偿合同，是基于农业生态直接受益的市场主体对保护土壤环境遭受损失的主体予以经济补偿的双方或多方经济经营性合同。这也是"受益者补偿"原则的一大体现。应充分发挥农村土地三权分置、分类管理制度，市场机制下的生态补偿应遵循"有限自治"，合同订立、履行、补偿价款、纠纷解决、土壤修复等应受到管理机构在监管权限范围内的监督。当事人合同行为下的意思自治应仅及于私人利益和权益，不得任意处分公共利益，如不得以补偿合同排除土地所有者、管理者及其他权力者的物权权利，进行独占使用或任意开发利用等。（2）生态保险。这是农民为本人承包

---

[1] 王爱敏.水源地保护区生态补偿制度研究［D］.泰安：山东农业大学，2016：161.

土地或相关部门为农业投入产业保险以及生态补偿基金以维护土壤环境。如土壤生态遭到险种所述损害，受害群众可以至少享受基准金额的补偿，并可据此申请发展贷款，由政府进行托底保障，确保不会因为保护土地土壤和生态环境而致穷困。

经济补偿行为应首先着眼于被补偿对象满足生活需求、提高生产能力、创造发展机会；对于政策优惠和以建设投入形式的补偿，应加大对生态环境的修复、绿化改造、产业升级，灵活配置使用资源，"输血""造血"并重，把因补偿所获消费支出能力转化为以保护生态资源而致富的机会，把各方补偿的外部激励转化为自身发展的内部动能，从而形成生态高位的良性农业循环发展形态。只有环境优势与经济优势转化互补、生态账户和经济账户协同上升时，才能形成最有力的农业用地生态保护机制（如表 5-1 所示）。

表 5-1　农业用地生态补偿方式

补偿类型	补偿方式	实施方法
输血补偿	物资补偿	财政支付、税收减免、补贴、发放生产生活资料
造血补偿	智力支持	生产培训、技术咨询、示范指导
	政策优惠	财政优惠、用益权发展鼓励
产业替代	产业鼓励	发展替代产业、零污染生态经济

由表 5-1 可见，农业用地土壤生态补偿责任承担上主要为补偿资金问题。补偿的资金除了原有的支付资源方式，将主要来源于专用的土壤污染防治"资金池"，即中央和地方政府资金投入、污染企业土壤修复资金、农户的投入、因农转非和农业用地征收征用的环境资金补贴、农村土地交易转让费用溢额、土壤责任保险以及土壤污染修复复垦后所得的"地票"等。[1]

---

[1]　马欢欢.守护脚下的土地：土壤修复机制探究——以成立土壤修复基金为依托［C］//中国环境资源法治高端论坛论文集.武汉：中国环境资源法学研究会，2016.

二、建设农业用地土壤污染防治的全民参与机制

根据笔者在全国范围内对土壤污染状况的走访调研，近九成的被调查者希望了解土壤污染的原因，近半数希望了解土壤污染法律法规，超过 70% 的被调查者认为我国土壤污染问题严重。土壤污染成为大众关注焦点，民众普遍感到忧虑。这说明我国农业用地土壤污染防治法治事业已经具有广泛的群众认知和参与基础。农业用地土壤环境的保护，需要发动广大群众参与进来，共同开展生态环境污染的预防和治理事业，法律制度的构建要承担起这个责任。我国《土壤污染防治法》总则把公众参与作为土壤污染防治工作的基本原则，通过规定信息公开、社会监督、司法救济等为公众参与农业用地土壤污染防治，保障公众知情权和参与权提供了制度保障。[1]农业用地土壤污染防治中的全民参与尤其要重视发动农民群众，因为农民是农业生产的主体，只有切实提高农民群体对农业用地土壤污染防治的重视程度和对防治法治的认识，使他们积极参与到农业用地土壤污染防治的法律实践中，才能增强土壤污染防治的实效，才能惠及广大农村群体，并使整个社会受益。[2]完善农业用地土壤污染防治的全民参与保障体系，需要从以下几个方面入手。

第一，推动农业用地土壤污染防治的公众参与机制建设，激发公众参与的积极性。完善土壤信息公开和沟通机制，创造良好的环境行政执法环境。落实公众有关农业用地土壤环境信息的知情权，对于超标区位、污染情况、治理措施以及日常监测信息要及时向群众公开；推进公众对于农业用地土壤污染防治的参与权，吸引群众参与到预防措施和治理规划当中，使之发挥好参谋者、辅助人和行动中坚力量的作用，群策群力，共治污染；保障公众对于农业用地土壤污染防治工

［1］ 王璇，郭红燕，宁少尉.中国土壤污染防治公众参与现状及完善对策研究［J］.环境污染与防治，2019，41（7）：864-869.
［2］ 邓小云.农业面源污染防治法律制度研究［D］.青岛：中国海洋大学，2012：122.

作的监督权，通过网络媒体、现场查看、建议质询甚至检举控告的方式，对土壤污染防治事业进行全社会监督。比如可以在农村地区以村为单位安排土壤污染监督员，负责对农业生产经营的环境监督，当出现土壤污染可能时，直接向当地政府环保部门或农业部门报告；且当土地环境受到侵害时，权利人可以通过有效的司法程序和行政手段弥补土壤生态权益损失。为此，国家应鼓励单位和个人对土壤环境质量进行社会监督，对可能造成土壤污染并涉及公众环境权益的发展规划和建设项目，应公开征求公众意见。各级人民政府应当对在农业用地土壤污染防治工作中作出突出贡献的组织和个人进行表彰和奖励。要建立国家有关部门、企事业组织、环境保护组织、公民集体和个人尤其是广大村民的土壤污染防治的资源共享和信息交流常态机制，互相监督并进行工作评估。

第二，"利益绑定"是能够激励广大民众积极参与农业用地土壤保护最为有利的激励措施。把土地土壤资源利用与民众的自身权益结合起来，把农业用地土壤污染问题与其切身利益密切关联，通过制度的设计，让其明确知悉土地环境与自身利益息息相关，通过上述法律制度设定的途径和方法，公众可以毫无障碍地参与到农业用地的环境保护中来。（1）通过惩罚性赔偿措施保护农业用地权利人的合法权益，严厉打击各类污染土地的行为（依法施工建设，通过环境评价、对可能的土壤不利影响已经做出合理补偿的除外），完全、充分地弥补权利人土壤被侵害的损失和维权的成本，并使其获得额外的赔偿；（2）公益维护奖励制度，除了对向有关土地环境保护部门检举揭发污染行为（并经过确认）的人士给予奖励外，还要对因维护土地土壤环境而提起公益诉讼的组织、公民弥补其维权成本，并给予奖励。近些年，随着国家对环境问题的重视和民众环境意识的提高，涌现了一大批"绿色人物"，反映了人民群众投身环保、治理我国环境污染的热情，应充分发挥榜样的作用，在一定范围内取消甚至全面取消对环境保护有突出贡献的公益人员的"福利总开支"和"工资支付额"限制，在农业用地土壤污染保护方面树立环境保护的典型模范，带动提高公众参与力度。

第三，塑造培育土壤污染受害者的"集团压力"。在食品安全问题成为社会公害的大背景下，在工矿冶炼企业附近生活的村民受害尤重，本来就脆弱薄弱的农业用地土壤很难得到环保根治。发动群众，应该允许和鼓励这部分群众依法组建污染受害者"维权集团"，并依法进行集体诉讼、环境公益诉讼，参与环境保护活动，学习宣传土壤污染知识和技能。这对于提高群众的环境意识，促进农业用地土壤污染的治理，甚至对遏制有些地方农村的"环境腐败"，都不失为一剂良药。应在政府、企业、环保组织和公众之间架起一座互相信任和良性沟通的桥梁，直面农业用地土壤污染，齐心协力做好污染防治工作。环保部门人力、物力有限，在农业用地土壤污染防治执法上要提高信息公开化水平，通过制度创新，充分发动人民群众，依托人民群众，让人人都是防污治污的观察员和监督员，唤醒公众参与意识，畅通与群众的沟通渠道，鼓励公众和社会监督，对打压报复群众污染举报控告的行为设立特别程序，进行严厉打击。建立举报—督察—反馈—处罚—公告的监督管理流程，实现从单一执法向社会化综合执法的转变。[1]可考虑在广大农村地区以行政村为单位，支持社员群众建立环境督察组（如设立"农田守望站"长期监测农业污染状况），监督农业用地土壤环境的污染预防与整治，并在医疗、财政上予以配合，保障参与者的健康与安全，依靠人民群众打赢一场全民土壤环境污染防治的战争。

第四，公众参与意味着在农业用地土壤污染防治事业中全社会参与主体的法治化互动。除各级行政部门外，农业用地土壤污染防治的法律主体包括可能影响农业生产生活环境的企事业组织、农业生产经营单位、农民集体组织和村民群体等。从更广泛的意义上来说，法律主体包括国家和社会中所有的法人、非法人组织以及自然人，因为所

---

［1］ 杨奕萍，李莹.铁腕治污 推进生态文明建设——全国环保厅局长论坛发言摘登［N］.中国环境报，2015-12-21（02）.

有单位和个人都与农业用地土壤污染防治的法治事业有着直接或间接的联系。这表明土壤污染防治事业需要全社会法律主体在各自权利义务关系下的互动与合作，"公地悲剧"的克服、"囚徒困境"[1]的避免以及《土壤污染防治法》这一社会法的法治化程度取决于社会主体参与合作优化的程度。公众参与的法治化互动包括三类主体的参与：（1）农村农业土地的所有者和经营者，他们是污染防治的核心主体。村集体组织和村民社员群体分别是农业土地的所有者和经营者，所有权和用益物权权利人具有农业安全生产、土壤环境保护、土壤责任追究、土壤污染求偿的法律上的最正当理由。（2）社会生产主体，即可能直接影响农业用地土壤环境的企事业单位。其负有安全达标排放、避免污染土壤及其他环境要素、因污染行为承担责任之义务。（3）市场中介组织，如环境监测机构、食品检测机构、环境污染鉴定机构、环境保险机构、环境基金机构等服务机构，它们在环境管理能力、污染防治技术、资金融通和风险承担分担上具有独特的优势，是农业用地土壤环境整治主体的有益补充，也是土壤污染防治市场化不可缺少的组成部分。[2]三类主体的互动，包括法律上鼓励和禁止行为中的合作、以各类合同设定权利义务、市场化服务经营合作以及追偿赔付的自觉自律配合等。

需要明确的是，在不改变现有农村土地制度的情况下，应当赋予农村自治组织（即村民委员会、生产大队、村民小组）在防治土壤污染工作中的主体地位。[3]土地是农民的命脉，而安全清洁生态的土壤环境才是土地的核心价值所在，也是广大村民追求土地权益的意义所在。村民委员会（简称"村委会"）是村民自治组织，不仅代表村民

---

[1]　"囚徒困境"是博弈论中的重要理论，指的是在同时面对大的强制力量面前，如果双方采取完全合作态势，将同时获利；如果一方合作，一方不合作，则合作者失利，不合作者得到额外利益；双方都为追求自身利益而不合作，则同时失利。在第一种情况下即双方采取合作策略时整体收益最大且利益均沾。在环境法上的土地改善、土壤治理中被引申为面对自然制约下各方契约化合作带来整体的相对均等的利益成果。

[2]　刘鹏，王干.我国农田土壤环境保护主体法制化研究[J].生态经济，2014，30（7）：43-47.

[3]　周骁然.论村民自治组织在集体土地污染防治中的主体地位[C]//中国环境资源法治高端论坛论文集.武汉：中国环境资源法学研究会，2016.

群众行使集体土地所有权，更应在土壤污染防治事业中发挥基层主体引领作用。村民自治组织在农业用地土壤污染治理中主要发挥以下几个方面的作用：（1）污染防治决策的参与和实施规则的制定；（2）带领所属社员群众实施土壤污染的整治或请求污染治理，防止新的污染；（3）对土壤生态环境负有长期的监督、管理义务；（4）与村民一起，以各种合法的方式寻求帮助和救济，尤其是寻求司法救济，同土壤污染行为做坚决的斗争。也就是说，村委会担负着维护良好的农村生产生活秩序，维持乡村生态环境整洁，保护土地土壤清洁安全，防止土壤生态退化并维护这一重要社会公共利益的重任。这是村委会的性质决定的。但现实情况是，在农业用地土壤环境保护中，随着法律的"失败"和政府的"失范"，村委会职责功能存在"失位"的普遍现象。为克服这一弊端，需还原村委会本来的"自治"制度建构，保持其自主地位，去除行政化倾向，加强村委会的土壤环境责任能力，[1]使其能够从组织功能、利益引导、宣传效应上及时发动社员群众参与到土壤污染防治事业中来。

从广泛意义上看，政府也是公众参与中的主体，在农业用地土壤环境保护执法管理中主要发挥指导、参与、协调、促进和监督的作用。值得重点关注的是，公众参与土壤污染治理的前提是全面地、毫无保留地公开农业用地土壤污染信息，以政府部门为主导的土壤环境调查结果，必须及时地向民众公开具体的污染场地、受污染程度以确保民众获得自身土壤环境的警示信息。应设置土壤信息公开平台并可供公众查阅，凡以涉密为由拒绝信息公开的，应受到法律的惩罚。

第三节　落实我国农业用地土壤污染责任及惩罚制度

社会全体当事人——机关团体、企事业组织和公民个人都负有土

---

[1]　焦一多.农村土壤污染治理体制中的问题——以基层群众性自治组织为研究进路［C］//中国环境资源法治高端论坛论文集.武汉：中国环境资源法学研究会，2016.

地维护及土壤环境保护职责。任何违反社会义务的行为都应受到法律的负面评价。落实土壤生态责任、完善责任追究制度，能够从根本上有效实现农业用地土壤环境保护和污染防治的法治目标。农业用地的重要性和特点客观上要求加大对土壤污染的惩罚力度，可以对明确的责任人员实行"惩罚性赔偿"原则，迎接风险社会挑战，改变民事和刑事责任的不均衡状态，构建多方、多种责任为一体的农业用地土壤污染防治与农业生态环境保护法律责任体系。[1]

一、国家机关及工作人员土壤污染信息公开与渎职惩戒

现代社会中信息已成为人们日常生活的必需要素，公共信息的公开是理性人做出"最优生存计划"的重要途径。环境信息权是人民环境基本权利之一，环境信息公开是确保公众环境知情权、环境治理参与权与监督权的必要条件。"所有预防措施首先要有公开透明的资讯。"[2]土壤环境信息是需要公开的典型的公共信息，土壤信息权具有法律与道德的双重权利属性，其结构构成、重要程度、污染的复杂性及治理的难度等，相较于其他环境要素，具有更大的法律属性和伦理诉求。在农业用地土壤环境治理上，土壤环境信息公开是土壤整治中民主原则实现的前提，是在土壤污染法治治理事业上实现公众参与的制度保障。[3]

在风险社会下，土壤污染信息公开是监督政府农业环境执法和企业土壤生态守法行为的重要环节，是维护"三农"这一"第一公益"之必需。[4]而且，公民的法治意识、安全意识、环境意识得到前所未有的提高和加强，对土壤生态也予以前所未有的关注，如果应该让

---

［1］　张懿丹.风险社会下土壤污染防治责任机制研究［C］//中国环境资源法治高端论坛论文集.武汉：中国环境资源法学研究会，2016.

［2］　秦鹏，李奇伟.污染场地风险规制与治理转型［M］.北京：法律出版社，2015（6）：171-173.

［3］　李秋艳.环境法基本制度的伦理诉求分析［J］.江西理工大学学报，2016，37（2）：36-41.

［4］　高晗.土壤污染治理中的多元共治模式研究［C］//中国环境资源法治高端论坛论文集.武汉：中国环境资源法学研究会，2016.

公众知晓的环境信息被封锁，不仅不利于风险的应对，还可能酿成新的不安定社会风险。

（一）国家土壤污染信息公开的职责

"对道德顾客来说，最具有伦理意义的事情可能就是，道德代理人站在道德顾客的视角看待问题，并将心比心地做出如何对待道德顾客的决定。"[1]公开农业用地土壤污染信息应以摸清家底为条件。"土十条"提到要开展土壤状况调查，掌握土壤环境质量情况。截至目前，我国已开展过以下相关调查：1999年至2014年，原国土资源部组织开展数个目标区域地球化学调查，完成13.86亿亩耕地情况调查统计，占全国耕地总量的68%。2005年至2013年，原国家环保总局会同原国土资源部进行了全国土壤污染状况调查，调查区域覆盖除港澳台地区之外国土陆地的全部耕地和一部分林地、草地，调查面积约为630万km^2，初步掌握了全国土壤污染的特点和格局。其中，耕地调查精度为8km×8km，林地、草地调查精度为16km×16km。2012年，原农业部开展了全国农产品产区重金属超标点位调查，调查面积超过16亿亩，基本掌握了农业用地土壤污染状况，也就是说，农业用地土壤污染的"家底"已基本摸清。但是，关系到千家万户的粮食等农产品和土壤安全的农业环境污染具体信息一直没有公开。

虽然土壤被污染早已不是新闻，但我国到底有多少土壤尤其是农业用地土壤被污染，污染程度如何，却一直未见到权威数据。《环境信息公开办法》不能满足公众对农业用地土壤污染信息的知情需求，此前有律师和其他公民向原环境保护部申请信息公开被拒，也在一定程度上加剧了人们的担忧。实践中，遭遇有关部门拒绝环境信息公开的情形主要有：混淆"主动公开"和"依申请公开"的概念、适用已经废止的法规、不区分"国家秘密"和"商业秘密"、"过程信息"

---

[1] Taylor P W, Jamieson D.Respect for nature: a theory of environmental ethics [M]. Princeton: Princeton University Press, 2011: 17.

拒绝公开、未依法发布不公开、违反法定程序、不属于部门管辖范围、法院未受理、无故拖延不理等。

农业用地土壤污染数据事关民众切身安危，不管是"不愿公开"还是"不方便公开"，都不是这些数据继续成谜的理由，乃至环保部门以"国家秘密"为由为不公开进行辩护，但是否真正涉及国家秘密是值得商榷的，这可能成为对土壤环境负有责任的部门逃避责任、搪塞公众监督的借口。[1]按照我国《保密法》的规定，国家秘密区分为绝密级、机密级和秘密级三个等级，国家机关有权把涉及国家安全和重大利益的、不宜公开的事项信息确定为国家秘密，但根据《政府信息公开条例》的规定精神，农业用地土壤污染信息是最典型的需要公开的政府信息。尤其是土壤污染防治事业需要全社会参与，污染信息被作为"秘密"对待令人不解。这与日本的做法差距甚大，日本土壤污染调查结果和整理点位信息都必须向全社会公开，以便公众及时了解土壤污染状况，监督土地所有者和污染者的土壤污染整治情况。日本充分发挥新闻媒介和社会团体的作用，鼓励公众参与到污染对策行动中，依靠社会力量对污染受害者的权益进行最大程度的保护，并监督政府和有关执法者的行政行为，[2]强制公开农业用地土壤污染信息并实行严格的违法惩处制度。2009年张小燕等人就环境信息知情权问题诉江苏省环境保护厅环境评价行政许可案件，获得胜诉，这对于农业用地土壤污染信息公开的司法实践具有重要的参考价值。

《保密法》总则里规定，法律和行政法规规定应当公开的事项，应依法公开。且《政府信息公开条例》已经明确了信息公开范畴包括土壤污染信息。可见，土壤污染场地信息公开制度仍需进一步细致化。可在制度建设时将农业用地土壤污染信息事项在《政府信息公开条例》中明确规定，并细化公开内容、程序、范围、实施方法以及不依法公开的法律责任。在农业用地土壤保护中，应禁绝政府部门以不在"主

[1]　李会.这个"秘密"挺荒唐[J].经济研究参考，2013（30）：38.
[2]　周芳，金书秦.日本土壤污染防治政策研究[J].世界农业，2014（11）：47-52.

动公开"范围为由拒绝履行其信息公开的法定义务，具体可从以下三个层面保证信息公开：

第一，建立农业用地污染场址跟踪管理系统。该管理系统须及时、定期更新污染场地信息档案，准确并动态掌握当地污染场地的区域分布、使用情况、污染面积、污染类型和污染程度等方面的统计资料，及时向公众公开污染场地信息；对污染场地土壤进行环境调查、风险评估、治理修复、完工验收、修复后环境监测等全程管理情况的文件资料及论证评审资料加以备案并实时发布，供公众及相关利益主体尤其是农民群众查阅。

第二，建立公众获知信息平台。比如欧盟国家以电子数据库的形式向公众开放信息，亚洲日本等地则是以登记册的形式对外放开信息。之前，我国并未就土壤污染信息的政府主动公开作出规定，仅规定了以申请方式获悉信息事项，这使得公众信息获得难度大，远离地区行政中心的农村更易在污染信息获知方面被边缘化。2021 年 5 月，经中央全面深化改革委员会会议审议通过，生态环境部印发《环境信息依法披露制度改革方案》，规定到 2025 年，环境信息强制性披露制度基本形成，企业依法按时、如实披露环境信息，有效运行多方协作共管机制，严格执行监督处罚措施，不断完善法治建设，提升社会公众参与度。然而，目前我国土壤环境信息库机制尚未建立起来，农业用地土壤污染数据无法为全国公众所知晓。从前述对国家信息公开方式的研究可以看出，环境主管部门掌握着最大量、最全面的环境信息，在污染信息公开中发挥着主导作用，且以信息主动公开为主要形式。在不违反《保密法》规定的情况下，公开的内容越多、越详细越好。可以借鉴美国及欧洲的做法，在公开描述土壤污染方面事无巨细，并实行互联网信息共享。这些信息包括：农业土壤污染地块、调查评估状况、拟采用修复技术、财务状况、实施进度等所有有关信息，不能笼统地以"好"或"坏"区分土壤状况和治理情况。公众可以通过浏览查询相关官方网站实现信息共享。只有这样，整个社会才能有共识，污染治理才能有希望，才能有"掌控感"并共同面对农业用地的土壤污染。

第三，建立信息受阻救济制度。有权利必有救济，信息公开制度顺利实施离不开广泛而畅通的救济手段，这是维护公众知情权的需要，也是监督和促进环保主管部门信息公开工作的需要。《土壤污染防治法》第八十条将土壤环境管控和污染修复责任人的执法及工作情况纳入信用管理系统。个别地方的土壤污染防治法规（如天津、山东）在信用信息管理中增加了公开的责任主体或违法、处罚信息。[1]法律同时赋予公众以举报、环境信访、行政复议、行政诉讼等途径寻求权利救济，但遗憾的是，就司法保障方面来看，近年来申请环境信息公开的案件中，鲜有申请方（一般为原告）获得胜诉的案例。针对没有履行土壤污染信息公开义务的政府机关，应在《土壤污染防治法》中确立追究行政不作为的具体办法。[2]有关单位在进行污染调查以及证据收集过程中，某些文件属于政府环境信息，向政府申请信息公开而遭到拒绝和推诿的，应追究未公开土壤污染信息的行政责任，如处分、行政处罚或具结悔过，可以结合《政府信息公开条例》或者将农业用地土壤的强制信息公开制度纳入其中。拒绝向公众公开农业用地土壤污染信息的，受害人可以采取向有关部门检举举报、提起行政（公益）诉讼、要求赔偿损失等行为，维护自身环境信息知情的权利。

（二）打击土壤环境渎职行为

各级政府有义务保证本辖区内的农业用地土壤符合国家和地方有关土壤环境质量、土壤物质含量以及修复整治指标规范。出现因农民生产生活行为污染土壤、历史遗留土壤污染地块、污染责任者不明等情况时，政府应负有整治修复的责任。政府对农业用地的土壤修复及

［1］　崔轩，刘瑞平，王夏晖.中国省级土壤污染防治立法实践及建议［J］.环境污染与防治，2020，42（7）：879-883.
［2］　郭倩.生态文明视阈下环境集体抗争的法律规制［J］.河北法学，2014，32（2）：124-131.

监管义务主要有：指导农民种植生产，合理使用肥料物料，清洁灌溉；及时登记、公布土壤污染情况并合理指定污染地区，对其规划利用，消除进一步污染的风险，并适时披露治理进度；中央和地方政府对污染防控予以财政支持，对土壤修复进行监督，分级分类进行土地土壤质量标准建设等。

在农业用地土壤污染整治方面，地方政府责任的落实和追究是关键之一。我国的环境问题与环境渎职违法（犯罪）关联度很高，环境执法者违法违规违纪是导致我国环境问题的原因之一，农业用地土壤环境污染尤为突出，对怠于履行土壤管理职责的主管部门及责任人员必须依法追究责任。2019 年实施的《土壤污染防治法》参考《环境保护法》对土壤污染行政责任作出了规定，以后应继续在理顺农业用地土壤行政管理体制的基础上分别规定相应的行政责任以及刑事责任，推行土壤生态问责机制和污染终身追究制度。有些地方出现过个别领导干部和地方政府阻拦自行调查土壤污染、监督生态环境治理的环保组织、律师、媒体、村民群众的情况，致使公众不愿参与、不敢参与土壤环境尤其是重金属污染调查监督，这类行为应在《土壤污染防治法》中加以规制并切实纠正。对监督部门加大违法行政处罚强度，根据违法违规违纪的严重性，分别对主管人员和直接责任人员予以记过、记大过或降职处分，及至解除主要负责人职务。尝试建立农业用地土壤污染直接责任终身追究制，监管部门的主要负责人应当负主要责任，且有详细的追责标准。[1]

中共中央办公厅、国务院办公厅于 2015 年发布的《党政领导干部生态环境责任追究办法（试行）》（以下简称《办法》）将县级以上党委与政府及部门领导人员纳入生态环境损害责任终身追究制度。[2]《办法》规定了"双向追责"制，即领导干部在环境损害中

［1］ 郭薇.环保法修订，字斟句酌含义深［N］.中国环境报，2014-04-23（05）.

［2］ 中共中央办公厅、国务院办公厅印发《党政领导干部生态环境损害责任追究办法（试行）》［N］.人民日报，2015-08-18（01）.

要承担责任，应当追究责任而没有追究的，追究其违法违规责任。终身追责原则在农业用地土壤污染防治中意义重大，对有关领导干部在治理土壤污染方面也是一个巨大的挑战。但是，因土壤污染原因众多、来源广泛，能否科学地界定土壤污染的行为主体，关系到《办法》能否真正落到实处，避免农业用地土壤污染防治事业陷入有污染无主体、有责任无行动、有追究无改进的尴尬境地。

二、社会组织的农业用地环境责任与罚则——"按日计罚"

2015 年 1 月 1 日起实施的《环境保护法》第五十九条明确规定了对违法排污生产经营者"按日连续处罚"的法律责任，标志着"按日计罚"制度正式在我国环境保护法律领域确立起来。2014 年底，原环境保护部以第 28 号令颁布了《环境保护主管部门实施按日连续处罚办法》并于 2015 年 1 月 1 日起实施；《环境保护管理部门实施限制生产、停产整治办法》《企业事业单位环境信息公开办法》等同期颁布，环境保护行政法律体系建设已见雏形。作为新环境行政治理"组合拳"的"按日计罚"手段，被学界称为"带牙齿的权力"，是行政处罚手段的"重手法"，这是当前破解农业用地土壤污染问题新的法治利器。

（一）环保利器——污染农业用地土壤"按日计罚"的内涵和法理合理性

按日计罚，在农业用地土壤污染防治制度领域即指就违反法律、污染破坏农业用地土壤生态环境的行为，以自然日为单位，按照一定的标准额度计算，对违法主体施予连续性处罚的制度措施。从我国《环境保护法》第五十九条的规定内容来看，具体就是违规排放污染物、损害农业生态环境的生产经营者受到处罚并被责令改正而拒不改正，作出处罚决定的行政机关自责令其改正之日的次日起，按照原处罚额计日连续处罚的行政行为。就该法律概念的本意来说，它包括三个方面的内容：一是处罚实施的计算期间以自然日为单位，每一日视为一个单独的违法行为，在起止的时间段内连续计算并加以惩罚；二是对违法行为的处罚，须以行为违反了法律的强制性规定为前提要件，"合法"的行为即使导致了危害环境的后果，也不能对其实施处罚；三是它具有一定的表现形式，可以是自由罚、经济罚等类型，可能包含了民事、行政、刑事责任相衔接的"一揽子责任"，在我国主要是指行政机关对违法企事业单位课以金钱形式的经济类处罚（但不意味着行政相对人不会因自身的违法行为遭受其他种类的不利后果）。

"按日计罚"与行政法的执法原则具有一致性。早在 2006 年，我国环境法理论界在讨论修改《水污染防治法》《环境保护法》时，别涛教授等就建议以"按日计罚"方式惩治环境违法行为。随后，环境法、行政法、理论法学界对"按日计罚"与行政法领域的基本原则和法律适应调和度进行了深入的探讨。

表 5-2　环境污染付费及处罚方式比对

支付原因	适用表现	法源列举	法律性质	行为认定	法律责任	法律容忍度
污染者付费	排污收费	1979 年《环境保护法（试行）》第十八条；1984 年《水污染防治法》第十五条；1989 年《环境保护法》第二十八条；2002 年《排污费征收使用管理条例》第十二条第二款	行政征收	处于合法与违法之间的真空	含糊不清	不禁止
超标者处罚	超标处罚	1996 年《江苏省太湖水污染防治条例》第二十七条、第三十七条，2007 年修订的条例第六十条；2008 年《水污染防治法》第九条、第七十四条	行政处罚	违法	行政责任	禁止

续表

处罚方式	倍率计罚	数值计罚	按日计罚
法源列举	2002 年《排污费征收使用管理条例》第十二条第二款；《固体废物污染环境防治法》；《水污染防治法》第四十八条；2008 年《水污染防治法》第七十四条、《森林法》；2008 年 5 月 29 日《吉林省松花江流域水污染防治条例》第四十八条；2008 年 9 月 19 日《浙江省水污染防治条例》第五十八条；2009 年 11 月 27 日《河南省水污染防治条例》第五十九条；2010 年 11 月 19 日《北京市水污染防治条例》第七十八条	1996 年《江苏省太湖水污染防治条例》第二十七条、第三十七条，2007 年修订的条例第六十条；《固体废物污染环境防治法》《水污染防治法》及其实施细则	2015 年 1 月 1 日"组合环保五法"：《环境保护法》第五十九条、《实行环境保护查封、扣押暂行办法》《企业事业单位环境信息公开办法》《环境保护管理部门实施限制生产、停产整治办法》《环境保护主管部门实施按日连续处罚办法》《重庆市环境保护条例》《深圳经济特区环境保护条例》《深圳经济特区环境噪声污染防治条例》
成本值	低于企业治污成本，守法成本高，违法成本低	远低于企业非法收益	以企业整改情况，相当或超过企业违法成本
优点	对小微企业有一定的惩戒作用	核定数额相对较高	执法手段最为严厉，经营者守法与违法的得失差距巨大。最大程度上促进主动守法，消弭违法行为
缺陷	应缴纳罚款额基数制定缺乏科学依据和方法；惩戒力度小、缺乏执行弹性；配套法规不成熟，效果不明显；"过罚相当"理念的误差；执法难度大；基数与倍率不确定导致处罚或轻或重	对违法经营者的震慑惩戒作用不显著，单次执行处罚方式数额计算欠科学，不能实现环境行政执法目标	"合法"与"违法"、税费与超标的界限尚未完全明确。若全以罚代之，易造成行政权的滥用，可能让正常的生产走向无序和恐惧，无执行规范则易流于形式

（二）国内外"按日计罚"的制度实践与法治实现

国际上，在环境保护尤其是惩治污染排放方面普遍推行"按日计罚"，自印度在 1923 年《锅炉法》第 23 条规定该制度以来，其在多国环境管理领域迅速发展，且相较于我国规定的适用情形，其应用范围更为广阔。目前，美国、加拿大、新加坡、菲律宾、印度等国家的"按日计罚"制度已较为成熟。我国香港特别行政区采用英美法模式，台湾地区引入法国模式，在该制度上都有较大的发展。"按日计罚"属于何种性质，主要有执行罚说、秩序罚说、行政处罚说以及混合说，归结在执行方式上分为秩序罚、执行罚和混合罚三种模式。[1] 不同的模式反映了各国（地区）环境行政执法的理念、实施目标以及环境监测技术水平能力的差异，但无论采用何种模式，"按日计罚"制度在极大程度上满足了各国惩治农业用地土壤环境违法行为、改善农业生态环境的目的。

1. 秩序罚模式

"按日计罚"的秩序罚是指以维持行政机关行使处罚权时"责罚相当、罚当其过"的正当秩序为目的，对违法排放污染物或其他污染环境的行为，进行"按日计罚"时，按照每一日具体的违法情形核定应当处罚的数额，以污染者排放污染物的浓度、对农业用地土壤生态损害的程度、获得非法利益的多少等为依据所受日处罚额有不同的课计处罚模式。由于其对违法情况的考察指标相对具体，能够较清晰地反映违法的实际状态，被认为是最为科学合理的施罚模式。目前实行秩序罚模式的有美国、加拿大等国家。

2. 执行罚模式

执行罚是指对一定期间的环境违法，在行为人实施污染排放尤其是持续性偷排行为的次数、对农业生态环境的污染破坏程度、财产健康损失以及潜在危害的大小等难以具体测算的情况下，就以往期间多次的违法作为一个整体的行为计算应处罚的数额，在实施日罚阶段，以原处罚数额或额定数值为基准按日连续加倍处罚的模式，其目的是以严厉手段敦促违法者尽快改正，恢复正常的环境秩序。印度、菲律宾、新加坡等国家多数采用执行罚模式。

---

[1] 吴宇.论按日计罚的法律性质及在我国环境法上的适用 [J].理论月刊, 2012（4）: 92–95.

3. 混合罚模式

若要关注对违法的有效惩治，同时维护行政执法秩序，根据实际情况，可使用秩序罚和执行罚双重模式结合下的混合罚模式。以法国、德国、芬兰等国家为代表。值得注意的是，当下"按日计罚"在上述国家实施的处罚种类已经不只局限于罚款，对环境违法行为的范围也不限于污染物的排放，出现实施的双重扩大化倾向。如美国环境犯罪的典型惩处范式"按日计罪"，德国、法国等就违法行为普遍适用刑罚（主要是罚金）手段，英国、新加坡等国也有对违法"按日计刑"的趋势。

表 5–3 "按日计罚"实施模式概览[1]

国家或地区	秩序罚模式	执行罚模式	混合罚模式	备注
美国	《清洁空气法》规定每天最高罚款限额为 2.5 万美元，不超过 12 个月，但环保局局长与司法部部长协商可以加重加长处罚；《清洁水法》规定每天最高可处 1 万美元罚款			"按日计罪"的典型，罚款适用于民事
德国			刑法典规定日罚金和法院核定额相结合，每日处 1 万 ~ 2 万马克罚金	"按日计罪"
英国		以单位污染物 / 行为乘以污染总件次课计罚款（如《净水法案》）		
法国			刑法典 218·73 条规定罚款基数 22500 欧元 + 日罚限高 300 欧元	"按日计罪"
加拿大	每天罚款限额 5000 加元			

[1] 陶亮，邢东. 浅议"按日计罚"制与"一事不再罚"原则的冲突：以"重庆天价罚款"事件为例 [J]. 法制与经济，2011（3）：63–64.

续表

国家或地区	秩序罚模式	执行罚模式	混合罚模式	备注
菲律宾		年递增 10% 的罚款额度		
芬兰			在《刑法》中规定日罚金以及"按日计罚"期限以纠正违法	"按日计罪"
新加坡		有害物质固定处罚额 + 每天另处 2000 新元，并处拘留		轻微违法的扩充责任
印度		1923 年《锅炉法》第 23 条开启"按日计罚"措施		
巴基斯坦		日罚金		
中国[1]		宜判断为执行罚模式		2015 年 1 月 1 日启动"按日计罚"制

  目前，我国在涉及农业用地土壤污染和生态破坏的处罚执法实践上困难重重、成效欠佳，需要在农业用地土壤环境立法与环保执法方面加大改进力度。就 2014 年以前立法关于罚款金额的规定来看，《环境影响评价法》规定对违反"三同时"的行为，可最高罚款 20 万元；《水污染防治法》规定罚款金额最高不超过 100 万元；《固体废物污染环境防治法》也规定罚额在 100 万元以下。但在实际案例中，环境行政管理部门对环境违法现象罚几千元、几万元的情况比较多，顶额处罚较少，走刑事司法的环境违法案件则是寥寥无几。为避免"守法成本贵、违法代价低"的情况，保持恰当的惩戒力度，才能彰显社会

---

[1] 需特别注意的是，我国台湾地区、香港特别行政区的"按日计罚"制度也较为成熟。台湾地区主要采取执行罚模式，所有环保立法均有连续处罚规定。香港特别行政区主要采取秩序罚模式，例如《水污染管制条例》规定违法行为持续的每天罚款 1 万 ~4 万港元，《空气污染管制条例》规定再被定罪的加倍处罚并处监禁。

经济条件与发展阶段相适应的行政处罚实质公平。

　　2007年9月1日《重庆市环境保护条例》第一百一十一条第二款率先引入了"按日计罚"制度，规定对排污行为累加处罚，并追究至企业负责人。在该法规实施两年内案件执行41起，五年中使用127次，罚款总额近1个亿，涉案公司约70家。该法规的实施效果举国瞩目。此后，深圳市颁布了《深圳经济特区环境保护条例》，宁夏回族自治区颁布了《宁夏回族自治区环境保护条例》。山东省《海洋生态损害赔偿费和损失补偿费管理暂行办法》也有类似"按日计罚"的内容（详见表5-4）。

表5-4　　"按日计罚"地方实践试点

编号	地方	规范性文件	实施范围	实施频度	社会效果	备注
1	重庆市	《重庆市环境保护条例》第一百一十八条	违规排污，拒绝改正；累加处罚，责任到人	广泛使用	社会环境收益良好	2007年开创实践
2	深圳市	《深圳经济特区环境保护条例》第六十九至七十条；《深圳经济特区环境噪声污染防治条例》第七十九条	罚款基数1万元，包括非法排污、违反环境评价制度和"三同时"制度	重点使用	尚好	实施行为种类最广
3	宁夏回族自治区	《宁夏回族自治区环境保护条例》	违法排污	较少使用	一般	
4	石家庄市	《石家庄市岗南、黄壁庄水库水源污染防治条例》	违法排污	较少使用	一般	
5	山东省	《海洋生态损害赔偿费和损失补偿费管理暂行办法》	海洋环境损害救济	较少使用	一般	
6	北京市	《北京市大气污染防治条例》	对个别严重违法行为的制裁	重点使用	显著	

（三）"按日计罚"的实施

1. 处罚的行为种类与对象

在"按日计罚"制度正式建立之前，部委规章、地方性法规、地方政府规章有关"按日计罚"的行为种类以及处罚种类的规定与全国性法律、原环境保护部规章的规定不尽一致。《行政处罚法》第十至十三条、《环境保护法》第五十九条、《环境保护主管部门实施按日连续处罚办法》第五至六条明确了环境违法行为的种类及实施范围。为正确适用法律，应对"按日计罚"实施的范围和法律精神作进一步诠释。根据法律规定，实施情形应确定。故应对《环境保护主管部门实施按日连续处罚办法》中"按日计罚"的适用范围第五条做扩大型理解，即一是未被课以罚款处罚，但被责令改正而拒不改正时，在核定一定数额的罚款基数后"按日计罚"；二是受到罚款处罚但未被责令改正（因行为的性质、影响及执法程序本身等可能存在这种情况），之后发现被处罚行为未改正的，实施"按日计罚"；[1] 三是结合实践中污染行为的性质影响，更多地将"可以实施"做出法律倡导性，做出该罚种的倾向性理解。《环境保护法》第六十七条第二款规定，在依法应课以行政处罚，但有关环境保护行政部门不给予处罚的，上级环境主管部门可以直接作出处罚决定。再根据法律保护农业生态环境的强烈意旨考察，法律的倡导性指向可以显见，那就是应尽可能通过"按日计罚"手法惩处环境违法。处罚手段不仅限于法律规定的情形。除适用于不顾环保部门的整改要求而科罚，还应可适用于环境调解、环境司法等领域，大大扩展适用"按日计罚"的领域。计算天数、核罚金额应灵活科学掌握，因时、因地制宜。限期改正而拒不改正，影响恶劣的，除了企业，对个人也可以实施处罚。违法的主观过错，包括故意和过失。不仅是静态的固定地点源的排污，动态的（如海河上的污染）对农业用地造成不良影响的也应适用。之前发生的众多大面积污染土地事故，如果采用"按日计罚"解决问题，结果将比当初

---

[1] 邹春霞.环保部：8 种环境违法行为 30 天内按日计罚［OL］.人民网，2014-10-21.

的措施更有成效。

2. 罚款额的确定及计罚期限

在罚款额的确定上，由于我们采用执行罚的模式，对一刻不停的数日排污和一日多次的间断排污，核定为一个总的行为，课以一总数罚款额。罚款数额在时间和程度迥异下通过排污调查、指标检测、经营者信息公开与汇报等精确计算。首次处罚没有罚款仅指令限期整改的，如果复查时没有改正，则适用该种处罚。由于对单次违法行为尚存在罚款数额限制，"按日计罚"原处罚数额根据具体情形不宜突破诸如1万、10万、100万等的限制，但最后的实收罚款不封顶。因为按日连续的处罚性质相当于违反行政指令义务的滞纳金，不受原罚金额的限制。为避免执法实践中，在开展"按日计罚"之前存在罚款和未罚款两种不同情况带来适用上的不公平，不管限改前有无罚款，应有适用该制度的最低数额——底限罚款额度，并科学确定罚款基数：罚款底数应超过任何一日最大（最大预测）收益量，如以营业额、利润额、全部成本发生额为参考，是否封顶也应根据不同情形区别对待，避免随意性和罚款适用的僵化。[1]对于"按日计罚"的期限，根据违法的起止日期，初次罚款做出后至改正前的违法排放也是一个当罚行为。处罚附有恢复环境义务的，则在违法行为终止后至环境状况恢复前也可视作独立的计算周期。设每排放1个小时得利为1个单位，排放2天后被处罚，罚款为2个单位，限10日内改正，否则"按日计罚"。单位为多获利，每天排5个小时得利5个单位，到第10天共排了50个小时，得利50单位。对这种"拒不改正"的行为，次日起（第11天开始）就不能每天按2个单位的罚款额计算，而是把责令限期改正前的10天也作为计算周期，累加计算从而核定52（2+50）个单位的计罚基数，即法律规定的"原处罚数额"。所以必须设定两个期限，一是限期改正的期限，越短越好（法律规定为30日，限于环保法列举的情形，不涉及其他处罚范畴）；二是期满未改，第二次考核即复查的期限，如仍未改正，则按照法律最大的权限幅度做出处罚，

---

[1]　陈德敏，鄢德奎. 按日计罚的法律性质与规范建构[J]. 中州学刊，2015（6）：41-45.

采取限产整顿、停业关闭的严厉措施。同时"揭开公司面纱"，追究单位直接责任人员、管理人、负责人及其他所有人的责任包括刑事责任，甚至"按日计罪"。不管是否在期限内改正，只要不是处罚当时即刻停止排放，则在处罚做出时起至第二次发现违法时，另外做出该期间的新处罚额累算进原处罚额中。

3. 复查、处罚与执行

《环境保护主管部门实施按日连续处罚办法》第十条规定，在环境保护主管部门送达责令改正决定书三十日内，以暗查方式组织对排污者违法排放行为的改正情况实施复查。对此规定应做合理解释：复查可以是到经营者单位"突访"的形式，也可以是到经营者周遭检验检测、了解情况，而不是事先告知企业让其准备的"明查"。还应全面考虑，保证参与暗查、复查工作的环境行政执法人员的安全。处罚不能"漫天要价"，需要科学核定造成农业用地土壤的污染程度、损失额度以及危害大小，以获得非法利益的数额等关系到科学设定罚额的各项指标作为基数参值，合理考虑是否与排污税费相冲突，明确界定"整改"的条件和应达到的状态（详见表5-5）。

表5-5　计罚额、计罚期限变化

违法检查	责令改正	暗查复查	再次限改	二次复查	违法期日数	罚额累次	"按日计罚"基数额
处罚决定A	取得报告3个工作日内B	送达限改决定书30日内C	—	—	3	3	A（+B+C）
处罚决定A	当场下达责令改正决定书	送达限改决定书30日内B	取得报告3个工作日内C	送达二次限改决定书30日内D	4	4	A（+B+C+D）
参考指标	防止污染设施运行成本、违法行为所致直接损失、违法所得、其他可参照因素						
计罚方式	按照原处罚数额（基数额）按日连续处罚						

　　环境不法"按日计罚"、减排不当查封扣押、超标准总量限产停产，这些措施之间衔接一致，是环境保护行政部门联合齐抓共管的"组合拳"。[1]"按日计罚"仅作为环保执法利器，是环境保护的一种手段，是环境法制走向法治的环保"重手法"，对于非常突出的企业单位生产经营中出现的排污污染农业用地土壤环境的违法现象，可以将使用"按日计罚"与其他经济、行政制裁手段综合运用。我们实施的执行罚性质的计罚模式，目的是引导和督促排污者及时彻底改变违法行为，保持生态安全的农业生产生活环境，不是为"罚"而罚，而是坚持教育与处罚相结合、以教促改为主的原则。同样，对任何环境违法违规的处罚，都是在本着这个目的的前提下进行的，建立和采用"按日计罚"制度，反映了一直以来我国遏制肆无忌惮的有毒有害物排放、制止日益严重的环境生态破坏的良苦用心。无论是把"按日计罚"看成纯粹是治理当下严重的环境污染的执法工具，还是把它当成一个新的独立的环境保护制度，都不能还原其在行政执法领域中本来的面目。[2]该环保措施的推行不能在政府职能的管理中"唱独角戏"，亦不可能独行太远，它有自身的运行不周延性。有些国家意识到这一点，结合该制度的实施，配以其他行政处罚方式，如"按日计罪"、公益诉讼、公众参与与强制经营者自我监测等，多手段地扎实推进违法制止和污染消解。我国环境保护主管部门在执行"按日计罚"之前，对违法排放的经营者处罚、责令限期改正、复查等，责令环境信息公开、实施查封扣押、实行限制生产与停产整治等就是多种手法的综合运用。根据该措施的实施状况和现实效果，未来会更加全面地考虑多种影响因素，将众多的有效功能融合起来，打出环境整治的"完美组合拳"。

　　[1]　"司法执法双联"：强化衔接联动，打出生态环境保护齐抓共管"组合拳"[N].法制日报，2015-01-29（12）.
　　[2]　吴凯.我国环境行政罚体系的重心迁移与价值调适——以《环境保护法》修订案第五十九条"按日计罚"制度为中心[J].南京工业大学学报（社会科学版），2014，13（4）：41-50.

法律的生命在于其被严格遵守和实施，新制度给农业用地生态环境保护事业带来了新风。制度的落实，将使违法者得不偿失，使违法行为无所遁形。明确执法条件，完善处罚程序，综合运用多种手段，科学合理核定计罚，大刀阔斧向前推进，我们期待该制度设立的组合举措能够顺畅、完整地实行，为我们土地资源节约型、土壤环境友好型的农业生态文明法治社会建设增添新的推动力。

三、自然人的清洁生产作业义务与违法惩治

我国《农业法》基于粮食安全问题，规定了"基本农田保护"的内容，但没有规定农业生产者对土壤环境的保护及污染土壤的法律责任。该法以专章"农业资源与农业环境保护"设置了农业生产经营组织（者）合理使用化肥，尽可能使用有机肥料，提升地力，防止土壤的污染、破坏和地力衰退的义务，但对土壤环境的维护义务和法律责任是表述得非常不清晰的。土壤污染主体很多、致因难辨，预防土壤污染损害风险，必须从风险的第一控制（即生产型预防控制）入手，农业组织、农民群体应担负起预防、控制和治理土壤污染的第一责任。农业从业人员保护土壤环境的主要义务是：养成土壤污染防治的观念，自觉维护土壤生态，避免土壤污染；使用清洁水源灌溉，停止具有毒性、高残留农药的施用，使用可降解可回收地膜；[1] 清洁养殖、安全生产，减少生活生产废物，妥善定点处理污染物，并控制其接近农业用地；对废渣运进堆放、非法违规排放等污染侵权行为有效监督并请求防止，依法追责；要求农业部门、水利部门、环保部门、国土部门等对土壤、水质状况及生产提肥、防虫等商品物料进行检测；[2] 采取安全清洁的生产方法，采取循环生态的生产技术，主动自觉地保

---

[1] 潘阿鸿.护好源头方有活水来——论我国土壤污染防治法律制度之污染预防 [C] // 中国环境资源法治高端论坛论文集.武汉：中国环境资源法学研究会，2016.

[2] 王建平.土壤污染致灾性控制的逻辑理路 [J].四川大学学报（哲学社会科学版），2013（6）：126-139.

护农业生产生活环境；自觉接受或要求提供土壤环境保护的教育培训等。农业生产资料和药肥物料的提供者、城市"三废"污染排放者、社会公众应分别在农业资料提供、污染物排放、良性生活习惯养成以及农业用地土壤保护参与方面做出各自的努力并发挥合作优势。农业生产养殖业者应"以种定样""以养促种"，实施种养分离，通过畜禽粪便无害化处理和科学合理还田利用等手段，实现废弃物高效循环利用，降低环境污染风险，达到农村养殖废物减排和种养平衡目标。[1]

公民个人尤其是农业从业者，占有农业土地这一重要的生产资料并使用获益。他们是土壤污染的最直接、首要的受害者，当然也应尽到保护土壤环境的首要义务。农业用地土壤污染的部分情由是农业生产经营者（农民、农业组织、农业经营受转让主体）使用污水灌地，药品、化肥等化学制剂的过度过频施洒，难以降解农膜的大面积使用等农业生产管理不当活动，故对于农村土壤从点源到面源的污染，农业生产者和经营单位是土壤污染法律责任的重要承担主体。[2]农业生产经营者土壤污染的责任主要是民事责任、行政责任和刑事责任。

1.民事责任

民事法律责任是公民因违反民事法律、违反约定或法律规定的其他情形而依法应承担的不利后果。[3]与以往的民事法律责任理论相比较，土壤污染民事法律责任作为环境民事责任之一种，在构成要件方面有其独特之处。从行为上看，环保法律未将"行为的违法性"作为承担民事责任的必要条件，只要造成了一定的土壤污染，就可能承担相应的民事责任。从结果上看，土壤污染不能以传统的直接损害后果作为定责的标准，土壤污染的隐蔽性、滞后性决定了损害结果可能在很长的时期内都不会显现，若出现结果才追责则明显不利于公平正

---

[1]　常维娜，周慧平，高燕.种养平衡——农业污染减排模式探讨［J］.农业环境科学学报，2013，32（11）：2118-2124.

[2]　有资料显示，在某些地区（如陕西渭南市）农民种植蔬菜时，随意使用剧毒农药氧乐果而无任何监管，使用过的农药瓶随手丢在田间地头。农民种植供自己食用的粮食果蔬则不施用农药。

[3]　张文显.法理学［M］.2版.北京：高等教育出版社，2003：148.

义和土壤污染的防治。在因果关系的认定上，又不要突破传统的民事因果关系理论，构建起符合环境损害侵权因果关系认定新的方法。[1]

2. 行政责任

实施方式有：声誉罚，比如警告；财物罚，主要方式是罚款；行为罚（行政限制），主要包括责令停止生产经营、合格安装使用、限期改正污染行为等。对于恶意污染土地的，不仅要承担因政府采取修复措施后的追偿与惩罚，亦可能被课以责令惩罚性赔偿的不利后果。

3. 刑事处罚

土壤污染刑事责任是环境刑事法律责任的一个构成成分。除了徒刑和罚金刑，还可能承担拘役、宣告缓刑、禁止令等附加刑罚，[2]以及以后可能引入"服务令"制度的社会服务刑罚。鉴于土壤污染的特点和治理难度之大，以刑法手段对农业用地土壤进行特别保护具有重要意义，强化、细化对污染行为的刑法规制势在必行。随着社会服务司法机制在环境犯罪中的应用以及土壤污染刑事责任的发展，短期刑罚和非实质刑罚过渡为以农业用地土壤生态修复为主要内容的社会服务执行模式不失为"三方矫正机制"（罪犯认罪从宽、农业污染治理、社会生态文明促进）的良好运行方案。

第四节　健全农业用地土壤生态环境损害赔偿责任机制

生态损害赔偿着眼于保护生态安全，推进国家生态文明建设的目标，预防环境风险和生态损害，修复受到损害破坏的生态环境，维护良好的自然及人居状态。目前我国尚没有关于生态损害赔偿的专项法律，更毋庸说关于农业用地土壤生态损害赔偿的专项法律。尽管如此，我国已具备了相应的国家政策、法律基础以及司法规范。制度实施的

---

[1]　常纪文.环境法律责任原理研究［M］.长沙：湖南人民出版社，2001：217.

[2]　郑菲菲，贾爱玲.土壤污染防治责任机制研究——以土壤污染纠纷案件为切入点［C］//中国环境资源法治高端论坛论文集.武汉：中国环境资源法学研究会，2016.

实际情况表明，我们在生态损害赔偿方面的立法仍存在着一些缺陷，主要表现在对生态损害赔偿行政磋商程序规则不明、现有环境公益诉讼制度难以保障生态损害赔偿的充分实现、生态环境利益在刑事法律中没有得到体现等，大部分立法文件没有明确生态损害或生态破坏的概念，导致立法、实务及学理对概念界定的不统一以及生态环境损害责任不够明确具体。建立健全生态损害赔偿责任制度包括农业用地土壤生态损害赔偿责任机制，应明确相关责任的索赔主体、责任人员、构成要素、赔偿范围和评估程序等重大事项。第一，生态损害赔偿责任的成立应满足三个条件：违法性、因果关系性以及可归责性。第二，索赔主体应分为私人主体和公众机构主体。第三，赔偿的范围应进行多类别区分。第四，建立生态损害的评估规则，对可恢复的生态之损害应结合历史数据分析赔偿的评价指标，对不可恢复的损害应以重典治理；赔偿应结合损害的沉没成本及环境效益的减损等，综合有形和无形损失全面评估。第五，将磋商程序设置为生态损害民事责任诉讼的自愿选择程序而不是前置程序，鼓励双方就责任方式达成一致意见以节省司法成本。因生态环境损害赔偿责任也包含了农业用地土壤生态损害赔偿责任，在责任概念内涵、主体范围、程序规则等方面具有包容关系，故可以健全生态环境损害赔偿责任的视角涵盖性讨论农业用地土壤生态损害赔偿责任。

一、生态损害赔偿责任的内涵及构成要件

生态环境损害赔偿责任作为民事责任最为常见的一种责任形式，以损害赔偿的形式弥补受害人物质及精神损失，发挥修复社会正常秩序的重要功能。党的十八届三中全会提出"对造成生态损害的责任者实行严格的损害赔偿制度"，国务院办公厅印发了生态环境损害赔偿制度试点方案，最高法院对环境损害赔偿出台专门的司法解释以及环境民事公益诉讼的司法解释等文本为生态损害赔偿责任问题提供了立

法归依。然而，规范性法律文件零散规定了与生态损害相关的法律制度，侧重对传统的民事权利进行保护，在一定的程度上发挥了间接保护生态环境的目的。相关立法和司法解释弥补了我国传统环境侵权法对损害生态环境本身的侵害行为的救济不足，对生态环境本身损害的预防和救济具有积极作用，改变了我国前期对环境公共利益缺乏追责的不利局面。但大部分立法文件没有明确生态损害或生态破坏的概念，导致立法、实务及学理概念界定的不一致，以至多年以来，生态环境污染破坏问题出现"公益受损、群众受害、行为无责、政府买单"的困境。[1]环境本身不被作为一个独立的利益主体受到重视，生态环境的损害无法得到应有的价值赔偿甚至补偿。于是，在法律规制方面，生态环境所体现和隐含的环境利益以及环境精神权益没有得到应有的明确和重视，法律规范总是不自觉地在人身利益、财产利益和秩序利益之间游走不定，而难以体现出生态上的法的利益。[2]生态损害赔偿责任机制的完善将为生态利益的量化标准与价值生成提供强大的助推力。

对于生态环境损害，2015年《突发环境事件应急管理办法》将其界定为由于污染物排放或者自然灾害、生产安全事故等因素，导致环境损害及人身、财产损害的突发事件或者造成重大社会影响，需要采取紧急措施予以应对的事件。环境损害赔偿责任是指行为人因污染破坏生态环境而须依法承担的赔偿他人人身、财产和环境权益损失的不利后果。[3]生态损害赔偿责任是指行为人因污染破坏行为导致生态环境及功能弱化或有害化，加害人依法应负责修复或承担替代修复费用并进行损害赔偿的民事上的责任。环境致害的民事救济方式主要表现为损害赔偿，赔偿范围不仅包含人身健康以及财产损失，而且包括诸如生活乐趣的剥夺等精神上的损害。生态环境损害具有"侵害"和

［1］　环保部相关负责人解读《生态环境损害赔偿制度改革方案》［EB/OL］.中国日报网，2017-12-18.

［2］　李文杰.以"生态法益"为中心的环境犯罪立法完善研究［D］.长春：吉林大学，2015：1.

［3］　曹明德.环境侵权法［M］.北京：法律出版社，2000：216.

"法益"的二元综合特征，是一种法益上的不利益结果和风险。[1]《法国民法典》第 1384 条规定："任何人不仅对因自己的行为造成的损害负赔偿责任，而且对应由其负责之人的行为或由其照管之物造成的损害负赔偿责任。"[2] 这是环境侵权中无过失责任原则在欧洲的先例。法国还以特别法的形式对特殊领域活动带来的生态环境损害规范赔偿事项，如《核损害赔偿法》《航空法》等在责任制度、保险基金等方面予以规范，以保障赔偿效果，防范责任者在清偿能力上的欠缺。欧盟成员国主要从私法的层面对污染环境造成的人身及财产损害做出规定，主要涉及侵权行为法和物权法中的相邻关系。欧盟的环境责任最初是通过建立统一的环境责任制度囊括传统的对人身、财产损害的环境侵权行为和对环境本身的损害的救济，但在历经各种障碍之后，欧盟目前基本放弃了在这一领域通过有法律拘束力的条例、指令来规制，而是通过签订国际公约或区际协定的方法，给予成员国更大的选择自主权。[3] 对环境本身的损害责任概念和责任制度从传统的侵权损害中独立出来，便形成后来的仅就损害环境本身建立起的一种以恢复环境功能为主要调节手段的行政责任制度。

就传统的环境侵权而言，加害人承担侵权损害赔偿的原因行为分为两种，行为人应为污染行为和生态破坏行为导致的环境侵权负赔偿责任。我国环境侵权制度在归责原则上采用的是无过错责任原则，即只要行为人对他人的人身、财产或精神造成损伤，损害结果与侵害行为具有因果关系，而不论加害人主观是否具有过错（故意或过失），都须承担损害赔偿责任。损害赔偿首先是针对损害游移（Loss Shifting）而言的，即将被害人所受的损害转由加害人负担，承担赔偿

[1]　吕忠梅."生态环境损害赔偿"的法律辨析 [J].法学论坛，2017，32（3）：5-13.
[2]　法兰西共和国.法国民法典 [M].罗结珍，译.北京：中国法制出版社，2002：330.
[3]　目前通过的重要公约有欧洲理事会制定的《洛迦诺公约》、联合国欧洲经济委员会制定的《关于有害废物的跨境运输和处理造成损害的赔偿和责任的巴塞尔协定》等，但是这些国际公约都没有生效。因油污损害引起的环境问题主要由国际海事组织公约规制，包括 1992 年 11 月 27 日通过的《国际油污损害民事责任公约》和《油污损害赔偿基金公约》，以及 2000 年通过的《油污损害民事责任公约议定书》。而在环境刑事责任方面，2008 年 11 月 9 日，欧盟理事会和欧洲议会通过了《通过刑法保护环境的 2008/99/EC 号指令》。目前在环境法律责任领域，欧盟拥有环境责任和刑事责任两套并行的制度。

责任，这是传统侵权责任法上加害人与受害人之间关系的规范，以加害人行为的故意或过失为归责准则，着眼于落实个人责任。环境侵权损害赔偿责任以保护个人权利为重心，主要从救济受害人的角度树立法的规范。与以往环境损害责任所不同的是，生态损害赔偿责任是以维护公民或公众的环境权益为核心，侧重从加害者责任角度构建损害赔偿责任体系、追究其损害赔偿制度上的义务，以告诫行为人损害生态环境会给自身带来不利后果，表现为承担生态损害赔偿的责任、填补受损的生态环境功能价值。这类惩罚通常是以赔偿为主，但后续多数由专业机构恢复受损的生态环境功能，最终以恢复为目的，从而达到维护公众环境权益的目的。

根据上述分析，依据致害者担责的环境法基本原则，生态损害赔偿责任的成立也可采取与环境侵权法一致的三要件说，即在满足以下条件下即视为构成生态损害侵害责任：（1）生态损害危害行为具有"违法性"，对生态环境造成严重损害或重大不利变化。侵害行为人的污染或破坏生态环境的行为导致了生态环境功能或服务功能的较大不良改变、退化或损失，进而对公众环境权益造成不利影响，导致一定区域内公众享有的生态环境服务功能下降、环境质量严重降低或对健康权益损害等事实，即有法定范畴生态利益的损害事实，且达到承担生态损害赔偿责任的客观标准或情形。（2）生态侵害行为与实际损害存在因果关系，表现为生态侵害行为之原因，带来生态环境功能降低及公民环境权益受损之结果。（3）无论生态侵害行为人的主观过错与否，只要造成法律既定的生态损害事实或对生态环境造成潜在的重大危险，且达到法定追责损害行为的效果外观，便须承担生态损害的赔偿责任。

二、生态环境损害赔偿责任现状及问题

我国目前尚未出台有关生态环境损害制度的专门的规范性文件，

对生态环境损害的概念界定及保护主要集中在相关的环境立法、司法及学术探讨中，对生态环境本身的损害的概念界定及救济按照立法的目的可分为间接性保护和直接性保护。传统的环境立法、司法主要侧重对个人的人身、财产权利和环境权益的保护，在保护个人权利的同时，达到间接保护生态环境的目的。起到间接性保护作用的立法主要体现在以下法律中，例如原《侵权责任法》第六十五条、六十六条、六十七条、六十八条对环境污染责任的成立、举证责任及第三人侵权的责任规定；现行《环境保护法》第六条、第三十二条、第四十二条、第六十四条、第六十五条、第六十八条对因环境污染和生态破坏造成的环境侵权责任进行了规定；第五十八条对环境民事公益诉讼提起的条件和主体，为生态环境损害的救济提供了可参考的诉讼路径；《民法典》专章规定了污染环境、破坏生态致损应依法承担民事责任；我国《宪法》第九条、第二十六条规定了自然资源全民所有制度及国家具有保护环境和环境管理的职责；《刑法》第三百四十二条、第三百四十五条等条款规定了破坏环境资源保护罪。上述法律虽然都没有在具体条文中明确生态损害概念及救济路径，但这些相关规定，间接地预防和救济了生态环境本身的损害，同时，也为生态损害的预防和救济提供了参考（详见表5-6）。

表5-6　涉土重点规范性文件摘要

序号	法律渊源	责任部门	实施/修订	主要内容	备注/评价
1	《宪法》第九、二十六条	全国人民代表大会	2018年3月	资源所有制及国家保护环境职责	间接预防和救济生态环境本身的损害，同时为生态损害的预防救济提供了参考
2	《民法典》总则、侵权责任编		2021年	环境污染民事责任、举证责任等	
3	《刑法》第三百四十二条、三百四十五条等		2021年3月	破坏环境资源保护罪	

续表

序号	法律渊源	责任部门	实施/修订	主要内容	备注/评价
4	《环境保护法》		2015 年	环境侵权责任、环境民事公益诉讼	为环境损害救济提供了诉讼路径
5	《土壤污染防治法》		2019 年1 月	对农业用地分类管理、分别管控，土壤污染治理责任	加大对土壤污染违法行为的处罚力度，提高违法成本，严惩重罚，形成威慑
6	《森林法》		2020 年7 月	分别对环境污染侵权、生态破坏及生态损害进行相关的概念界定和追责规制	
7	《矿产资源法》	全国人民代表大会常务委员会	2009 年8 月	分别对环境污染侵权、生态破坏及生态损害进行相关的概念界定和追责规制	零散地规定了与生态损害相关的法律制度，侧重对传统的民事权利进行保护，一定程度上发挥了间接保护生态环境的目的，弥补了我国传统环境侵权法对损害生态环境本身的侵害行为救济之不足，对生态环境损害的预防和救济具有积极作用，改变了我国长期对环境公共利益缺乏追责的不利局面；但大部分立法文件没有明确生态损害或生态破坏的概念，导致立法、实务及学理对概念界定的不统一
8	《土地管理法》		2020 年1 月		
9	《野生动物保护法》		2018 年10 月		
10	《水土保持法》		2010 年12 月		
11	《渔业法》		2013 年12 月		
12	《固体废物污染环境防治法》		2020 年9 月		
13	《农业法》		2013 年1 月		
14	《生态环境损害赔偿制度改革试点方案》	中共中央办公厅、国务院办公厅	2015 年12 月	重点区域和突发环境污染事件的环境损害赔偿责任	
15	《国家突发环境事件应急预案》	国务院办公厅	2014 年	对突发事件依不同程度分级管理	

续表

序号	法律渊源	责任部门	实施／修订	主要内容	备注／评价
16	《突发环境事件应急管理办法》	原环境保护部	2015 年	对突发环境事件启动应急方案加以应对	
17	《农用地土壤污染责任人认定暂行办法》	生态环境部、农业农村部、自然资源部、林草局	2021 年 5 月	土壤污染责任人负有实施土壤污染风险管控和修复的义务；对农用地土壤污染责任进行启动与调查、审查与认定等以确定污染责任人	土壤污染责任人不明确或者存在争议的空间较大，可能存在难以认定责任人的情况
18	《关于审理环境侵权责任纠纷案件适用法律若干问题的解释》	最高人民法院	2015 年 6 月	因环境污染造成的对个人人身、财产损害的民事责任	缺乏生态环境损害民事责任规定，未明确生态破坏致损责任归责
19	《关于审理环境民事公益诉讼案件适用法律若干问题的解释》		2015 年 1 月	赋予合格社会组织就污染破坏生态行为提起民事公益诉讼	对环境侵权案件的审判具有指导作用

　　尽管对于生态环境损害赔偿责任的规定宽泛多样，然而在相关责任制度中，规范性法律文件只是零散触及了涉及生态损害责任，立法的责任规定对损害生态环境本身的侵害行为的责任规范出现不足，大部分法律文件因为没有明确生态损害或生态破坏的内涵，导致立法及实务乃至学界对生态损害赔偿责任认定的紊乱状态。兹择几处以例举：

第一，对生态损害赔偿行政磋商程序规则不明。基于《宪法》《环境保护法》等法律规定，行政磋商程序被作为生态损害赔偿制度的前置程序固定下来，行政机关主导损害赔偿成为该制度的有限选项。然而，法律理论上对于环境行政磋商的性质、磋商的启动条件、运行规则、保障机制以及救济措施并没有在法律规则中进行细化，存在一定的模糊空间。[1]

第二，环境公益诉讼制度难以保障生态损害赔偿的充分实现。《民事诉讼法》《环境保护法》及相关规定初步解决了起诉资格、受案范围、参与主体等问题，但因实行时日尚短，立法技术水平仍显粗糙，对环境公共利益的界定、公益诉讼的程序规则、执行与监督等难称人意。[2]这些涉及生态环境损害赔偿司法案件的重要问题没有解决，则农业用地土壤污染损害赔偿制度就难以在其中发挥应有的作用。

第三，部分规定不合理增加了承担生态损害赔偿责任的要件。例如最高人民法院制定《关于审理生态环境损害赔偿案件的若干规定（试行）》以及《生态环境损害赔偿制度改革方案》不当增加"违反法律法规规定"作为承担责任的要件之一，与相关法律如《民法典》第一千二百二十九条、《水污染防治法》第九十六条等的规定似为相悖。[3]这在一定程度上被认为是对生态环境损害恢复和救济的不当克减；[4]或者至少，应从公平、自由和效率的角度，对生态损害责

［1］ 李一丁.生态环境损害赔偿行政磋商：性质考辩、意蕴功能解读与规则改进［J］.河北法学，2020，38（7）：82-95.

［2］ 孙洪坤.环境公益诉讼立法研究［D］.威海：山东大学，2015:12.

［3］ 李爱年，彭本利.生态环境损害赔偿诉讼规则的审视与重构——以《关于审理生态环境损害赔偿案件的若干规定（试行）》为视角［J］.广西大学学报（哲学社会科学版），2019，41（6）：138-142.

［4］ 如《关于审理生态环境损害赔偿案件的若干规定（试行）》第十一条规定："被告违反法律法规污染环境、破坏生态的，人民法院应当根据原告的诉讼请求以及具体案情，合理判决被告承担修复生态环境、赔偿损失、停止侵害、排除妨碍、消除危险、赔礼道歉等民事责任。"以违法性作为责任要件与相关法律规定以及生态环境损害赔偿责任制度要旨甚为不符，尤其对于农业用地土壤污染这种隐性、复杂的污染形态，违法性要件显然不利于对土壤生态的保护。

任的构成要件之违法性重新进行利益衡量和价值取舍。[1]

三、规范主张生态损害赔偿责任的主体

生态环境损害求偿主体应能够代表生态公共法益，实现从"矫正正义"到"分配正义"的转换。[2]生态损害赔偿的主体包括损害赔偿的责任主体与索赔主体（也称主张主体），明确责任主体和索赔主体是侵权损害赔偿制度的重要环节，有利于明确各主体之间的权利和义务分配，进而及时弥补损害，修复受损的环境生态。

美国《超级基金法》（1980年）赋予环境机构无期限追究环境损害责任的"绝对权威"并可督促潜在责任人进行污染场地恢复整理。[3]两种类型的赔偿程序分别为环保署亲自实施清理行动而提起的反应费用恢复和私人主体自愿或根据环保署的命令或法院的强制令实施清理行动后，向其他责任主体提起的反应费用恢复。该法将"向环境排漏除石油以外危险物质的行为主体"称为责任方或潜在责任方，[4]并要求责任方承担应对措施的费用和自然资源损害的赔偿金。[5]以上两种费用，诉讼主张会有差异，行政机构或私人部门采取反应行动的费用都可向潜在责任人追偿，但自然资源损害赔偿金由

［1］　冯汝.论生态环境损害赔偿责任违法性要件的确立［J］.南京工业大学学报（社会科学版），2018，17（5）：22-30.

［2］　晋海.生态环境损害赔偿归责宜采过错责任原则［J］.湖南科技大学学报（社会科学版），2017，20（5）：89-96.

［3］　沈慧.看美国《超级基金法》经验：历史遗留污染场地如何治理［EB/OL］.人民网，2015-03-24.

［4］　1986年《超级基金修正案与再授权法》第107条进一步将潜在责任方分四类：
　　　（1）船舶或设施的所有者或营运者；
　　　（2）在处置危险物质时拥有或营运处置设施者；
　　　（3）通过合同、协议或其他方式借助第三人拥有或营运的设施处置危险物质，或为处置本人或其他主体拥有的危险物质安排运输者；
　　　（4）危险物质为发生泄漏或存在泄漏危险的处置设施接受后，负责运输危险物质者。参见42 U.S.C.§9607（a）（1）—（4）。

［5］　《超级基金法》第107条规定的费用主要有反应费用和自然资源损害赔偿金，其中，反应费用诉讼又包括反应费用追偿诉讼与反应费用分摊诉讼两种类型。

政府进行追偿，原则上不能由私人主体或市政当局进行追偿，[1]但对于私人主体与市政当局是否被法律赋予索赔权是存在争议的。由于自然资源属于公共利益，而非侵权法所调整的私人利益，基于普通法下的公共信托理论和制定法下的托管权理论，该法第 107 条第 6 项"自然资源责任"规定总统或州授权的代表应作为自然资源的信托人，代表公众利益进行自然资源损害赔偿金的求偿落实。具体包括：美国联邦政府；自然资源所在的州或从属、附属的州，受管理、控制的州；自然资源受管理、控制的印第安部族，享有托管利益的部落，受到转托管限制的自然资源被其成员拥有的部落。[2]现有的联邦托管机构有内政部、资源部、环境部以及其他有关环境自然资源管理的机构。"由于一个损害行为可能损害由多个托管者管理的自然资源，将会导致多个托管者重复主张权利，引发重复赔偿问题。为此，法律专门规定了不同托管权之间的协调方案。"[3]在有关自然资源条款中，"作为个体的公民不具有提起自然资源损害追偿的诉讼资

---

[1]　'对于在 CERCLA 法律框架下，私人主体是否可以作为原告提起自然资源损害赔偿诉讼，已经有一些联邦法院的判例对此持否定态度。尽管如此，如果私人主体拥有所有权的自然资源受到来自政府的实质性管制或控制，该自然资源的私人所有人仍然能够依据 CERCLA 第 107（a）节的规定提起诉讼。内政部的自然资源损害评估细则似乎将可评估的损害限制在政府拥有的自然资源上，不包括私人主体拥有的自然资源。确切地说如何构成"实质性"管制或控制并足以产生一个自然资源损害赔偿诉权是不清楚的，只能在司法实践中以个案的方式来解决私人主体自然资源赔偿的诉权问题。See Artesian Water Co.v.New Castle County, 851 F.2d 643（3d Cir.1988）；United States v.Southeastern Pennsylvania Transp.Auth., 24 Env't Rep.Cas.（NBA）1860, 1865（E.D.Pa.1986）；Thompson v.；Andersen Window Corp., 1989 U.S.Dist.LEXIS 871（D.Minn.Jan.27, 1989）.Ohio v.United States Dep't of the Interior, 880 F.2d at 461（D.C.Cir.1989）；关于市政当局等地方政府是否可以在 CERCLA 法律框架下作为自然资源受托人，向潜在责任人主张损害赔偿，联邦法院在这个问题上的意见有分歧。但多数联邦法院的意见是将市政当局排除在自然资源受托人的范围之外。但也有例外情形，例如在 Town of Boonton 案和 Exxon Corporation 案中，法院对市政当局的自然资源受托人身份持肯定态度。在 Town of Boonton 案中，法院的最后裁决是，在自然资源损害赔偿方面，市政当局应当与州政府享有同等的权利。See Town of Boonton v.Drew Chemical Corporation, 621 F.Supp.663（D.N.J.1985）；City of New York v.Exxon Corporation, 633 F.Supp.609（S.D.N.Y.1986）.转引自张辉.美国环境法研究［M］.北京：中国民主法制出版社，2015：399–400。

[2]　贾峰.美国超级基金法研究——历史遗留污染问题的美国解决之道［M］.北京：中国环境出版社，2015（1）：60.

[3]　如 DOI 规则规定，在制订评估计划时，如果由于自然资源的"共存、邻近或共同管辖权"，多个自然资源托管者共担责任时，他们应进行合作和协调，并指定牵头机构以管理评估。牵头机构应作为协调者联系评估所有有关方，在授权官员不能达成关于制定、执行或评估计划的一致时，充当争议的最终仲裁者。该机构由所有自然资源托管者的共同协议指定。未能指定时，则根据资源的位置确定由哪一级别的托管者作为牵头机构。43 C.F.R.§11.32（a）（1）.转引自王树义，刘静.美国自然资源损害赔偿制度探析［J］.法学评论，2009（1）：71–79.

格，但公民可以提起公民监督执行之诉的方式，亦即公民诉讼的方式参与自然资源损害索赔程序中，公民只能通过向法院提出要求托管者履行执法职责而起到监督和敦促作用，而无法就损害行为本身直接起诉加害人"。[1]公民可以在以下情形下提起公民诉讼："当发现有人违反了联邦环境法时，或当联邦政府未履行环境执法之责时，个人可以对其不作为的行为提起要求其履行职责的执行之诉；联邦机构因其不当或因未积极履行职责的行为造成的自然资源损害提起的公民诉讼。"[2]美国自然资源损害赔偿立法中，"将联邦政府、州政府等政府主体规定为自然资源的受托人，由自然资源受托人代表公众提出自然资源损害赔偿请求。在诉讼机制上，原告一般为政府或部落，而且必须以政府或部落的名义起诉，不得以自然资源的名义起诉"。[3]根据公共信托理论，政府是特定的自然资源的受托管理者，为了公众的利益，必须尽到保管和保护这些自然资源的义务。在政府所管理的自然资源受到损害时，负有向侵权者提出损害赔偿的义务。

　　欧盟环境责任的执行是由成员国确定主管机关负责实施，在环境危害发生时或有损害环境的重大危险时，行政机关或责任主体可采取的治理措施、补救措施及费用等方面都有所规定。同时，欧盟环境责任的公众参与制度和保险、基金、行业风险等辅助性措施对生态环境的治理起到保障作用。德国 1990 年的《环境责任法》仅规定了在个人所有的自然资源遭受侵犯时，可附带提起对环境损害的诉讼，但对于公共自然资源的损害则不被立法所保护。1997 年《环境法律草案》提上美国联邦环保部议事日程，专家希望通过此法案填补公共自然资

---

[1]　例如，在 CERCLA 中，自由自然资源托管者能为联邦政府、州和特定印第安部族的利益进行自然资源损害赔偿诉讼。见 InreBurbankEnvtl.Litig.，42 F.Supp.2d976，980（C.D.Cal.1998）。OPA 虽然规定了个体对生存使用和收益、收益能力减损的求偿权，但这种损害不同于自然资源本身的损害。

[2]　Scott S S. Combining Environmental Citizen Suits & Other Private Theories of Recovery［J］. J. Envtl. L. & Litig., 1993，8：369.

[3]　Carlson C. Making CERCLA Natural Resource Damage Regulation Work：The Use of the Public Doctrine and Other State Remedies［J］. Envtl. L. Rep. News & Analysis, 1988，18：10299.

源损害赔偿责任立法空白，草案规定当私有资格主体不愿因其所享有的自然资源受损害提出赔偿请求时，特定公共机构可以请求赔偿或要求责任人修复。草案在当时及后续议事中并未通过。[1]荷兰自然资源损害赔偿制度的主要框架是以《民法典》和《危险物质法》为主搭建起来的。对于私人所有的自然资源损害，法律并未赋予私人主体不提起损害赔偿时公共机构强行索赔的权利；对于公共自然资源，公共机构则有此职责。损害赔偿主要形式为环境修复、课赋防治措施费用以及鉴定评估等相关费用。[2]

加拿大与美国在自然资源损害赔偿主张人设定上的明显不同是，加拿大《环境保护法》（1999年）第22条明确，私人主体可以就自然资源损害向公共执法机构提出损失赔偿调解请求，也可以向法院提出诉讼请求。法院可以判决原告与责任主体谈判修复与赔偿计划。但是，损害评估与鉴定的方法、修复方式与鉴评修复结果的方案皆未出现在法律规范中，仅靠法庭临场决定。[3]

由此可见，国外关于自然资源诉讼包括涉及农业用地土壤污染诉讼索赔主体大概可分为两类：第一类是由国家或行政机构代表公众提起的自然资源赔偿之诉；第二类是私人主体提起的财产权下自然资源损害求偿之诉。通过分析对比，几乎很少有国家采取直接赋予私人个体对公益性的环境损害赔偿的起诉权，而是采取公民监督执行之诉的方式参与公共环境利益受损的诉讼，即在行政机关不履行职责时，公民可以提起监督或要求行政机关履行执法职责之诉，并未赋予公民对公共自然资源损害赔偿的直接起诉权，我国建立了环境民事公益诉讼制度，对于环境公共利益的损害，直接赋予了符合一定条件的社会组织直接的索赔权，而不需要经过行政前置程序，这也是我国环境法治在应对环境公益损害方面的一大进步。国外按照私人所有权下的自然

[1]　王树义，刘静.美国自然资源损害赔偿制度探析［J］.法学评论，2009，27（1）：71-79.

[2]　Brans E H P. Liability for Damage to Public Natural Resources: Standing, Damage and Damage Assessment［M］.Kluwer Law International, 2001: 35.

[3]　王树义，刘静.美国自然资源损害赔偿制度探析［J］.法学评论，2009，27（1）：71-79.

资源受损和公共环境利益受损的不同特性，将索赔主体分为私人主体的索赔和代表国家行使索赔权的行政机关的索赔、符合条件的社会组织索赔主体。

我国在确定生态损害赔偿索赔主体时，也应根据不同情形下生态损害规定相应的主张主体，区分个人财产权下的生态损害私人求偿主体和非个人财产权下的公共求偿主体，后者即由生态损害的政府主管部门或检察机关、社会组织作为索赔主体。私人主体可以在财产权受损时一并向法院主张生态损害的赔偿责任。我国关于环境侵权的司法解释规定，受害人要求侵权人恢复原状的，人民法院可以判决行为人承担修复生态环境的责任；在后者不履行修复责任时，应向权利人负担生态修复费用。[1]该条规定实际上赋予了私人主体在其所拥有的自然资源功能受损时的索赔权，以填补和补偿个人所拥有的自然资源及功能损失。另外，当生态要素或由生态要素组成的生态环境整体的生态功能受损时，往往侵害的是整个社会和公众享有的环境权益，这时，私人主体在应然层面可以根据自己的环境权益受损提起损害赔偿之诉，但由于个人在处理公益性损害赔偿方面存在各种劣势，各国在立法实践中也都将对这种环境公益的损害的索赔权赋予国家或一定的社会团体。公民可根据"公共信托"理论，将侵害公益性公民环境权的索赔权赋予国家或政府主管部门行使。

在确定索赔主体时，我国应结合国外的经验，依据财产权下的生态损害和非财产权下的生态损害，采取不同的索赔程序和措施，索赔主体也进一步分为私人主体的索赔及国家或政府部门（含公益组织）的索赔。当然，在个人所拥有的自然资源或生态环境受损时，个人未对共用部分的生态损害提起赔偿之诉，此时，国家或社会机构可以代表公民个人提起损害赔偿诉讼。具体而言，可由国家环境保护部门和各级环境保护主管部门作为国家和各级省市区域内的生态损害民事责

---

[1]　《最高人民法院关于审理环境侵权责任纠纷案件适用法律若干问题的解释》第十四条。

任的诉讼索赔权主体。对于发生全国性的重大或较大的污染事故和重大生态损害案件，可以由国家环境部门作为索赔主体代表公众向生态损害侵权人提起损害赔偿之诉。对于发生的区域性重大或较大的生态损害事件，由该地区的各级环境保护主管部门对本区域内的污染或破坏案件导致的生态损害进行磋商或提起索赔之诉，要求污染行为人负责清除污染、修复生态环境或支付第三方修复费用。

我国《民法典》第一千二百三十四条规定："违反国家规定造成生态环境损害，生态环境能够修复的，国家规定的机关或者法律规定的组织有权请求侵权人在合理期限内承担修复责任。侵权人在期限内未修复的，国家规定的机关或者法律规定的组织可以自行或者委托他人进行修复，所需费用由侵权人负担。"这是民事法律规定的生态环境损害修复责任，即生态环境损害能够修复时，由公共机构向侵权行为人索求"承担修复责任"或者"修复后所需费用"。非财产权下的生态损害索赔责任在此是相对明确的，为"国家规定的机关或者法律规定的组织"；[1]承担赔偿责任的主体即为"侵权人"，则为一个较为宽泛的概念。主张承担生态环境损害赔偿责任的主体，尤其是农业用地土壤污染生态损害责任主体还有进一步扩展、规范与优化的空间。

四、确定生态环境损害赔偿范围

生态环境损害赔偿范围是决定受害者的权益是否能够得到充分救济的主要因素。学界关于环境侵权损害赔偿范围的划定众说纷纭。一些学者认为，环境侵权主要赔偿因环境污染或生态破坏而导致他人的人身、财产损失；有的学者认为除了财产损失，还应包含精

---

[1]　根据《环境保护法》《民事诉讼法》及相关司法解释，检察机关和适格的社会组织可以提起环境公益诉讼，视为可以主张生态损害赔偿责任的主体。《最高人民法院关于审理环境民事公益诉讼案件适用法律若干问题的解释》第二条规定："依照法律、法规的规定，在设区的市级以上人民政府民政部门登记的社会团体、民办非企业单位以及基金会等，可以认定为环境保护法第五十八条规定的社会组织。"

神损害赔偿。部分学者认为环境侵权除因污染或破坏环境行为引发的人身、财物、精神损害赔偿等，还应包括对他人环境权益损害或生态利益受损的赔偿。如马骧聪教授认为环境侵权损害赔偿应包括：（1）因污染或破坏环境造成的他人财产损失；（2）受害人在原应获得的既得利益损失，但由于环境侵权行为而未获得的收益；（3）在受损的自然客体上花费的物质和劳动消耗；（4）为消除后果、恢复受损的环境而付出的近期或长远的费用；（5）其他与环境直接相关的损失。[1]

当前，我国环境私益侵权损害赔偿范围仅为人身损害、财产损害和精神损害，且大多数为赔偿财产损害，见表5-7。司法实践中，因环境侵权造成的精神损害索赔很难得到支持。环境侵权救济关注对私人权利或利益的保护，却漠视对应享有的生态环境本身损害的保护和赔偿，致使其环境权益受损，应有生态质量下降，生态功能丧失或弱化，进而影响和侵害大众的健康权和享有良好、健康的环境生态的权利。生态环境损害也是法律规定和认可的财产、权利和利益所遭受的不利益结果，应有异于以往个体利益损害法律判断的独立评价。[2]与传统的环境侵权责任存在不同，生态损害赔偿责任是侧重于填补生态功能的重大损耗，不包括对以往环境侵权导致他人人身、财产损害的赔付，因为这部分损害完全可通过环境侵权赔付加以救济。生态损害赔偿范畴是指加害者应对损害生态环境的行为负担何种费用以预防生态损害、修复生态损伤并补偿受损的生态环境，进而达到恢复和弥补受损生态环境的目的。[3]在理论研究上，以公共信托理论、环境

［1］　马骧聪.环境保护法［M］.成都：四川人民出版社，1988：141-143.

［2］　梅宏.海洋生态环境损害赔偿的新问题及其解释论［J］，法学论坛，2017，32（3）：28-36.

［3］　我国《民法典》侵权责任编第一千二百三十五条规定："违反国家规定造成生态环境损害的，国家规定的机关或者法律规定的组织有权请求侵权人赔偿下列损失和费用：

（一）生态环境受到损害至修复完成期间服务功能丧失导致的损失；

（二）生态环境功能永久性损害造成的损失；

（三）生态环境损害调查、鉴定评估等费用；

（四）清除污染、修复生态环境费用；

（五）防止损害的发生和扩大所支出的合理费用。"该条明确了生态环境损害的赔偿范围。

权益理论以及风险共担理论为主，架构起拓展生态环境赔偿范围的基石。

表 5-7　国家及七个试点省份生态损害赔偿制度责任承担比对表[1]

试点省份	适用范围／重点内容	责任主体／索赔主体	赔偿范围	索赔方式	责任履行方式
国家层面	（1）较大及以上突发环境事件的；（2）在国家和省级主体功能区的重点生态功能区、禁止开发区造成生态损害的；（3）其他严重情形	单位或个人／省级人民政府及指定相关部门或机构	（1）清污费；（2）修复费；（3）期间功能损失费；（4）永久性损失费；（5）调查、鉴定评估等合理费用	磋商／诉讼	修复／赔偿
吉林省	（1）全省行政区域内发生较大及以上突发环境事件的；（2）在国家和省级主体功能区的重点生态功能区、禁止开发区生态损害事件；（3）其他严重情形	生态环境损害的单位或个人／省人民政府指定省级环保行政主管部门	（1）清污费；（2）修复费；（3）期间功能损失费；（4）永久性损失费；（5）调查、鉴定评估等合理费用	磋商／诉讼	修复／赔偿
江苏省	（1）在国家和省级主体功能区划定的重点生态功能区、重点水功能区和县级以上集中式饮用水水源地；（2）禁止开发区发生的生态损害事件；（3）其他严重情形	违法造成生态环境损害的单位或个人／省人民政府或省受委托的环保厅	（1）清污费；（2）应急处置费；（3）修复费；（4）期间损失费；（5）永久性损失费；（6）调查费用、检测、评估等费用、环境健康损害费	磋商／诉讼	修复／赔偿
山东省	（1）发生较大及以上突发环境事件的；（2）在国家和省划定的重点生态功能区、禁止开发区发生的生态损害事件的；（3）其他严重情形	违法造成损害的单位或个人／省人民政府或指定相关部门或机构	（1）清污费；（2）修复费；（3）期间损失费；（4）永久性损失费；（5）调查费、鉴定评估费；（6）其他合理费用	磋商／诉讼	修复／赔偿

[1]　李一丁.生态环境损害赔偿行政磋商：性质考辩、意蕴功能解读与规则改进［J］.河北法学，2020，38（7）：82-95.

续表

试点省份	适用范围/重点内容	责任主体/索赔主体	赔偿范围	索赔方式	责任履行方式
湖南省	（1）发生《国家突发环境事件应急预案》中特别重大、重大和较大突发环境事件的；（2）在国家和我省主体功能区的重点生态功能区、禁止开发区生态损害事件的；（3）在上述以外其他地区直接导致区域大气、水、土壤等环境质量等级下降，或造成耕地、林地、湿地、饮用水水源地等功能退化的	湖南省人民政府/对公民、法人和其他组织举报的，由主管部门按程序做出处理和答复，并上报决定		磋商/诉讼	修复或依价缴纳赔偿金
云南省	在上述国家试点方案的基础上，云南省新增3类追责情形：（1）向环境（水、空气、土壤等）非法排放污染物造成生态环境损害且直接经济损失500万元以上的；（2）污染或破坏导致国有防护林地、特种用途林地5亩以上，其他土地20亩以上，国有草原或草地20亩以上基本功能丧失或者遭受永久性破坏，致使国有森林或者其他林木死亡50 m³以上，或幼树毁损2500株以上；（3）致使"中国重要湿地名录"湿地自然状态改变，湿地及生物多样性明显退化	企业或个人/云南省人民政府	（1）清污费；（2）修复费；（3）期间功能损失费；（4）永久性损失费；（5）调查、鉴定评估等合理费用		修复/赔偿
贵州省	（1）较大及以上突发环境事件的；（2）在国家和省级主体功能区规划中划定的重点生态功能区、禁止开发区造成生态损害的；（3）其他严重情形	企业或个人/贵州省人民政府	（1）清污费；（2）修复费；（3）期间功能损失费；（4）永久性损失费；（5）调查、鉴定评估、代理、诉讼、第三方监理等合理费用		修复/赔偿

续表

试点省份	适用范围／重点内容	责任主体／索赔主体	赔偿范围	索赔方式	责任履行方式
重庆市	（1）发生较大及以上突发环境事件的；（2）发生一般突发环境事件，赔偿权利人认为有必要的；（3）在国家和省级主体功能区规划中划定的重点生态功能区、禁止开发区发生环境污染、生态破坏事件的；（3）其他严重情形的	企业或个人／重庆市人民政府	（1）控制和减轻损害的费用；（2）清污费；（3）修复费；（4）期间功能损失费；（5）永久性损失费；（6）调查、鉴定评估、监测、效果评估等合理费用		修复／赔偿

观之境外，美国环境侵权损害赔偿应用范围广泛，在生态损害风险发生直至生态修复恢复中，建立起一条损害—责任—修复的"时间轴"，生态损害赔偿责任贯穿于整条时间轴上，直接责任和间接责任、利益损失和机会成本都涵盖在责任范畴之内，客观上促使责任人尽快、尽好、尽充分履行环境责任以避免更大的损失和成本。美国自然资源环境法案中关于生态赔偿的范围规定有：a.修整费用，即自然资源恢复到基线条件的费用；b.过渡期成本费用，即在损害发生时至自然资源完全恢复正常期间内生态功能及生态价值损失，恢复费用一般根据可以计算的资本和劳动力成本乘以时间期加以估算；c.损害的评估费用；d.某些情形下，可以向生态环境投入相应的替代物产生的费用；e.一些尚未实际发生，但可能发生的损害的预防、清除及反应行动产生的费用。[1]

德国2002年之前采取可评估式的环境资源损害赔偿方法，此后意识到环境修复的成本可能更大，便于《环境责任法》中更新了自然资源损害与环境修复成本评价方式，同时对于可能造成环境污染的排放设备设施所有者加强管制。但出现环境损害的场合，一般的赔偿额大多不超过财产权下的资源价值，否则可能会被认为采取了不恰当的

［1］ 竺效.生态损害综合预防和救济法律机制研究［M］.北京：法律出版社，2016：138-139.

归责措施。对于公共利益范围的生态环境损害，则没有明确的生态损害赔偿之规定。德国 2002 年的《联邦自然保育法》第 19 条规定，"联邦的州可以在该条前 3 款的架构内制定更加严厉的规定，可以单独规定货币赔偿或者补偿性措施；对于不能提供具体价值损失的或不能进行弥补修复的自然干扰带来的损害，必须提供替代性环境修复措施的金钱赔付"。[1]

欧盟 2004 年的《关于预防和补救环境损害的环境责任指令》第 2 条第 10 款规定，预防性措施指"对造成即将面临的环境损害威胁的行为或事件，进行前瞻性测算并采取防范的行动"。该条第 11 款规定，修复措施是指"采取降低生态损害、恢复自然享受权益的行动或承担替代性可获得赔偿的生态修复费用"。这里，可获得赔偿的费用包括"评鉴费用、预防类措施的费用、替代行为费用、行政管理费用、监测检验费用、法律行为以及执行费用和其他有关规费"。[2]

从上述境外法律制度情况可以看出，就某单个国家来说，在赔偿的具体范围方面，个别国家立法对于损害造成的受害方的机会成本即过渡期损失和无法修复损害，规定亦难称详细全面，并且在制度细则、实际操作中缺乏关于评估标准和程序的实际规范，这说明自然资源损害赔偿案件的定损和执行仍存在诸多不确定因素以及技术困难。

不同类型的生态损害赔偿所对应的民事责任应为不同，如生态损害处置费用属于"停止侵害"，生态修整费用属于"恢复原状"，生态涵养功能损失赔偿属于"赔偿损失"。有学者在对 2008—2017 年环境民事公益诉讼实证研究的基础上，根据诉讼请求权的具体事项，将生态损害赔偿请求权归纳为恢复及修复生态的费用、生态服务功能损失的费用以及污染处置费用等。[3]有专家将生态损害可得赔偿的费用分为预防性措施的费用、清除污染物的费用、修复整理的成

---

[1]　Translation Federal.Natrue Conservation Act（German）[EB/OL].2006-01-16

[2]　Translation Federal.Natrue Conservation Act（German）[EB/OL].2006-01-16

[3]　巩固.2015 年中国环境民事公益诉讼的实证分析[J].法学，2016（9）：16-33.

本、过渡期生态服务功能损害费用、附加损失费用以及表征性损害费用。[1]有学者认为，应赋条件、分层次地逐渐扩大环境侵权的司法上责任范围，并把环境侵权责任和公共利益、生态损害赔偿制度有效衔接起来。[2]中共中央办公厅、国务院办公厅印发的《生态环境损害赔偿制度改革方案》以及最高法院关于审理环境公益诉讼适用法律的解释等文件中，将生态环境损害赔偿的范围规定为生态环境功能损失、治理修复费用、法律诉讼费用以及管理监测费用等。

如上所述，结合国内外实践经验，根据我国立法、司法及学界的观点，包括农业用地土壤污染的生态损害赔偿范围可以总结为以下几种费用：（1）修复及恢复治理期间的生态功能补偿费用，即过渡期损失的费用，又称临时性损失的费用（如《民法典》第一千二百三十五条第一项"生态环境受到损害至修复完成期间服务功能丧失导致的损失"）；（2）生态损害无法恢复或修复时的永久损伤的费用（如上法第二项"生态环境功能永久性损害造成的损失"）；（3）生态损害评估的费用（如上法第三项"生态环境损害调查、鉴定评估等费用"）；（4）清除措施、修复措施费用（如上法第四项"清除污染、修复生态环境费用"）；（5）防范生态损害风险的前期费用，此为预防性措施费用（如上法第五项"防止损害的发生和扩大所支出的合理费用"）；（6）专家咨询等附带的费用；（7）象征性的费用；（8）实施生态损害的预防、恢复、修复等措施外其他相关费用。[3]就损害赔偿金的计算而言，因环境污染或破坏所造成的人身、财产损失等较易用金钱衡量损失的大小，而生态要素及功能的损害，如对土壤生态要素及由其组成的生态环境功能的污染和破坏很难用金钱来衡量，对生态环境功能的损失、退化或丧失往往需要专业的鉴定人员和评估鉴定标准，通过一系列复杂且专门的鉴定技术手段对损失进行评

---

[1] 竺效.生态损害综合预防和救济法律机制研究［M］.北京：法律出版社，2016：138-139.

[2] 吕忠梅课题组."绿色原则"在民法典中的贯彻论纲［J］.中国法学，2018（1）：5-27.

[3] 《民法典》第一千二百三十五条第（三）（五）项规定可视为上述（7）（8）（9）项费用的法律依据，但具体费用构成仍需要在司法实践中作具体理解乃至延展性解释。

估和确认，才能得出损失的赔偿数额。此外，计算生态环境损害赔偿额时应抵扣与资源性环境要素财产损失相重叠的部分，且赔偿金的使用目的仅限于对受损生态环境的修整、恢复与治理，不可挪作他用，应明确赔偿金的使用、监督及管理制度。[1]

五、明确生态损害的评估规则及损害赔偿磋商程序

（一）生态损害的评估规则

从马克思主义公共产品理论上来说，生态环境损害赔偿其实就是对生态公共产品[2]价值损失的赔偿；对生态损害的评估就是对生态公益性减损的评定。[3]生态损害的赔偿范围及损害评估标准是各国关于生态损害责任制度建构中的一大难题。发达国家如美国建立了较为成熟的生态环境损害评估与赔偿制度。我国生态损害评估制度尚处于初建阶段，应尽快完善生态价值评估标准规则，为适应生态损害赔偿制度、尤其是因应土壤污染防治制度关于农业用地土壤污染损害赔偿的新发展提供法规范依据、为权利人获得充分的生态损害赔偿提供法治遵循。[4]原环境保护部2014年发布的《环境损害鉴定评估方法》（第Ⅱ版）将"鉴定评估"界定为鉴定评估机构按法定程序和方法，综合运用科学技术与专业知识，评估环境污染和生态破坏的损失程度及范围，判定污染环境和破坏生态行为与损害结果之间的因果关系；明确生态环境恢复到基线状态的基础性修复措施或替代性措施，量化环境损失数额的过程。[5]2010年《关于开展环境损害评估工作的若

［1］　Scott S S. Combining Environmental Citizen Suits & Other Private Theories of Recovery［J］. J. Envtl. L. & Litig., 1993，8：369.

［2］　习近平总书记在党的十九大报告中提出了"生态公共产品"的概念，是对马克思公共产品理论的时代发展。十九大并提出"提供更多的优质生态产品，满足人民群众日益增长的优美生态环境需要"的理念。

［3］　卢瑶．马克思主义公共产品理论视域下的生态环境损害赔偿研究［D］．武汉：华中科技大学，2018：3.

［4］　黄锡生，段小兵．生态侵权的理论探析与制度构建［J］．山东社会科学,2011（10）:63–66.

［5］　参见原环境保护部办公厅2014年发布的《环境损害鉴定评估推荐方法》（第2版）第4.2部分。

干意见》附列了环境污染损害数额计算推荐方法。[1]尽管我国陆续出台了一些评估技术方案用以支持生态环境损害的鉴定和赔偿工作，但整体来看，我国制定的评估范围及赔偿范围比欧盟和其他国家明显小很多，评估方法和范围需要进一步地扩大，将更多的损失纳入评估范围。

依据《超级基金法》的规定，美国有权制定涉土自然资源损害评价规则的机关为内政部（DOI）。美国《超级基金法》中规定，按照自然资源损失评估标准所确定的额度由潜在责任人对"自然资源的损害、损失的评估费用和成本进行赔偿"。但法案没有确立明晰的损害测量标准，而是授权内政部订立损害评估规则（简称 DOI 规则），分别为 A 类和 B 类两类程序。A 类程序是一种简易评估程序，主要针对单一区域或单一污染源排放造成的小额损害的评估，主要用于少量石油或有害物质泄漏的事件；B 类程序主要针对需要详细的实地考察及评估的复杂或大型排放。但由于 1989 年俄亥俄州诉内政部（Ohio v.Department of Interior）和科罗拉多州诉内政部（Colorado v.Department of Interior）两个案件法院的判决导致规则对"最小原则"[2]的修改，法院认为"较小损害"是无效的，并强烈支持使用恢复费用法，即使自然资源损害或功能损害的可计算价值比其本身的使用价值损失更为高昂。在适用该法案确认自然资源损害赔偿的范围所遵循的原则也由最初的"价值较小原则"转变为现行的"重建成本原则"，自然资源的非使用价值亦被认为与使用价值具有同等地位，被纳入赔偿范

---

[1] 其附件《环境污染损害数额计算推荐方法（第 I 版）》规定了环境污染损害评估范围，包括人身损害、财产损害、生态环境资源损害、应急处置费用、调查评估费用、污染修复费用、事故影响损害和其他应当纳入评估范围内的损害。

[2] 1986 年内政部颁布的损害评估的最终规则确立了"较少原则"和以市场价值评估法为主的评估方法。在该规则下，修复费用仅在不超过受损资源减少的市场价值时才能得到赔偿，而非使用价值也只有在市场价值不能确定时才需进行测量，但这两项规则在后来的俄亥俄案中得到了修正和完善。See 51 FR27725（1986），43 C.F.R.§11.35（b）（2），11.83（d）.Ohiov.United States Department of the Interior，880 F.2d432（D.C.Cir.1989）。在该案中，法院否认了采用较少规则可以提高效率的看法，认为内政部的根本错误在于把环境看成一种可以依据市场价格进行定价的有形商品。其得出结论：修复费用是自然资源损害赔偿和基本计算方法。对于评估方法，法院拒绝把市场价格作为评定自然资源损失的唯一标准，而是认为《超级基金法》并没有把使用价值局限于市场价值。

围之内。[1]内政部把自然资源损害评估分为预评估阶段、修复规划阶段、评估阶段以及后评估阶段。生态修复整治费用及成本除了可以预估的治理费用外，还包括因修复措施本身可能带来的环境损害。当托管者有理由认为治理措施与生态损害也存在一定的因果关系（即行为事实与损害结果之间的强关联性）时，有权提出合理的增加赔偿的请求。合理的评估费用包括：行政的、法律的和为了强制执行的费用；监测和监管的成本；和公众参与相关的成本。规则还针对不同的损害规定了评估的方法：评估价值法、市场价格法、单位成本法、运送费用法、条件评价法等，为生态损害价值赔偿金的量化提出了多种可参考的依据。

　　环境损害评估技术和标准是否完善，直接影响到生态损害赔偿费用可否得以落实，损失是否能够得到足额、完全的弥补，生态是否能尽早得以恢复；如何判定重大不利变化，科学设置基线条件和重大不利变化或显著退化的"阈值"十分重要。实际上，对人体健康造成不利影响、对生态环境及物种、栖息地造成显著不利影响，导致生态功能的下降、退化或丧失，都应被认定为重大变化。在考量环境损害责任时，很多情况下有赖于法定的确定损害事实的标准阈值。此时，主管机关需要建立完善的生态损害评估鉴定体系和规则，为损害事实的认定提供技术支持，从而进一步追究责任主体的生态损害赔偿责任。目前各国的主管机关都难称拥有健全的环境损害评估体系。评估技术的缺乏不仅制约主管机关，也制约了企业实施环境责任，因为企业更缺乏相应的能力确定是否有违反环境责任之虞。[2]

　　我国在农业用地生态损害索赔程序上，首先应制定完备的评估规则系统与方式，以便生态损害赔偿费用更加明确以及恢复措施更可操作。农业用地生态资源损失评估需要大量的基础数据以及监测技术的

---

[1]　王树义，刘静.美国自然资源损害赔偿制度探析［J］.法学评论，2009（1）：71-79.

[2]　西班牙制定出了 MORA 系统，这是一种"资源对资源"的免费网络评估系统，用以帮助主管机关及企业预测环境损害发生前和发生后的不同阶段治理环境的费用，使其能够做出正确的决策采取何种措施应对。

持续支持，然而我国在监测数据以及测评能力方面皆告不足，短时期内建立完善的评估体系难以达成。但随着 AI 技术、大数据网络技术的发展，我们在数据及技术支持方面能够获取越来越多的供应。在确定评估规则时，可以参考我国海洋污染损害赔偿实践经验，同时借鉴国外相对较完善的评估规则，在确定生态损害赔偿范围时应重点面向可以恢复的损失，对于不可恢复的生态破坏尽量采取审慎的态度，可以综合能够量化的价值、污染前的评级、环境破坏对周围的影响等确定损害情况。对于严重的恶意以及重大生态损害，应纳入刑法的规制中。生态损害评估鉴定不仅是司法难题，对土壤环境鉴定评估的技术要求较高，评估鉴定方法不仅是科学技术知识的运用，也是司法审判人员据以认定损害事实的证据，其根据评估结论和所掌握的法律知识依职权做出法律判断。技术评估是专门性问题重要的认识依据。我国应明确农业用地生态损害赔偿范围并以土壤环境修复为治理的基本方式，确立科学明晰的土壤生态价值评估方法，以达到政策规定的"应赔尽赔"之目标。[1]

（二）生态损害赔偿磋商程序

磋商是一种程序性的概念，是民事救济途径的方式之一，民事救济途径可分为调解、仲裁、诉讼、和解及磋商。磋商程序强调在第三方主体的推动下进行双方的协议谈判、确定事实。我国生态损害赔偿"试点方案"指明，制度试点坚持主动协商、司法保护的原则。[2]生态环境损害发生后，有权主张生态损害赔偿的权利人可主动与赔偿义务人协商，未经当事人协商或协商未达成一致的，权利人可向人民法院提起诉讼。生态损害行为在进行初步调查和责任认定之后，达到法律规定追责的责任构成要件时，如行政机关对其行为进行初步认定，认为行为人可能需要承担预防性责任时，应与危害行为人进行磋商，

［1］ 王树义，刘静.美国自然资源损害赔偿制度探析［J］.法学评论，2009，27（1）：71-79.
［2］ 张辉.美国环境法研究［M］.北京：中国民主法制出版社，2015：399-400.

就预防性措施的实施方法以及可能产生的费用进行谈判，如若双方达成了一致意见，可以通过签订和解协议的方式履行义务。对于发现侵害人符合生态损害救济性责任构成时，应根据生态损害的严重程度对侵害人的责任进行初步的判断，并根据生态损害的具体情况进行治理方案的选择；对于可恢复的生态损害，可要求侵害人就生态修复的费用进行赔偿，生态修复的费用计算以基本恢复生态环境原有的功能为标准；对于修复技术的实施、人员组成、修复后的结果验收等进行详细的协商，并写入生态损害修复方案规划中，作为生态损害修复或赔偿协议书的组成部分。对于无法恢复或恢复成本过高以及不利于恢复的生态损害，可以由行政机关和侵害主体对替代修复措施或赔偿费用进行选择来确定责任的承担。

在磋商过程中应充分论证修复或替代修复方案的可行性，可以邀请专家论证，组建专门的技术委员会提供技术和方案支持，确定高效、平等、公平、自由、灵活的磋商原则，以保障磋商的有效性和程序公正。磋商各方就生态修复或赔偿事项达成一致意见时，可以签订合同；未达成一致意见的，赔偿权利人可以及时提起生态环境损害赔偿诉讼。还应明确生态损害赔偿磋商程序，坚持自愿磋商原则、平等磋商原则、诚信磋商的基础上，由双方根据具体的程序要求进行各项修复或赔偿事项的协商。对于磋商程序是否应设定为生态损害民事责任的前置程序，是需要立法加以明确的问题，为了充分保护生态利益、及时预防和填补生态环境，建议不将磋商程序设置为生态损害民事责任诉讼的前置程序，而是自愿选择的程序，法律鼓励双方就责任方式达成一致意见，节省司法成本，但如果发现不具备磋商条件或者双方未能达成一致意见时，权利人也可以直接提起诉讼。

总之，农业用地土壤生态环境损害责任制度的建立理论上能够对土壤生态环境在进行价值评估的基础上，解决其因污染行为导致环境功能降低、环境受到损害的赔偿义务问题。尤其是作为损害赔偿解决方式最为权威的司法行为，环境损害赔偿责任的确定不仅能够最大限度上弥补受害人因土壤生态环境损害遭受的人身和财产损失，还能够维护生态环境本身的生产利益和美学价值。[1]这就客观上促使农业用地土壤环境法益能够从其他利益权益中独立出来，成为一种新的可量化的价值形态。从环境法治的构成要素来说，农业用地土壤生态环境损害赔偿责任制度需要也暗含了完备的生态损害赔偿法律规范体系、高效的法律实施体系、严格的法律监督体系以及充分的司法救济体系之下的一系列责任法则。[2]同时，通过农业用地土壤生态环境损害赔偿责任体系的建立与运行，可以处理好环境行政权、环境检察权和环境审判权之间在环境责任分配上的关系，维持好土壤生态环境法治的内在职责平衡，保护好人民群众私人和公众的环境权益，助力乡村振兴战略的顺利实施，维护好、发展好生态文明下的美丽中国。

［1］ 蔡学恩.专门环境诉讼研究［D］.武汉：武汉大学，2015:55.
［2］ 王浴勋.我国环境行政权与环境司法权关系研究［D］.北京：北京理工大学，2017：30.

第六章 完善我国农业用地土壤污染防治的诉讼制度

有责任就必有制裁，有权利就必有保障。虽有法律而无制裁，岂非徒具虚文；有权利而无救济，亦不过为虚名空称而已。[1] 司法手段是维护社会公平正义的最终防线。在当下我国农业用地土壤污染形势严峻，人民群众尤其是许多农村地区的群众身体健康和财产安全因土壤污染遭受危害的情况下，充分发挥司法的保护功能，以诉讼的救济方式保护公众利益和公共安全至关重要。无论是促进法律的执行和遵守，还是保障各项制度如激励机制的有序开展，或是落实法律设定的农业用地土壤污染最终的责任，诉讼制度均能起到良好的"守护"作用。在发展传统的土壤环境诉讼的基础上，随着我国现行《民事诉讼法》和《环境保护法》设定的公益诉讼制度的实践，大力研究完善和推进土壤环境公益诉讼机制，把农业用地土壤保护责任通过司法救济加以实现，能够为推进土壤污染防治事业增添新的动力。

第一节 对农业用地土壤污染受害的司法救济责任方式

因污染农业用地土壤环境产生不良环境影响或导致损害的，应当依法承担相关责任。这些责任一般表现为民事责任、行政责任以及刑

---

[1] 穗积陈重．法典论［M］．李求轶，译．北京：商务印书馆，2014：55.

事责任。而违反土壤环境标准的污染行为一般是行政相对人的行为，主要的也是民事责任的形式。从对农业从业者法律救济的层面来说，法律责任的主要内容即为民事方面的责任。如以上所分析，这种责任可以通过法律规定、合同约定等得到明确，承担主体可以是公民个人、企事业单位乃至机关团体，包含了实体性责任和程序性责任，维护对象可以是私益损害的责任，也可以是承担导致公共利益损失的责任。这些责任形式都可以在涉及土壤污染的环境司法中得到落实。农业用地土壤污染的整治（包括污染预防和修复治理）实现从实体到程序的扩展是环境法治改革的重要内容。

40多年来，我们在第一、第二产业迅猛发展的同时，也遭遇了多种环境问题，尤其是工业无环境规划的发展，致使土壤环境问题愈加严重。这个突出的问题就是因农业用地土壤污染导致的损害得不到有效救济，污染行为得不到纠正。近些年来，有据可查的严重的土壤污染事件达数千起，有些事件在全国范围内都具有重大影响；农业用地土壤污染事件频频发生，造成了数千亿元的经济损失。在这当中，农业用地环境侵权引发的纠纷多种多样，环境民事赔偿责任成为农业环境污染和土壤环境破坏造成损失的主要追究方式。环境污染民事法律责任主要把维护以人民为中心的良好生态环境理念作为归责观念依归，而自《土壤污染防治法》实施以来，一套完整的农业用地土壤污染民事责任制度尚未建立起来，显然不利于民间有关环境争议的解决和权益的保护。并且，土壤质量标准不健全、制度机制不完善，亟须通过民事法律手段及诉讼救济措施加强对农业用地环境污染受害者的救助。[1]

---

[1] 黄锡生，张天泽.论环境污染民事法律责任的形式［J］.江西理工大学学报，2015，36（4）：22-26.

一、对因土壤污染受害的环境法律救济的种类

从民事法律责任上来说，农业用地土壤污染受害的司法救济种类主要包括：

（一）排除危害

排除危害包括责令可能引起农业用地土壤污染的行为人停止侵害、排除妨害、消除危险，可以称之为"止损"。环境污染行为侵害了他人权益或者对他人环境权益构成不良影响的，排除危害是理所当然的。这种危害可能是现实的损害，也可能是潜在的风险。然而鉴于土壤污染的潜伏性、因果关系认定的复杂性以及某些情况下污染行为存在一定的"合法性"，完全要求污染行为人排除一切损害风险殊为困难。这就需要在经济发展效益和公民环境权益之间寻找一个新的平衡点。在农业用地土壤污染治理工作中，排除危害的表现：一是采用污染物净化措施和设施，做到达标排放；二是迁离农业用地土壤周围至生产行为不能影响农业土壤环境之地；三是关停，彻底消除影响农业生产和农作物安全的隐患。对关乎民生的重要设施，要在农业生产种植场地安全距离之外运营，并采用严格的污染净化措施；对属于低端产业链的小印染、石油化工企业，则应整顿或关停，调整产业结构，换代优化，从而消弭对农业用地土壤环境的危害。

（二）恢复原状

恢复原状即将受损的权利恢复到原来的状态，包括状态修复和返还原物。农业用地土壤污染的恢复原状，要求对受污染的农业用地进行环境修复、生态治理并支付治理费用，还需返还非法占用的农用设施设备材料财产，如返还占用的农田灌溉设备等。恢复原状的责任可以与其他的责任形态竞合。比如，造成农业用地土壤污染的，可以责令迁离农田村区、赔偿农民损失并修复农业用地或缴纳土壤修复金。

由于土壤污染的积聚效应和隐蔽性特征，在技术层面很难对污染损害做出科学计算和评估，也很难对污染行为人作出可执行的"停止侵害、恢复原状"的指令方案，法院在司法实践中对是否支持"恢复原状"这样的诉讼请求面临专业性缺失以及现实的困难。[1]

（三）赔偿损失

《侵权责任法》第六十五条规定了侵权者应承担污染损害的赔偿责任。根据该条规定，除了公民、法人等的合法权益，土壤、地下水和地表水等生态环境的损害也属于污染造成的损害，也应由污染者负担赔偿。[2]对于需要赔偿损失的，一般是根据以下几点界定的：一是土壤环境加害者不管其主观上是否有过错都要承担责任；二是其排污行为确实引发了土壤环境出现不同程度的污染现象；三是危险行为最终导致了财产损失或者人身伤害。行为人造成的损失应以一个相对可以量化的标准进行衡量，包括对身体健康的影响、财产的损失、生态环境的破坏以及适度的精神损失。应结合行为性质和损害情况进行适度考量，不能无原则地加重或减轻行为人的责任，且务必使损失得到合法合理的弥补。2015年12月国务院办公厅印发的《生态环境损害赔偿制度改革试点方案》，规定了通过试点逐步明确对造成土壤环境生态要素的不利改变及生态系统功能退化的生态环境损害赔偿范围、责任主体、索赔主体和损害赔偿解决途径等，提出形成相应的鉴定评估管理与技术体系、资金保障及运行机制，探索建立生态环境损害的修复和赔偿制度，加快推进生态文明建设的总体要求和目标。这对农业用地土壤污染损害的赔偿问题提供了良好的政策支持，能够在一定程度上缓解一直以来因遭受土壤污染而致害、致病、致死的受害者及其亲属无法得到赔偿、补偿的困境。污染农业用地土壤主体（即

[1] 汪榆淼，林燕梅.如何处理土壤污染损害赔偿案——华宇电源制造有限公司被诉环境污染侵权案件解析[J].环境保护，2013，41（10）：54-56.
[2] 王胜明.中华人民共和国侵权责任法释义[M].北京：法律出版社，2010：325.

排污侵权者）不明时，则由该污染地块一定方圆范围内的可能单位和个人按份承担补偿责任（能够证明没有实施土壤污染行为的除外），以此作为侵权者不明时民事责任的承担分配和救济。对农业土壤环境的恢复和生态损害的赔偿可以称为"补救"。

　　造成土壤污染的主体一般情况下类似于不同时期的"流动团体"或"非意识"行为的竞合，这在追究污染责任方面，根据不同时期、不同主体、责任性质和行为危害程度分别科学评定相关方应然的责任类型和责任程度。在一个案件中，裁判（调解、协商）的结果可能同时存在"止损"和"补救"多种救济方式，如北京市朝阳区"自然之友"环境研究所、重庆市绿色志愿者联合会、云南省曲靖市环境保护局起诉被告云南省陆良化工实业有限公司、云南省陆良和平科技有限公司固体废物污染纠纷一案中，调解协议包括了令被告治理修复环境影响、减少铬渣产生并进行无害化处理、支付铬渣治理费用等一系列救济措施。[1]农业用地土壤污染救济在追究行为人责任方面也反映了特殊环境要素权益侵权责任的特殊性，依据土壤污染的多原因性、迟滞性、清理困难的特点，立法可着重规定特殊的、更加严格的民事责任，采用严格责任、连带责任与上溯责任，并建立土壤污染责任社会分担与社会救助制度。

　　除了民事责任，鉴于农业用地土壤污染的新情况，针对农业用地土壤环境污染和农业生态破坏受害者的补救，还需要行为人承担司法上的其他相关责任，如因司法行为带来的行政责任、刑事追究、国家赔偿、精神损害赔偿等。近些年，污染农业用地土壤的现象愈显严重，在涉及土壤污染的环境私人诉讼和公益诉讼中，单纯的民事、行政责任已不能满足追究行为人过错的需要，甚至超出了目前刑法对环境资源犯罪规制的范围。从前文所列的土壤污染事件和已有的案例来看，

---

[1]　该公益诉讼案件于 2012 年年底在曲靖市中级人民法院法庭的主持下由原告、支持方、被告达成初步调解协议。

行为人几乎无例外地对农业用地的污染存在主观过错，即间接故意的过失，无论从犯罪构成的四要件还是刑法规制"三性"来说，土壤尤其是农业用地土壤污染犯罪应该在刑法中加以设置。当然，刑法应严格追究条件，只在行为人存在主观故意和重大过失、造成较为严重后果时适用，目的在于警诫可能的污染者时刻注意自身不侵害土壤环境之责，并鼓励社会公众参与土壤污染防治。

值得特别指出的是，鉴于信息化社会发展新阶段的特点，农业用地土壤污染信息具有非常重要的价值，需要以司法救济途径铺好信息公开之路。建立信息受阻的司法救济之途，农业用地土壤污染信息公开制度必须畅通司法救济路径，赋予公众尤其是农民以举报、控告等手段对妨害土壤污染知情权的行为和状态提出司法保护的权利。因拒绝或延迟向公众公开农业用地土壤污染信息，给受害人增加损失的，司法机关应追究连带责任，强力保障民众农业用地土壤污染信息知情权的实现。

二、环境权利救济形态

农业用地土壤污染法律责任并不是一经发生排污行为或危害后果即告产生，而是通过一定的法律途径和程序加以科学认定的应然结果。不同的行为类型和损害后果也将适用相应的追责方式。尽管"环境权"这一概念或权利形态并不为所有人所认可，但基于享有具有良好生态状况的土壤环境并享用其出产的自然理念和法律权利，其为土壤污染危害应予排除、权利人的损失应予弥补的主客观依据。基于农业用地土壤污染的环境权利救济也就呈现出不同的形态。

（一）农业用地环境污染法律责任方式具有双重属性

鉴于环境相关权益具有私益性和公益性双重特点，农业用地环境权益责任承担上也具备了上述两种属性，即体现了对土壤环境私人利益（自然人、法人、其他组织）损失的弥补以及对基于土壤环境权益公共利益的补偿。[1]实践中其责任形式一般表现为以下几类：以增加净化设备来改变排污方式和流向；以阻断、消除排污类行为来消弭风险；对受害人健康和财产损失的赔偿；对环境破坏的经济赔偿和生态修复的资金负担；污染严重导致不宜耕种的，承担受害人迁址安置费以及其他费用；对污染整治困难的，按期一次性或多次支付补偿；对健康损害支付全额赔偿。还应支付即使未遭受损害或在损害之外，仅因忍受土壤污染的环境不利本身而应给付的酌定费用，这在德国被称作"污染忍受补偿"。[2]此外，还包括因违反土壤环境行政法规而应承担的行政责任和污染构成犯罪应承担的刑事责任。

但在社会发展的当前阶段，还应当考虑环境保护与经济发展的平衡问题。大多数污染企业在环境方面的负面影响，不能表明其在增进就业、促进经济、利于民生各方面无所贡献，市场经济的运行也肯定了它们的作用。"一体两面"可以在一定时期内进行选择性协调与克服。如在2014年北京APEC峰会期间，河北地区关闭了2380家污染企业，对2440余个施工项目暂令停止。通过采取严格措施，辅以其他地区的多重限制和多措并举，京津冀地区维持了十余天的无雾霾天气，晴空万里，显然关停污染企业对农业用地土壤的保护也是甚为利好的措施。如果实施"排除妨害"的责任追究方式，以一家企业平均用工100人计算，关停2380家企业将导致23万余人失去工作岗位；若每家企业投入50万元，则共有约120亿元的经济损失。所以，即使在各个发达国家，其利用排除妨害的方式保护环境时，也必须考虑经济与环境之间的平衡，充分利用效用比较[3]原则加以处理。在英美法系国家，原告要求排除侵害时通常借助于衡平的原则主张利益，

---

[1]　邱聪智.公害法原理［M］.台北：三民书局股份有限公司，1984：163.

[2]　蔡守秋.环境资源法学教程［M］.武汉：武汉大学出版社，2000：281.

[3]　"效用比较"在我国当前也是广受重视，由于受到发展经济硬性指标的影响，大量的污染事件得不到合理处理，污染企业仅为补偿或赔偿了事。但目前，以北京、上海等一线较发达城市为首，污染企业开始纷纷关闭或向内地搬迁。就内迁的情况看，其仍为效用比较的消极选择。

法院也会使用普通法上的衡平规则以兼顾原被告双方权利以及经济和环境的协调。在大陆法系国家，比如德国，则更多利用物权法律体系为原告的诉求提供支撑，并发展出人格权以保护相关方人身和精神权利，并以侵权行为法判定侵权责任。

值得一提的是，近年来一些国家的理论界发展出一种"消费者承担"说。该说认为，环境权益的损害不能仅对企业方紧追不舍，而应当由购买产品的消费者和企业方面共同承担环境利益的损失。然而，实践上来说，消费者总是会、也有权利选择物美价廉的商品，而生产者、销售者不会告知自身制售产品存在污染环境的可能或行为。食用产品产地是否生态良好，作为消费者一般是无从知晓的。尤其是当土壤污染没有直接损害到与土地接触的农业生产者及相关经营者，而是因为农业用地的土壤质量状况不合格从而生产出不符合或不完全符合人体健康需求的农产品，消费者更无法知情，"消费者分担说"恰好契合了获利者一方的需求，而忽视了作为农产品（食品）应当具有的品质。

（二）农业用地土壤环境法律权利的实体性与程序性救济

落实救济方式是制止环境违法违规、保障受害人权益最重要的功能。但有些情况下环境损害的风险难以进行有效的责任认定和追究，例如某企业获准在风景名胜区修建设施从而可能对该场址的环境造成不良影响。同样，农业用地的生产经营者（主要是农民）的土壤不符合环境质量标准但因尚未出现明显损害，所以也很难向有关方寻求权益保护。我国目前尚无无过错环境污染责任赔偿基金制度和环境责任保险制度，保险企业也因担心索赔额、出险率问题不愿承保，且缺乏企业关停之后的环境延伸责任机制，致使我国大量污染责任和风险难以得到妥善的处置，更不用说只因土壤质量标准的不符而要求赔偿、补偿等。

环境权利分为环境实体性权利和环境程序性权利，前者是权利根基，后者是权利辅助，前者经由后者得到保障和补足；后者可以是多种形式，如自助、协商、调解、诉讼等。2015 年 12 月 1 日，北京市大兴区长子营镇居民汪女士在中国政法大学污染受害者法律援助中心支持下，就自家林地被食品公司排放的废水污染一事而依照行政法规定寻求救济，从而成功获得补偿款，就是纠纷的非诉解决（ADR）方式提供的实体性权利救济的生动案例。而 2016 年 4 月 11 日，遵义一村民因被征地状告贵州省人民政府案件，则为当事人通过诉讼方式以取得权利补救的程序性救济典型。

通过对环境实体性权利加以救济产生的环境责任，是环境污染行为人应承担的不利后果，在诉讼程序上即因判决、裁定等带来的败诉结果。对程序性环境权利的救济即在实现实体权利的时候，主要是对受害方司法程序权利构成妨害时，依法排除障碍、保障该方顺畅行使诉权，使有利于受害人的实体环境权利依法得到实现，最大可能地使公民土壤环境生态权益得到保护。需要明确的是，在侵权法上，一般侵权行为产生的民事责任在土壤环境民事责任中都可以引入适用，并可另赋予更换受害人住所或营业地、支付搬迁费用等责任。受害人基于实体性权利受损而求诸救济时，通过对实体权利的维护则一般能够在相应程度上满足权利人的诉讼主张。鉴于民事程序性权利通过法院的裁决后就能得到保护，因此环境民事程序性权利救济进行后的法律责任是有效司法裁决的执行问题。

（三）农业用地土壤环境权利的公力救济与私力救济

环境权利救济可以通过公力救济和私力救济的方式达成。受害人通过司法机关或仲裁机构等请求保护权利的为公力救济，通过自救自助自行协商索赔等方式以追求权利满足的为私力救济。一般情况下，受害人通过私力的方式索求无果后可能转而求助于公权力机关。如受害者通过私力救济方式但维权无果时，可以获得的公力救济形式有环境行政申诉、公民诉讼、环境公益诉讼、行政环境损害赔偿诉讼以及社会化解决机制。

就土壤环境民事权利来说，有两个类型的权利救济形式：（1）土壤民事环境权的公力救济的责任形式。土壤环境纠纷不管是采取行政裁决方式还是司法审理方式，都可以适用环境民事责任，如排除妨害、消除危险、治理恢复土壤环境、赔偿损失等。对于行政调解不服的可以再诉诸司法救济，民事诉讼中的被告应是合格的民事主体；对于同时寻求诉讼和仲裁的，适用或审或裁制度。赔偿补偿资金将来源于现有的民事责任承担方式，并将发展土壤污染环境基金、环境损害保险等，将农业用地土壤作为重点区域加大补偿力度。[1]（2）土壤环境权利民事私力救济的责任方式。该责任形式与上述略同，也基本处于传统民事责任范畴。应在《环境保护法》《土壤污染防治法》的制度框架下，结合农村发展和农业用地土地土壤整治治理的时代要求，扩充、细化污染责任追究范围、程序和方式，使权益私力救济自助行为也能够得到有效的保障。

第二节　追究污染土壤环境责任的司法路径——环境公益诉讼

土壤环境公益诉讼不同于私益诉讼，也区别于其他环境要素保护中的诉讼方式。当前环境公益诉讼中，就起诉主体资格、诉讼程式、裁判执行等方面在学术界尚未形成定论，土壤污染防治的环境公益诉讼存在诸多需要探讨完善之处。践行农业用地土壤污染防治公益司法治理，当有新的突破。

---

[1]　徐绍史.国务院关于生态补偿机制建设工作情况的报告——2013 年 4 月 23 日在第十二届全国人民代表大会常务委员会第二次会议上［OL］.中国人大网，2013-04-26.

一、农业用地土壤环境公益诉讼的特点与建设的必要性

（一）土壤污染法律责任的特点

以诉讼方式保护公民环境权益和社会公共环境利益中的行政诉讼与刑事诉讼有所不同，前者主要以行政机关的行政行为是否合法、适当的问题为审理对象，而后者则是以酿成重大污染事故的犯罪嫌疑人是否应追究其刑事责任为主开展的公诉程式。两种诉讼的重点，一为行政责任，一为刑事责任，民事责任并非必要；二者都是为追究责任，不以农业用地的土壤环境保护为目标。环境公益诉讼则以保护生态环境、维护公众和公民环境权益为目标。裁决主要通过落实民事责任达到保护环境的目的，虽然也涉及行政责任和刑事责任问题，也主要在相应的司法程序中解决。公益诉讼中的民事责任当然包含了环境民事责任的所有形式。[1]涉及农业用地公益诉讼裁判的环境污染民事法律责任承担将主要以赔偿类和修复类出现。

（二）以环境公益诉讼落实环境污染民事法律责任的必要性

除了政治手段，唯一可以对环境污染行为进行有效牵制的是法院。在农业用地土壤环境保护中，我们可以设想这样一种制度体系，在这个体系中，任何个人都可以通过起诉来终止任何有可能损害土壤环境的行为，包括潜在的环境危害。我国现行《民事诉讼法》第五十五条规定了有关组织可以就因环境污染损害公共利益的行为提起公益诉讼。毫无疑问，在对环境权利损失的救济方面，环境公益诉讼能够把公力救济的功能充分发挥出来，采取多种形式，较为全面地保护当事人的相关权利。公益诉讼制度入法，是法学理论界和司法实务界 30 年来研究探索的重大成果。尽管就"污染环境"类损害社会公共利益的行为，当前法律规定尚有不周详之处，比如是否包括某些行

---

[1]　胡学军.环境侵权中的因果关系及其证明问题评析［J］.中国法学，2013（5）：163-177.

为对环境有不良的影响但未造成实质的损害或者有潜在的污染环境之虞，当前规则尚不明确（农业用地土壤污染的情况尤为典型），民事责任的形式（例如排除妨害、消除危险等）可能无法在实践中得到实质表达；"法律规定的机关和有关组织"所指的条件具体怎样界定，目前仍未看到明确的授权性规定等，但有关方面正在积极应对，研究进一步的实施细则和立项司法解释，贯彻法律规定，做好农业用地环境污染公益诉讼机制建设，开展土壤环境民事权益司法保护工作的势头向好。[1]

（三）以环境公益诉讼落实环境污染其他类法律责任的必要性

当前的土壤污染尤其是农业用地土壤污染事件存在受理难、审判难、判决难、执行难问题，除了环境立法不完善，环境诉讼机制缺陷，法官素质与水平参差不齐，司法环境不好等原因，类似于土地污染这样的重度污染事故，各市县的处理方式多以经济和行政处罚为主。可见至少在农业用地环境侵权救济中主要还是以追究民事责任、行政责任为主。尽管我国《刑法》规定严重排污涉嫌犯罪的将被判处3~7年有期徒刑，但我国发生的众多排污案，较少有人因为环境污染而被追究法律责任，检察机关公诉部门很少接到由公安机关侦察的涉及环境污染方面的案件，在农业用地土壤污染领域内，因为环境污染而受到判刑处罚的更是寥寥。农业用地土壤污染在诉讼机制上应多管齐下，将环境纠纷诉讼简单区分为民事诉讼、行政诉讼或刑事诉讼并分别适用各自的程序规则显然不适用于土壤环境诉讼，将使土壤司法保护处于一种尴尬的局面，而环境公益诉讼机制能够克服这一制度缺陷。

二、土壤污染环境公益诉讼起诉主体

在以诉讼方式追究农业用地土壤污染行为人的责任时，起诉主体

[1] 吕忠梅.环境法新视野［M］.北京：中国政法大学出版社，2000.

即原告资格问题一直是被广泛探讨的问题，虽然现行《民事诉讼法》对起诉问题有规定，但在实务操作中，尚有很大的发展空间。以环境公益诉讼为通例，诉讼中的当事人资格是值得进一步研究的。我国最新修订的《民事诉讼法》使环境公益诉讼制度在法律上得以确立。一直以来，学者对公益诉讼模式下起诉人资格问题作了长期研究，各种观点、分歧亦为多端。虽细化规则对起诉主体的具体要求有所明确，但对所列适格条件的界定仍存有争论。

（一）学者对有关土壤公益诉讼法律规定的普遍倾向性

相较传统的"私益诉讼"，"公益诉讼"更加关注对公共利益的保护，且起诉主体与受损害的利益没有直接的利害关系，法律响应社会热切期待，规定了环境公益诉讼起诉当事人，表明国家将公益诉讼制度正式纳入法律规范之内。立法确立环境公益诉讼制度是依法治国实践的重大进步，但有些学者仍然对该种诉讼模式的落实尤其是农业用地土壤污染的诉讼问题表示担忧。因为土壤环境较于其他环境要素涉及的内容更加丰富，主体也更多样，领域较为广泛。且尽管环境保护组织和检察机关成为法定的可以起诉的主体，行政机关提起环境公益诉讼也有了一些实践，然而对于目前能够提起土壤污染环境公益诉讼的主体适格问题，学术界仍在进行讨论。学者们也很少将原告类型和起诉资格问题分开来讨论或列举以明晰二者的界限，前者是以行政标准划分的可以起诉的主体，后者是指具体操作中的可行性主体资格，但不加区分并不影响学理讨论和法理阐释，可作为公益诉讼起诉问题的广义理解。有学者至今仍主张参照美国模式引入开放式适格主体模式，但客观分析、参考借鉴，在当前制度框架内预留发展余地仍为主流观点。《民事诉讼法》第五十五条的规定抽象笼统，是一个概括性和指引性条款，为法学法律专家在环境公益诉讼中提供理论辅助或参与案件分配了一定的空间。

上述开放型起诉主体倡导者的理由主要有：（1）现行法律规定

对于起诉资格的限定过大，被授予起诉资格的主体或多或少与国家机关有联系，不利于发挥民间能动性；（2）放开公益诉讼的原告资格是国际发展主流，有利于及时发现和管控排污行为，尤其是广大农村地区的污染现象能更大程度地得到遏制。不仅应赋予公民个人以起诉权，有学者甚至主张环境要素本身和动物生命体也可以成为原告。[1]只有赋予更广泛的组织提起环境公益诉讼的权利，才能培育我国公民的集体意识，提升公共道德。[2]

法律确立新的诉讼类型和审理模式，使得我国诉讼制度面貌焕然一新。为维护公共利益而努力的适格组织可以依法行使公共权利。[3]若过于限制公益诉讼的起诉主体，则与欲以该诉讼模式保护特定公共利益的目标不相一致，与公益司法保护提起者应具有开放性的内在要求不相吻合。虽然法律规定相对明确、主流观点有所倾向，但在制度发展和理论研究中对于环境污染司法治理仍有待于进一步深入，为农业用地土壤生态环境司法保护的制度进步和完善提供了新的契机。

（二）对各预期主体的合法性及起诉权的设定

1. 检察机关

多数学者认为检察机关成为土壤环境公益诉讼的参加人理所当然，乃制度目标之所需。其法律监督权与参加诉讼权并行不悖，并可在同一案件中发挥双重职能。当土壤环境权益受到侵害又无相应的主体主张权利时，检察机关责无旁贷，代表公共利益启动诉讼程序。在农业用地土壤环境保护中，检察机关介入主要是发生严重的土壤污染事件而权利人、相关人无力应对的情况。有学者认为检察机关的环境公益起诉权为"领导性"权力，应在司法改革制度范畴完善检察院内部相关职责，完善其环境民事公益诉讼保障机制。在涉及农业用地环

---

[1] 乔世明，林森.论合法性视角下的政府环境公共权力[J].内蒙古社会科学（汉文版），2013，34（4）：86-90.

[2] 龚学德.行政机关不宜作为环境公益诉讼之原告论[J].求索，2013（1）：186-188.

[3] 孙颖."消法"修改语境下中国消费者组织的重构[J].中国法学，2013（4）：87-98.

境公益诉讼时，检察机关的基本立场、诉讼地位、程序事项、司法裁判以及文书执行各方面应进行进一步检讨和规范。[1]鉴于检察机关的特殊性，除可以就土壤环境违法提起公益诉讼外，更可以与环保部门、公安部门在土壤环境执法、土壤污染犯罪方面建立连接，以检察作为"底边"，以执法和侦查作为"两腰"，建立农业用地土壤污染立案监督"等腰三角形结构"，居中监督土壤污染防治工作。[2]

　　2015年7月，全国人大常委会发布《关于授权最高人民检察院在部分地区开展公益诉讼试点工作的决定》，授权最高检在部分生态环境保护区域开展提起环境公益诉讼试点，确定了13个重点地区进行为期两年的试点工作，这使得人民检察院也成为法定土壤环境公益诉讼的合格主体。值得注意的是，诉前程序是检察机关提起公益诉讼的必经程序，对于掌握行政机关履职情况、制发检察建议具有重要的作用。为促使行政部门正确履行职责，检察机关提起公益诉讼的类型涵盖了行政公益诉讼，并加大对制售作为农业用地土壤污染来源的超标污染物质之行为的查办力度，保障群众"舌尖上的安全"。[3]2015年山东省庆云县人民检察院、贵州省锦屏县人民检察院的环境公益起诉是很好的范例。2016年4月11日，徐州市中级人民法院就该市首例检察机关提起的环境污染民事公益诉讼作出一审判决，责令被告支付生态环境赔偿修复费用等100余万元至徐州市环境保护公益金专项资金账户。建立检察机关提起农业用地土壤污染的行政公益诉讼制度是防止和纠正环境行政违法、滥权和不作为，保障环境行政法律制度运行，推进法治政府建设的重要举措，应加快研究检察院在农业用地土壤污染防治公益诉讼中的角色、调查、程序、执行、监督等各方面的方案，加快推进诉讼试点工作，并及时研究相关制度建设，使人民检察院为保护土壤环境公益提起诉讼成为常态提供制度支撑，为在全

［1］　张加林.检察机关参与环境公益诉讼的实证分析［J］.河北法学，2013，31（5）：190-194.

［2］　李向前.运用法治思维建造土壤污染防治的等腰三角形结构［C］//中国环境资源法治高端论坛论文集.武汉：中国环境资源法学研究会，2016.

［3］　高鑫.最高检通报推进健康中国建设举措并发布典型案例［OL］.正义网，2016-10-21.

国推行这一制度夯实根基。

检察机关就农业用地土壤保护问题提起环境公益诉讼，目前仍面临案源发现和技术鉴定困难的问题。[1]除环境公益诉讼固有的难度外，检察机关一般位于城市区域，距离农村较远，农村地区科技欠发达使得信息传播速度慢，再加上农民土壤环保意识不强，可能存在人为信息掩盖，"被动的司法"难以及时发现应予追诉的污染行为。从李爱年教授对2014—2015年67件土壤污染案件的分析来看，公诉机关仅对城镇土壤污染追究了责任，对农业用地土壤污染没能及时提起诉讼；而土壤污染绝大部分为农业用地土壤污染（起诉的45位自然人中有44位为农民），这些案件在起诉中没得到检察机关的支持，形成"管得了的不去管、想管的管不着"的困境。[2]不同于行政机关、环保组织等可以随时往来农村进行执法、宣传、调查、检测等，检察院亦无相应的专业鉴定职能与技术，被认为最具权威的保护农业用地的力量的检察机关，其司法功能有待于结合农村发展实际加以提升。

2. 环境保护组织

环保组织团体为维护环境公共利益而生，赋予其对于环境违法的起诉权自是应当，在环境维护"多元共治"模式下，多元社会组织的出现亦存在必然性。[3]环境保护组织的出现，为农业用地土壤污染的治理和日常管理提供了更多的可能性，也为涉土环境公益起诉提供了一个极为有利的合格主体。[4]多数学者赞赏环保组织提起土壤环境公益诉讼，认为有些公益组织的环境起诉权可以不必保留，替代成

［1］ 李平，刘合臻.论检察机关就土壤污染提起环境公益诉讼的制约因素及解决路径［C］//中国环境资源法治高端论坛论文集.武汉：中国环境资源法学研究会，2016.

［2］ 李爱年，刘爱良.司法视角下的土壤污染治理的主要问题与立法对策——以2015年67份土壤污染案件裁判文书为分析样本［C］//中国环境资源法治高端论坛论文集.武汉：中国环境资源法学研究会，2016.

［3］ 林尚立.两种社会建构：中国共产党与非政府组织［M］//清华大学公共管理学院NGO研究所.中国非盈利评论.北京：社会科学文献出版社，2007（1）.

［4］ 刘畅.多元共治：环境非政府组织的行动逻辑——以长沙湘和化工厂土壤污染事件为个案的研究［J］.中国环境法治，2016：9-17.

立专门的环境公益组织，例如民间环境社会组织（Civil Environmental Society Organization，简称 CESO），主要甚至专业服务于包括农业用地土壤环境保护起诉的环境公益诉讼事项。[1] 2011 年，民间环保组织"自然之友"及重庆市绿色志愿者联合会作为联合原告，就云南省曲靖市铬渣污染事件将当地化工厂告上法庭，索赔 1000 万元作为环境生态恢复资金。这是我国首例环境保护组织提起涉及农业用地土壤污染的环境公益诉讼案例。

3. 行政机关

行政机关作为国家公共利益维护和社会事业管理机关，是否可以在环境公益中提起诉讼，学者观点分歧较大。张锋教授认为政府提起公益诉讼可以很好地实现维护环境公共利益的目的，所以倡导行政部门的起诉权。但也有学者认为行政机关已经在环境方面具有了许可权、管理权和监督权，如果允许提起诉讼，则可能导致其滥用权力或使之权力过度扩张；且在有些部门行政不作为、滥作为的情况下，允许其主动参与到诉讼中，更易成为其推卸责任的隐性借口。

值得注意的是，行政机关在环境公益事业中具有"二元性"，即其日常处于社会管理的第一线，具有当然的人力、资源、技术和能力优势，若参加环境诉讼，对于查明事实、确认违法、追究责任优势明显。但上述行政机关参诉的弊端亦突出。有学者建议，可以考察环境主管部门是否认真履行了法定职责，如果其已经用尽执法手段尚未能制止环境违法，则可以允许其参与到诉讼中，否则应予拒绝。该种观点具有一定的参考价值。[2] 当然，环境保护机关对于严重违反农业用地土壤环境保护法律，造成农业用地土壤污染的行为，可以将之移送公安机关侦查，从而以刑事方式追究行为人责任。

---

[1]　熊晓青.建立系统、超脱和灵活的环境监管体制——以《环境保护法》的修改为契机 [J].郑州大学学报（哲学社会科学版），2013，46（4）：51-53.
[2]　李玲.铬渣污染公益诉讼案件的评析 [J].环境保护，2013，41（Z1）：74-76.

4. 个人

公民个人是否可以成为环境公益诉讼的原告，是学者们讨论较为热烈的问题。立法研讨经过了从推崇"任何人"主义到"好事者除外"，再到间接利益相关直至不再支持公民个人起诉的过程。起初学者们大体上赞成公民个人可以起诉，但应设定一些限制条件。后来，考虑到对起诉主体不应全盘引入发达国家给予全体国民任何人权利的做法，而应折而中之、明确规范性指引的思想成为立法指导原则。[1] 对于土壤环境要素的保护，尽管仍有学者呼吁要大范围扩展起诉适格主体，然自法律颁布之后，权威学者始以现行制度基调为研究起点，讨论农业用地土壤污染司法保护问题，一些学者参与有关土壤污染防治立法提案、讨论的观点也在学术论著中有所反映。[2] 2011 年 5 月，贵州清镇某防水胶厂的负责人将 8t 有毒化工废液倒入污水沟中，致使相连的猫跳河、东门河流域苯并芘超标 2770 余倍、苯酚超标 3180 倍、苯超标 147680 余倍，该地居民蔡先生以个人名义提起环境公益诉讼，获得了检察机关的支持和法院的立案审理；2013 年安徽铜陵市民任某诉某外资科技公司环境污染案、2014 年福建闽侯 400 名"环境难民"集体公益诉讼案等，都是公民个人或集体提起涉土公益诉讼的典型。如果司法资源、执法监督资源允许，个人起诉将有非常大的发展空间。

（三）诉讼制度理念与模式

鉴于环境各要素的相互依存性与表征的趋同性，对于起诉的主体资格和应用的程序等，学者研究论述的视角并无二致，上述分析与讨论，可以将包括农业用地土壤环境在内的不同要素诉讼模式结合在一起探讨。例如，李战研究员等认为在消费者群体诉讼领域，"引进美国式的集团诉讼模式很有必要"。[3] 这可以成为农产品超标、食品

---

[1] 高雁. 环境公益诉讼制度：美国的经验与中国的制度选择 [J]. 求索，2012（9）：96-98.

[2] 孙佑海. 对修改后的《民事诉讼法》中公益诉讼制度的理解 [J]. 法学杂志，2012，33（12）：89-93.

[3] 李战，张琴. 论我国消费者群体诉讼制度的构建：从小额多数侵权纠纷解决的角度思考 [J]. 东南大学学报（哲学社会科学版），2012，14（S1）：110-114，121.

致害等情况出现时提起公益诉讼的参考。孙元明谈及制度缺漏时认为，构建公益诉讼制度需要在理念上加以突破，观念上注重创新。[1]对于环境公益诉讼，"社会实践和司法体制改革中需要建立环境司法的利益平衡机制"。[2]自 2019 年以来，学者的研究范式与之前迥异，逐渐开始在法律规定的缺失之处和未来发展层面，从细化规则、操作规程等角度提出具体的方案，当然亦不乏对于农业用地土壤司法保障当事人的再深入研究。对于审理者的角色——人民法院及司法官方面，学者认为环境公益诉讼制度的创制过程赋予法官能动司法职权，在推动环境公益诉讼中有着特殊的价值。

学者同时关注公益诉讼制度的具体模式建设以防止法律走向虚化，对于土壤污染诉讼，可以在现行制度的基础上发展农业公益团体起诉机制，以确保基层群众在土壤环境维权时的起诉权。[3]尽快落实环境公益诉讼制度的各个阶段的措施和程序建设，防止法律目的落空的呼声颇高。[4]众多学者主张法院应当强化环境司法的能动性，完善诉讼程序，并与环境主管部门、检察机关和公安机关建立联动合作机制以维护起诉适格主体的诉权，尝试推广诉讼成本"败诉方承担""赏金猎人"等制度，适用于各类公益诉讼形式，[5]土壤环境公益诉讼亦不例外。

有学者在对我国涉及公共利益的诉讼体制和司法实践进行考察的基础上，对学界热议多年的公益诉讼、法庭专门化、检察机关支持起诉的相关制度设计提出了质疑。[6]事实上，最新版《民事诉讼法》和《环境保护法》施行的这几年，虽然环境公益诉讼受到全社会的关注，但涉及农业用地土壤污染的公益诉讼寥寥无几，乏善可陈，土壤司法

[1] 孙元明.论公益诉讼制度的法理基础和制度构建[J].学术界，2012（9）：176-183，288.
[2] 李强，唐保银.民事公益诉讼制度优化研究[J].学术界，2012（9）：184-190，288.
[3] 刘兵红.自然资源损害赔偿制度的国际考察及启示[J].生态经济，2013（4）：157-160，169.
[4] 刘建珍.破解公众参与难题 推动空气污染防治[J].环境保护，2013，41（11）：25-27.
[5] 陈亮.环境公益诉讼"零受案率"之反思[J].法学，2013（7）：129-135.
[6] 吴三军，步效民，李保勤，等.论消费者权益保护之集团诉讼[J].华中师范大学学报（人文社会科学版），2013（S3）：70-73.

理论与实务研究发展的空间亟待进一步加大。而且，当前环境公益诉讼多数为民事案件的诉讼，在农业用地土壤保护领域，环境行政公益诉讼、环境刑事公益诉讼可能更具有现实性。

三、农业用地环境公益诉讼起诉期限及裁决问题

《民事诉讼法》有关时效规定的一审诉讼程序中，对因环境污染损害赔偿问题起诉的，确立了3年的诉讼时效（《环境保护法》第四十二条）。且民事诉讼保障的最长期限是20年，从侵害行为发生之日起，超过20年没有起诉的，则失去了以诉讼取得权利救济的可能性。这对于因农业用地土壤污染导致损害的救济是不利的，尤其是身体健康遭受的损害。鉴于土壤污染的特殊性，应当适当延长提起环境（公益）诉讼的期限，甚至对因土壤环境的破坏导致的损害，不设定固定的起诉期限，只要发生或发现了污染土壤环境的行为或者造成了损害和风险，就可以诉诸有管辖权的法院。污染状态持续存在，则违法行为并未改正，用现存有效的法律责任条款追究违法行为持续导致土壤污染现状的行为人，不违反法律责任溯及既往原则。

如果土壤污染环境公益诉讼的类型同传统诉讼类型完全一样，则裁判文书生效后按照既定方式执行即可。然而事实并非如此，对裁决的执行也绝不简单。既然起诉主体资格已经相对明确，那么对裁决的执行主体、申请执行主体如何确定？原告败诉时自勿多言，原告自行承担诉讼后果即可，要求保护的权益利益状况无须改变；如果被告承担不利后果，则环境行政主管机关、检察机关、社会组织、人民法院乃至公民个人如何根据案情确定申请执行、负责执行和承担责任的适格主体，法律尚未给出明晰的答案。也就是说，对于司法裁决的执行期限、执行主体等事项需要立法进一步给予立体的补强。[1]

---

[1]　张天泽，杨凌雁.环境公益诉讼与消费者权益保护公益诉讼当事人研究［J］.争议解决，2015（3）：21-28.

　　当前的一个问题是，环境公益诉讼受社会舆论影响较大，诉讼周期长、环境损害评估难度大等技术问题多，诉讼利益归属不明、生态修复难以落实等成为审理和执行的障碍，这在农业用地土壤污染环境公益方面更为明显。加之土壤污染防治难度很大，边审边污、审后又污的现象仍难禁止。尤其是，当裁判确定行为人（责任人）支付土壤污染的生态修复费用后，赔偿资金长期闲置，得不到正确使用。土壤生态修复工作方面，法院因专业知识和实践经验的缺乏不会执行，行政机关因不是案件当事人不能执行，社会组织因欠缺土壤修复专业能力和监管能力而无法执行，责任人因土壤修复资金已经交付不敢执行，农民等农业从业者对土壤污染资金的使用及修复更是无从着手。法院无法胜任生态环境修复责任具体内容的确定及其执行的弊端早已出现端倪。随着新修订《环境保护法》的全面施行，可以预见该问题会越来越突出。[1]

　　环境公益诉讼裁决的执行是主要落实维护公共利益下的民事责任和公众环境权利的基本方式，执行本身的价值与环境公共利益高度契合。具体来说，涉及污染农业用地土壤环境责任人的执行义务可能有：民事侵权排除、环境损害赔偿；停止正在发生的排污行为、采取措施消弭不良影响、消除未来的风险；对土地土壤进行监测，整治不符合质量标准的地块，并对未造成农产品明显减产或重金属超标、未对人体健康有直接伤害影响的行为进行合理补偿；返还侵占的设施财产物品、保障权利人的占有权和用益物权、恢复当事人权利原初之状；缴纳环境治理费用、负责修复土壤生态环境；适时整治优化以保持土地土壤良好环境状态等，这些责任方式或直接保护相对人的民事权益，或为保障、恢复农业用地的环境质量，或与它们关系密切。[2]同样地，我们所关心的农业用地土壤污染司法责任形式的落实，就是在忠诚履行生效司法文件所确立的责任和义务。

---

[1]　胡静.环保组织提起的公益诉讼之功能定位——兼评我国环境公益诉讼的司法解释［J］.法学评论，2016（4）：168-176.

[2]　沃耘.民事私力救济的边界及其制度重建［J］.中国法学，2013（5）：178-190.

第三节　土壤环境保护公益诉讼改革

一、土壤环境公益诉讼前沿问题

随着我国新修订的《环境保护法》《民事诉讼法》以及《土壤污染防治法》的施行，土壤环境公共利益司法保护走向新时期，"直接利益相关"的起诉原则改弦易帜，为立法完善、规则细则出台以及相关学理讨论开启了一个新的高度。2016 年 7 月 27 日，最高人民法院公布了《中国环境资源审判》（白皮书），部分内容展示了涉及农业用地土壤环境保护的审理情况，突出了我国法院环境资源审判的新功能。该白皮书列举了 53 件 2013 年 6 月至 2016 年 7 月间的典型环境审判案例，其中包含多个农业用地土壤污染案件。从专家学者对环境公益诉讼以及土壤污染公益诉讼的研究可以看出，法律制度在起诉条件、诉讼模式、裁决执行等方面尚有较大的完善空间，对于具体个案的应用，仍有一些新的问题需要进一步研讨。

（一）公益诉讼的起诉资格问题

《民事诉讼法》规定可以提起公益诉讼的主体是"法律规定的有关机关和组织"，《环境保护法》仅规定了"组织"可以起诉，从法律本身的内容来说，存在一定的冲突之处。而随着相关司法解释和政策文件的出台，检察机关可以作为原告提起或支持或参与环境公益诉讼，如果对"法律"进行扩大解释，则法律间的缝隙得到了弥合。对于行政机关，如果其认真、完全履行了职责而未能阻止违法，或者污染行为超出了其职责权限——如农业用地环境管理涉及农业农村部门、自然资源部门的执法领域——其是否可以单独提起环境公益诉讼也成为讨论热点。需要提出的是，法律对于"组织"提起环境公益诉讼的规定尚待明确，比如"专门从事环境公益活动"，但相关单位的证照许可载明事项可能与法律条文有较大出入；"无违法记录"是指任何违法还是仅指其业务范围内的违法，等等，需要立法进一步明晰。而且，《环境保护法》本来就对公益诉讼起诉主体限制严格，基于土壤污染的复杂状况、农业从业人员的弱势状况，可能使得提起公益诉讼的主体资格更加受限，出现立案难"难于上青天"的状况。所列种种，都需要法律规则的不断完善。在非典型污染致害中，不同环境要素的接续性终端受污染权利主体不能依据现行法律起诉始端责任者，也成为起诉难的另一个因素。

（二）提起诉讼的动因即起诉激励制度的建设问题

在法律尚未引入环境公益诉讼制度时，基于对公共利益保护的起诉基本处于道德领域等不得不为之的"自发状况"甚至"违法状态"，而在有了新的法律依据时，机关单位姑且不论，环境保护组织因何提起环境公益诉讼，或者说其何必提起诉讼就是值得考虑的问题。有些组织需要重新审定并更改其业务范围，有些需要重新配置人员、投入财物、增加设施以满足保护环境公益的需要。那么，虽具有了为环境公益针对违法提起诉讼的资格，但其起诉的动力在哪里呢？《民事诉讼法》和《环境保护法》就公益诉讼提起所用的字词是"可以"，而不是"必须提起"，且法律规定了组织维护环境公益的"营利禁止"，在有关组织提起环境公益诉讼并非其法定义务的情况下，为应诉支付的人力财物和时间精力成本如何得到补偿就成为现实问题。"诉累"而无益之下，为维护生态环境殚精竭虑殊为难得。在"常州毒地"案中，二审判决三被上诉人在国家级媒体上就其污染行为向社会公众赔礼道歉，三被上诉人共同向"自然之友"和中国生物多样性保护与绿色发展基金会支付律师费、差旅费各23万元。历时数年，环保组织求助环境公益司法保护过程的"得"与"失"难得平衡。而且，该案一审的结果是判决原告即上述二环境组织败诉，承担案件受理费

189万元。[1]败诉风险如此巨大、诉讼之费如此高昂，可能令大量环境保护组织望而却步。事实也是如此，就环保社会组织来说，实务中由其担任原告的公益诉讼面临案件稀少的困境，难以有效发挥对环境的保护作用。特别是因农业用地土壤污染的特性和诉讼的难度，环保社会组织是否有意愿和能力提起土壤环境公益诉讼值得研究。

（三）公益诉讼的类型问题

很多学者希望把公益诉讼独立出来，建构一个不同于民事诉讼、行政诉讼和刑事诉讼的新的诉讼类型，与民事诉讼和行政诉讼等区别并举。从法律规范所表达的精神来看，并未明确定义环境公益诉讼的类型，尽管实践中环境民事公益诉讼占绝大多数，且司法裁决确定的责任承担上也多为民事责任，但从保护利益的对象、维护权益的目的看，并不能区分何种诉讼为公益诉讼，何种又为私益诉讼。农业用地土壤污染司法诉讼保护的公共利益，可以以民事、行政和刑事司法程序审理，也可以以独特的行政赔偿诉前程序处理，法律政策一定程度上的模糊性为司法机制发展留下了较大的空间。

（四）土壤污染因果关系的判定问题

一直以来我国司法实践对环境污染的因果关系采取直接因果说、高度盖然性说和疫学因果关系说等因果关系推定的"正置"举证责任思维，不能满足土壤污染责任认定的科学性需求，尤其是涉及农业用地土壤这一重要的环境要素的司法保护。2015年最高人民法院出台的《关于审理环境侵权责任纠纷案件适用法律若干问题的解释》对原告要求初步证明排污行为与损害结果具有关联性，是一种对证明责任的优化，但仍未能从根本上解决土壤环境污染甚至是全部环境损害在诉讼中的因果关系及责任落实问题。这说明在风险社会下，侵权因果关系理论已经不能满足土壤污染侵权因果认定的要求，甚至传统的环境

---

[1]　葛枫.我所亲历的常州"毒地"土壤污染责任案［OL］.自然之友，2019-02-25.

因果关系理论亦不能完全解决农业用地土壤污染的因果责任问题。表现之一即就涉案地块是否存在污染本身，目前农业生产者（村民）、环保组织、企业单位以及政府机构各方分歧巨大。对土壤地段的检测，不同的机构鉴定结果甚至出现"严重超标"和"符合土壤标准"这类截然相反的结果。时间点位选取、检测仪器、专业技能、检测人员背景等各种影响污染因果认定的因素都可能成为各方争议的焦点。

在涉及诉讼中，为科学界定污染情况，必须坚持污染检测符合三性：合法性、真实性和专业性。使用国内有关标准、国际标准以及国内外权威研究标准成果，由各方在法院的主持（认可）下，在诉讼当事人代表或公众参与监督下，约定检测机构或由法院指定污染鉴定机构（或建立临时土壤鉴定机构）来认定是否存在土壤污染，进而判定因果关系，才能够得到广泛支持。2010年，原环境保护部倡导授权开展环境风险与损害鉴定、经济损失评估的资质管理工作，这有利于农业用地土壤污染损害因果关系鉴定，法院可以在案件审理中能动地推动土壤损害评估能力建设。环境侵权责任一定程度上可视为因果关系责任，受害人对因果关系举证的标准是污染行为和事实具有一般盖然性，法官在内心确认应已存在的关联性即可判定土壤污染中的因果盖然性。[1]

根据有关规定，环境污染责任认定实行举证责任倒置的原则，即原告证明损害事实和污染行为已经存在，被告就免责事由和损害结果与行为不存在因果关系负担证明责任，农业用地土壤污染司法也采用这一规则。但在污染行为人、责任人不明的情况下，应采用德国的"状态责任"和日本的"所有人、管理人责任"以及"方圆责任说"，就农业用地土壤污染地块周围一定范围内的所有可能引起污染的主体和原因中，根据检测的结果和初步责任认定，排除与该地块污染没有因果关系的因素，以各类元素可能致害的程度，依照侵权行为人不明

---

[1]　叶锋.论我国环境侵权责任因果关系裁判规则之构建——以2010—2014年120份民事判决书为分析样本［C］//中国环境资源法治高端论坛论文集.武汉：中国环境资源法学研究会，2016.

的责任认定法则明确责任承担问题。如果不能排除农民的污染行为，则应由基层政府承担责任。这与大气污染、水体污染存在着一定的区别。虽然构成土壤污染的原因复杂，但因土地的固定性，引起土壤污染的原因大多数情况下也是固定的，在农村地区，污染者、污染行为及原因也更容易辨认；而大气污染中因大气的气流动态不确定性，则几乎无法认定特定的行为人；水质的流动也难以有效地认定污染者，固定范围的水体相对容易，但跨越省区的江河污染，不仅涉及面广，污染者甚至可能在"千里之外"。当然，因为土壤污染也可能是因水质的浸透、大气污染物的沉降所引起，按照目前对土壤污染因果的认定方法找出污染原因和责任者并非十分周密和科学，但总体上是可行的。

（五）土壤污染法律责任问题

在判明存在土壤污染时，在土地占有者、拥有者、转让者、管理者、污染行为人之间科学判定和分配法律责任，并借此确定土壤污染预防的责任，同时需明确承担责任的具体标准和应达到的效果。2015 年 6 月，最高人民法院发布《关于审理环境侵权纠纷适用法律若干问题的解释》，指出污染者无论有无过错均应担责，环境检测机构、评价机构等弄虚作假的，应当与导致环境污染和生态破坏的有关责任人共同承担连带责任。[1] 表达了在土壤污染中责任的合理分担，明确了诉讼中裁判结果的科学性，在一定程度上优化了土壤环境责任归属原则。风险社会下，土壤污染侵权责任不再等同于传统侵权责任，因存在"多因一果"和"一因多果"及因果关系认定的复杂性，法律责任也很难一一对应，而向集体集合型社会多主体责任发展。也只有这样，才能集社会不同主体之财之力之智，共同应对未知的、可能随时爆发的社会风险。

---

[1]　罗沙，王茜.污染者无论有无过错均应担责 环评机构弄虚作假应连带担责［N］.人民日报，2015-06-02（10）.

对实践中存在各地法院对农业用地土壤污染责任认定标准、规则原则不统一导致行为人不能预见行为后果、政府和社会责任未落实、责任承担方式狭窄的问题，应从几个方面加以完善：（1）在传统民事责任之外，明确因土壤污染导致土壤退化和机能异化等的修复责任；（2）不仅赔偿污染致害确定的作物毁损与减产的损失，还应赔偿因此导致的鉴定评估、医疗健康、责任追究及为止损所支付的合理费用；[1]（3）合理测定落实农业用地土壤污染可能带来的不可避免的机会成本、生态环境、地力减弱造成农业从业者及相关者的损失以及必要的精神损失赔偿责任；（4）放宽农业用地土壤污染责任主体和责任认定标准，加大污染成本。[2]

（六）对裁决的执行和监督问题

对裁决确定存在土壤污染的，按法律文书规定的责任执行。可以由权利人（主要为村民及其他农业生产管理权利人）、诉讼支持人、行政机关（行政诉讼的败诉除外）、法律监督机关（检察院支持诉讼的）以及法院组成生态损害赔偿责任暨土壤污染治理监督小组，定期检视，全面验收，负责监督、检查生效文书的执行及效果。对于土壤生态修复，2020年初中共中央办公厅、国务院办公厅发布《关于构建现代环境治理体系的指导意见》中提出探索建立"恢复性司法实践＋社会化综合治理"环境治理模式，十分适合农业用地土壤污染的司法控制及土壤生态恢复。对于生效裁决确定负有修复责任的人员和单位，具有相关技术和能力的，可以自行修复，也可以聘请拟试点开展的环境综合治理托管服务点和其他第三方机构人员进行系统治理，依规支付费用并承担修复责任以作为执行司法裁判的考核依据。土壤环境治理不达标的，不仅要承担执行裁决不力的监督后果，还将被纳入

---

［1］　郑菲菲，贾爱玲.土壤污染防治责任机制研究——以土壤污染纠纷案件为切入点［C］// 中国环境资源法治高端论坛论文集.武汉：中国环境资源法学研究会，2016.

［2］　秦海彬，甘芳.论我国土壤污染防治责任机制的构建——以美国《超级基金法》和我国《环境保护法》为参照［C］// 中国环境资源法治高端论坛论文集.武汉：中国环境资源法学研究会，2016.

失信联合惩戒名单，就其拒绝执行或瑕疵履行生效裁决情况录入全国信息公示系统，依法依规向社会公开，形成土壤污染控制与生态恢复的强大压力。

在进行农业用地土壤污染的环境诉讼程序时，应当采取多种方式将公益诉讼与私益诉讼、行政诉讼、刑事诉讼相结合。2016 年 6 月 2日，最高人民法院相关负责人表示，要加大制裁力度，发现环境污染问题后从严制裁，不仅追究污染行为人的财产赔偿责任，还要在符合条件时责令其赔偿精神损失。由此看来，农业用地土壤污染损害是有提起精神损害赔偿的条件的，村民因农田、园林等污染受损，除可以提起财产赔偿之诉，也可以附带提起精神损害赔偿的诉讼请求。2016 年 6 月 3 日，江苏省高级人民法院通告了近一年来的环境资源司法审判总体情况以及典型案例。其中关于镇江市京口区人民法院在审理非法占用耕地的刑事案件中，将刑事责任量幅与农业用地质量恢复效果相结合，促使被告人主动采取措施修复被侵害污染耕地的生态环境，破解了长期困扰土地执法的恢复难题。这是地方法院很好的司法实践。

表 6-1   有关农业用地土壤污染的典型诉讼案件

编号	案由	原告	被告	法院	结果	年份
1	铬渣污染	重庆市绿色志愿者联合会	陆良化工公司	曲靖中院	刑事、行政责任＋生态修复支付	2011
2	血铅超标事件	汤某	创大钒钨公司	衡东县立案	（已涉及行政处分）	2014
3	腾格里沙漠污染	中国生物多样性保护与绿色发展基金会	8 家排污企业	最高法院	刑事责任、整改	2014
4	"毒垃圾"案[1]	中国生物多样性保护与绿色发展基金会	常州 2 家化工企业	亳州中院	审理中，索赔 700 万元；14 名涉案人员归案	2015

[1]   杨文刚. 安徽省环境公益诉讼第一案亳州立案［N］. 亳州晚报，2015-10-23.

续表

编号	案由	原告	被告	法院	结果	年份
5	非法占用耕地	—	—	镇江京口	视生态恢复量刑责	2016
6	土壤污染案件	中国生物多样性保护与绿色发展基金会	宜化化工等	汉江中院	和解，修复土壤、设立专项资金	2016
7	京郊毒地案	中国生物多样性保护与绿色发展基金会	凯比公司等	北京四中院	7月11日案件受理	2016
8	常隆地块污染	自然之友等	3家污染企业	江苏高院	裁判被上诉人在国家级媒体上就其污染行为向社会公众赔礼道歉等	2019

注：以上为部分相关的典型诉讼案件情况，根据有关网站资料信息整理。

　　如表6-1所示，自2014年起法院立案受理的土壤污染案件，至今仍有未作出裁决的情况，一方面是由于农业用地土壤污染的复杂性，对土壤污染状况的判定、生态环境损害鉴定困难等，使得司法审理一般期限较长；另一方面也说明当前我们涉及土壤污染的（公益）诉讼还不完善，在受理、审理、执行等各个程序节点上有待加强研究，尽快使法律规定的诉讼制度落到实处。在司法改革中，应确立环境资源审判庭土壤审判的职能，把实现农业用地土壤污染防治的审判专门化作为发展方向，不断探索和实践"三三三"土壤生态审判运行模式，将恢复性正义引入土壤环境司法当中，[1]因地制宜地设立土壤环境审判庭，在专门的土壤环境诉讼程序中纳入土壤修复型调整审理规则，并适用适合土壤特点的事实认定、证据认定规则和法律适用原则，把土壤环境司法的专业性、土壤环境污染状况的系统性与我国农业生态

---

[1]　王世进，周志兴.论恢复性正义在环境刑事司法中的适用［J］.江西理工大学学报，2016，37（2）：25–28.

化建设的时代性结合起来，以绿色司法助力农业土壤生态文明建设。

2016 年 9 月 30 日，最高人民法院举行司法案例研究院揭牌仪式，主要负责人（院长）为包括中国政法大学环境资源法研究所王灿发教授在内的司法案例研究院首席研究员们颁发了聘书。[1]长期从事重金属污染诉讼与受害者帮助的学者受到重视，在涉及农业用地土壤污染的公益诉讼中的作用能够得到质的提升。环境司法是农业用地土壤污染防治法律制度得以落实、公民尤其是涉农群众合法权益得以维护的基石。土壤环境保护立法供给、制度保障和司法救济从根本上是一个体制机制循环系统，具有目标的一致性和程序的严谨性，法律制度的具体执行和日常遵守，需要司法手段加以不断矫正和促进。农业用地土壤污染治理这一复杂艰巨的重大工程，更加需要法律规制和司法保障的衔接，它能够赋予农业用地土壤法律制度和土壤环境管理整治事业以强大的生命力。

二、绿色检察视角下土壤环境法治引智制度

随着我国环境问题的深化和党中央对生态环境保护的高度重视，一系列涉及运用检察权保护生态环境公共利益的法律法规、司法解释纷纷出台，以检察环境公益诉讼为主要功能的生态检察将在农业用地土壤环境司法中承担核心角色。环境科学及环境法律等方面人才的缺乏影响生态检察权的有效行使，人民检察院应在环境司法中扩大引智，吸收相关专家提供专门服务，建立环境调查官、检察辅助人以及专家证人制度等专业群众参与常态化机制，并落实人事等各方面的应有待遇，满足其工作正常需求，助力检察权保护土壤环境公益的良性发挥。

---

[1] 卢岩.最高法司法案例研究院揭牌 周强：促进严格公正司法［OL］.中国新闻网，2016-09-30.

（一）环境检察司法扩展与人才的张力

党的十八届四中全会在关于推进全面依法治国的方针中明确提出探索检察机关提起公益诉讼制度的指导思想。2015 年 7 月，《全国人民代表大会常务委员会关于授权最高人民检察院在部分地区开展公益诉讼试点工作的决定》《检察机关提起公益诉讼试点工作方案》两个文件发布后，相关规范性文件纷纷出台，赋予检察机关以法维护生态环境公共利益的权利，包括环境检察建议及协商程序、支持社会组织提起环境公益诉讼以及自行提起各类型环境公益诉讼。检察机关开始推动涉及环境公共利益的司法活动由实践探索成为法治现实，随之也对检察机关在该领域的应对能力、专业素养提出了新的要求，顺应环境司法专门化需求，加强环境检察的专业性也成为生态公益事业发展的必然。而新时代发挥好检察机关的新职能，专业的科学技术人才是关键。"为政之要，惟在得人；用非其才，必难致治。"（《贞观政要·卷七·崇儒学》）习近平总书记在谈及人才时也多次指出："办好中国的事情，关键在党，关键在人，关键在人才。"绿色检察活动得到专业力量的加持将能够事半功倍，否则良好的制度初衷也可能因不得要领而流于形式甚至走向式微。依托环境检察制度力量，加强土壤环境司法尤其是农业用地土壤环境检察司法专业制度建设成为当下较为迫切的课题。

检察权从仅能对以往污染破坏生态环境构成犯罪的按照程序提起刑事诉讼，发展为可以支持或自主提起环境民事公益诉讼等，并可对环境行政不作为提出检察建议。检察司法权在生态环境保护领域的扩展与当下农业用地环境污染的隐蔽性、需要更加专业的知识技能以在检察司法中应对形成较大反差。生态检察时代背景下检察机关在机构设置专门化、司法活动专业化、司法程序制度化中显现人才缺乏的劣势，这种张力体现在检察司法全过程。

1. 绿色检察司法权的新发展

近些年，随着中央对生态环境保护事业前所未有的重视，以司法方法维护"绿水青山就是金山银山"的顶层设计史无前例地明晰起来。环境司法专门化提上党的重要工作日程，其中以检察机关提起各类环境公益诉讼为主轴行使环境法律监督权的司法制度成为生态环境保护法治化的关键一环。自最新修订的《民事诉讼法》《环境保护法》生效以来，《行政诉讼法》《人民陪审员法》《关于加强协作推进行政公益诉讼促进法治国土建设的意见》等法律法规，《最高人民法院关于审理环境民事公益诉讼案件适用法律若干问题的解释》《人民法院审理人民检察院提起公益诉讼案件试点工作实施办法》《人民检察院提起公益诉讼试点工作实施办法》等司法解释以及《全国人民代表大会常务委员会关于授权最高人民检察院在部分地区开展公益诉讼试点工作的决定》《检察机关提起公益诉讼改革试点方案》等中央政策文件纷纷出台，环境公益司法尤其是环境检察司法活动进入新的历史时期，"绿色检察"成为检察权扩展的新方向，将极大促进我国环境司法专门化的时代走向。

在 2014 年启动的环境资源保护司法体制改革中，最高人民法院设立专业的环境资源审判庭，此后各地也渐次设立独立于其他审判庭的环境审理机构，生态环境司法保护朝向审理机构专门化、审理人员专业化和审理程序制度化方向快速发展。[1] 生态环境司法保护方式整体的专业化趋势也在客观上推动着检察机关尽快适应新形势，加快绿色检察的专业化建设。

2. 以检察权践行环境法治的人才困境

依据有关法律政策及司法解释，检察机关可以对导致环境污染和生态破坏的行为提起环境民事公益诉讼，对行政主管部门怠于履行环境保护监管职责的行政不作为、乱作为开启环境行政公益诉讼程序，对严重损害生态环境造成重大损害的犯罪行为提起环境刑事诉讼及刑事附带民事公益诉讼，并可以对相关部门、组织提起公益诉讼提供支

---

［1］ 林莉红，邓嘉咏.论生态环境损害赔偿诉讼与环境民事公益诉讼之关系定位［J］.南京工业大学学报（社会科学版），2020，19（1）：37-46，111.

持和协助，对环境行政及司法进行法律监督。检察机关对涉及环境公共利益的法治实践问题实现了全覆盖，环境司法能动性得到进一步加强。然而，一个不容忽视的现实是，人才困境近些年成为检察机关环境科学检察、正确司法、有效监督的重要瓶颈。囿于传统检察权的法律及技术限制，检察机关在环境检察乃至环境司法这一生态环境司法保护领域中遇到诸多问题，例如调查取证困难、必要费用高昂、诉讼程序延宕、监督费时费力以及环境检察目的实现效果不佳等。其中，能够影响检察机关环境司法成败和实现目标的技术性或者说专业性问题乃一大掣肘。

环境检察司法面临人力资源困境的一个重要原因是在国家强力治污、行政官员政绩考核中环境污染"一票否决"制度下，污染环境及破坏生态行为更加隐蔽，"排污技术"越来越"专业"，很多情况下环境污染信息被违法行为人刻意隐瞒，农村地区以及面向农区的污染投放更是难以被人发觉和关注，没有强大的专业技术支撑很难客观反映农业用地生态环境的真实状况。在环境公益诉讼案件中，污染环境行为事实的认定、作物损失及健康损害的计算、生态破坏的鉴定评估涉及很多专业知识，在起诉前置程序中的沟通协商、检察建议、庭审中的主张与论辩、裁判后的修复执行以及检察法律监督各个阶段都涉及诸多技术问题，包括环境实体法、环境司法程序、环境科学、生态学、环境技术等方面的综合知识和技能。即便在"举证责任倒置"的环境司法证据规则下，起诉机关看似证明具有环境污染行为及损害结果较为轻易，然而被诉主体可以基于其专业知识能力更为轻松地为不应承担或减轻承担责任的情形、损害事实与其行为之间不具有因果关系找到借口。"是否专业"成为控辩双方诉讼胜败的区分和环境检察司法行为法治目标的鸿沟。如因检察机关专业能力不足、无法证明损害事实而导致负面诉讼结果，必然不利于生态环境公益的保护。[1] 为实现检察效益，弥补新型业务需要的相关知识技能的缺失，构建因

---

[1]　曹明德.检察院提起公益诉讼面临的困境和推进方向［J］.法学评论，2020，38（1）：118-125.

应绿色检察职能的环境检察法治引智制度势在必行。

（二）检察司法专业化下的土壤环境法治引智

检察机关吸收专业人士参与农业用地土壤环境检察活动，可以通过环境调查官制度、发展环境检察辅助人、聘请专家证人等方式进行，从而在污染行为事实、生态损害状况、因环境污染导致经济损失情况、专业环境监测报告、生态鉴定等的调取检查认定中查明事实，在检察参与司法活动中就起诉应诉相关法律等专业问题加以确定，在关乎农业用地环境污染行为与损害因果关系等问题中发挥专业能力。

1. 环境调查官制度

在环境污染事件中，因科学技术、检查监测以及办案人员主观认知等各方面条件的限制，对于行为人出具的专业检测报告、排污审查报表等无法进行深入的审查而往往只是形式审查，而检察机关如果自行聘请外部监测机构出具检测报告报表，则不仅在费用上有限制，还处于"越权执法""非法行政"的不利地位，将给环境检察司法活动带来一定的妨碍。对不当行为或违法行为事实以及损害结果的认定非常重要，专业的"调查官"可以解决这一问题。比如，对于因行政机关不主动履行环境信息公开责任、污染行为被隐藏而导致环境污染的扩大，如果其主张行政不作为与环境污染以及造成的损失没有因果关系时，仅仅通过污染源监管信息公开指数数据（PITI），采用动态数据模型和系统 GMM 估计方法即可得出环境信息公开与环境质量改良的正相关数据及比例关系，[1] 再结合实地的污染调查和致污要素采集分析，行政责任或民事责任的有无便可即时呈现。

"调查官"又称"技术调查官"，是独立于当事人之外的第三方专业人士或机构。原来只在诉讼中作为法官的助理角色参与到案件审理中，为法官提供专业性建议和支持，在我国仍属新生事物。2019 年

[1] 李永盛，张祥建．环境信息公开有助于我国的污染防治攻坚战吗？［J］．中国环境管理，2020，12（1）：87-94.

1月28日最高人民法院审判委员会第1760次会议通过《关于技术调查官参与知识产权案件诉讼活动的若干规定》确认了在2012年适用的知识产权司法领域技术调查官制度。在2015年广州一数码公司诉中国联通公司案件中，法官引入了技术调查官辅助审理案件，此后，这一专业技术角色在我国知识产权诉讼中多有出现并发挥了重要作用。[1]同样，在农业用地环境司法案件中也涉及诸多的专业技术知识，需要从事这些工作的人员具备相关的专门技能。尤其在环境检察领域，鉴于检察机关环境司法的"全覆盖"和"全领域"，在各个阶段进行专业的法律及科技调查都是必需的。可以在立法层面设立环境调查官制度，检察机关内部成立专门机构，在需要环境技术咨询及环境事项调查时，聘请外部专业人士作为专门调查人员，发挥其中立性，对是否存在污染土壤环境行为、生态损害及其他损失情况、违法行为具有何种程度的生态环境风险等做出独立科学的判断，对环境检察行为的事实依据提供智力帮助。

2. 环境检察辅助人与检方专家证人

"辅助人"也属于专业技术人员的范畴，在涉及环境资源领域专业性较强的司法诉讼中，可以作为法官的案件审理辅助人员提供专业技术、法律查询、司法辅助等服务。《民事诉讼法》纳入了专家辅助人制度，规定当事人可以申请法院通知专业人士出庭，就鉴定事项或者专业问题提出意见，这一制度在农业用地土壤环境检察活动中也同样适用。环境检察辅助人是检察辅助人员范围的扩展，是环境检察事实及法律认定程序的重要一环。辅助人是一种复合型掌握技能的人员群体，他们可以来自检察司法机关内部，也可以来自外部组织；可以是环境调查的专家检察人员，可以是环境公益诉讼的程序服务人员，也可以是案件协商或裁判文书执行的技术监督人员。且为不过分造成检察人员对环境调查官对生态环境事实审查结论的依赖，避免检察权

---

[1]　黑玉莹.环境行政公益诉讼举证责任问题研究［D］.武汉：华中科技大学，2019：37.

力因技术壁垒形成的被动让渡，环境检察辅助人能够发挥一定的纠偏功能，可以与环境调查官在技术层面形成协作与配合，推动对生态损害事实的准确认定。在司法系统内部，就有关于建立公益诉讼专家辅助人及专业法律服务制度的建议及实践，[1]这些有益探索可以推广应用到农业用地土壤环境司法治理过程中。

经过长期教育培训、具备专业知识经验、能够在案件审理中就相关事实和证据提供科学的专业意见而愿意为司法争议点作出专家论证的人士被称为"专家证人"。[2]检察机关在土壤环境公益司法中提供专家证人服务，不仅可以就关于耕地案件事实的鉴定评估调查作出精准解释，增强关于证据的科学效能，又可以通过接受司法参与人的询问阐明控方所得结果的客观真实，树立以检察环境诉讼维护土壤生态环境公共利益的自信心。检方的专家证人在诉讼中具有同属检方的原告方诉讼地位，是不同于一般证据证人的一种特殊人证，并基于其掌握专业知识的科学性而在诉讼中具有一定的中立性和超然地位。当然，专家证人可以在开始司法程序之前就生态的损害情况及环境危害程度相关的鉴定、勘验、评估提出书面意见或给出专门建议，给检察机关针对性地提出相应检察建议或者磋商条件、提起诉讼的请求或者修复执行监督建议以供决策参考。[3]专家证人是检察环境公益司法监督理论团队的重要组成部分，与"检察官""调查官""辅助人"一起形成生态检察工作的知识体系化。

（三）环境检察法治引智制度的完善

提升检察机关在环境司法中的引智水平，可以在人员录用、案件办理、专家联动、业务交流等方面建立和完善相关制度，即扩大对有关生态环境与环境法学专业人才的录用任用，参与引导各领域专家协

［1］周烨岚.检察机关提起行政公益诉讼的实证研究［D］.武汉：武汉大学，2018：38.
［2］王嘎利.环境公益诉讼中科学证据效力之认定［J］.公民与法（综合版），2015（1）：45-49.
［3］裴育.检察机关提起环境类行政公益诉讼举证问题研究［D］.兰州：兰州大学，2018：33.

同办理案件，形成全流程专家联动办案常态化机制，并与高校科研院所展开机制化专业培训教育及交流活动以提升环境检察业务决策的科学化水平。

1. 录用：破除体制障碍不拘一格

鉴于生态环境的重要性以及我国环境污染、生态破坏等违反公共利益事件的剧烈性和复杂性，对各类环境公益法治的检察介入日益迫切，检察机关应进一步突破体制机制障碍，扫除城市农村隔阂，探索多渠道、多层次录用环境法律专门人才机制，把短期聘请向长期录用延伸，个案引智向全业务专门性转化，赋予任用专家人员以同等的待遇，在权力身份、工作便利、生活待遇等各个方面凸显国家机关任人唯贤、唯才是举的美意。开展检察业务本身也是一项专业性技术活动，在环境检察领域需要与环境学家、法学家、律师等共同协作，取长补短，方能形成绿色检察工作制度合力。

加强环境检察人才库建设，通过在职教育培训以及招录吸收形成检察机关内部人才库，通过教育合作关系形成环境检察外部人才专家库，通过本级聘请、上级指派、服务外包等将相关业务以适当的方式由专家协助办理。可以根据需要聘请专家库人员为检察机关土壤环境检察业务的法律或技术顾问，以对内外法律及技术专家的培养、吸收、服务构成环境检察人才充分储备制度。可在检察机关内部建立统一的人才管理系统，明确在各类环境检察业务及检察司法各个阶段需要何种专业知识或技能，自上而下成立垂直管理的专家登记、录用、任用系统，根据情况给予专家以检察业务、诉讼技能等方面的培训和讲解，使其专业知识能更好地服务于农业用地土壤环境检察公益司法活动。

根据 2020 年 4 月初《中共中央、国务院关于构建更为完善的要素市场化配置体制机制的意见》，优化人才社会流动机制，打通社会组织人员等进入党政机关单位的渠道，健全对执业人员的培养、准入、使用、待遇保障、考评和激励机制，检察机关应进一步拓宽事业单位及社会组织专业人员向本机关流动的渠道，以专业智力满足检察机关生态职能改革提升的需要。

2. 任事：专任专责办案协力合作

有关环境诉讼的不同程序具有不同功能且相互独立的特性，如刑事诉讼、行政诉讼、民事诉讼几乎是截然分开的，而检察机关在环境公益检察活动中各个事项并非绝缘的独立体，而是相互连接、相生互动的。一桩污染农田的行政公益诉讼可能会出现需追究刑事责任、行政责任及民事责任的多重可能。例如在环境损害的认定事实方面需要各方面专家就技术适用、环境标准、损害程度、风险评估等进行衔接和协作。鉴于事实查明体系及司法应对程序中的专业知识仍各自具有独立性特征，检察机关在某一专门案件中可建立环境司法智力协作机制，如进行集中讨论分析联席会议、组织相关人员共同实地开展环境核查等，以保证检察人员和调查官、辅助人、专家证人等在技术咨询、调查评判、法律适用、建议与诉讼、司法监督以及履行土壤修复评估中专家合作的效率和质量。

对于检察机关提起土壤环境公益诉讼，要克服实践中专家参加诉讼的程序不明、职责不清、定位不准、适用混乱等问题，明确各方面专家（如调查咨询人员和检察辅助人员）在诉讼中的地位及应承担的职责，保持专家工作生成的调查鉴定结论、法律意见的客观中立性，使起诉前后、判决前后的专家服务在"科学性"方面的公益保护证据链条中形成攻之不破的客观实在，经得起推敲、担得起质疑，这种密切的知识技术合作使得检察机关办案不是基于其法律监督权威而是基于事实依据和法律适用的科学合理以获得成功，让侵权者或违法行为人口服心服，慎重考虑检察建议，自觉履行协商协议或法院生效裁决。

3. 任用：检察专家联动形成常态

环境公益司法的检察运用应当形成技术常态化联动机制。面对土壤生态环境污染破坏的复杂情况，单独的知识体系难以给出全面客观的判断，需要借助专家结合实际情况形成集合性意见建议，对事实和法律问题进行综合评析。一个先前的调查和认定应成为下一个理论闭环形成的前因和判断基准，知识联合构成环境检察行为启动以及顺利进行、圆满达致目标的事实与证据链条，联动型检察司法有助于检察机构、检察机制、检察程序、检察理论和检察团队"五位一体"的检察专门化建设。[1]在检察机关内部可以设置环境检察专家协调处室，制订统一的环境检察工作程序方案，协调各方面专家在各个司法阶段的功能任务及工作绩效，增强专业知识的透明度，必要时可作一个适应性知识解释和说明，例如大气污染颗粒构成对土壤质量影响、水样采集位点和水体流动自净对不同级别土地形态构成、土壤污染成因与农作物致害性关联等，为下一个阶段专家开展有关事项提供力所能及的助益，并使得专家意见在整个土壤环境司法活动的案件走向、裁判生成及恢复性执行中形成正面积极的导向作用。[2]

充分发挥检察环境公益诉讼中专家协同功能。在法庭审理中，检察机关作为一方当事人应突破传统支持公诉人员构成，原告席中设立专家辅助人席或支持起诉专家席，就检察机关负责的事实说明、证据呈示、诉讼请求予以充分揭示和说明，对其他各方以及法庭的询问、质疑和反驳代表起诉方予以专业回应，并可向法庭提供书面专家意见。检察人员与辅助专家在各自领域内互补，联合发问质询或合作阐释事理，与环境专业调查官、生态修复专业督察员共同合作，为检察环境公益诉讼司法活动全过程及法律监督提供专业的土壤环境公共利益保护的绿色检察保障。

4. 交流：环境检察评估科学决策

检察机关素有司法业务的引智传统，例如采取专家案件讨论会、技术论证、专家支持庭审业务等，应扩大与专业机构和人员在个案办

[1]　吕忠梅，赵军，黄凯，等.环境司法专门化：现状调查与制度重构［M］.北京：法律出版社，2017：6-9.

[2]　张正.检察机关提起环境民事公益诉讼若干问题的探究［D］.长春：吉林大学，2018.

理中的交流机制，为破解土壤环境检查技术障碍以及生态监测报告专业限制等，检察机关应与高校科研院所环境资源、诉讼法律专家以专题形式相互交流，在检察建议的环境技术撰写、协商程序的不起诉条件、确定诉讼相对人与请求范围、土壤生态修复的标准要求等方面吸收专家参与环境评估和检察决策，经常开展实务工作交流并下沉基层乡村进行业务拓展和实地调研活动。[1]

近些年，随着党和国家对环境问题的高度重视，一些检察机关纷纷与科研高校单位建立联合环境司法培训基地，专门培养、培训环境检察人才等，并坚持从高等院校、科研院所及其他机关单位吸收专家挂职、转岗任用。这些做法都取得了不错的成果，通过多方交流达到专业人力资源要素在社会中的优化配置，对于体制内外职业型环境法律专家的养成也将起到重要作用。另外，检察人才建设"校检合作""校检共建"平台的打造及交往互动模式将促进检察人才培养，不断推动检察队伍建设和生态检察事业再上新台阶。[2]

在检察机关加快绿色专业人才队伍建设过程中，应突破传统有关公众参与、专家辅助等的思维定式，全面全方位考虑绿色人才贡献值，以"生态检察"把优秀人才集聚到生态文明建设事业中来的理念，不仅限于考虑检察机关在提起环境公益诉讼时的专门人才需要，同样应注目检察机关在环境检察建议、环境司法监督、司法裁判执行即土壤生态修复监督的全要素对于专业人士的需求。能够担当检察机关履行环境司法及监督重任的关键一环即是能够正确、科学任用环境及法律专业人才，应从人员录用、案件办理、任用协作、培育交流各方面贯彻党中央关于司法人才发展以及人力资源要素科学配置建设的指导意见，尽己所能全面提升检察机关土壤环境司法专业度及人才库建设。

中共中央《关于深化人才发展体制机制改革的意见》指出，人才

[1] 方印，陶文娟.生态检察权探究［J］.中国矿业大学学报（社会科学版），2018，20（1）：13-25.

[2] 中国高校之窗.新疆维吾尔自治区人民检察院与新疆财经大学法学院开展理论研究与科研合作交流活动［OL］.教育装备采购网，2019-11-29.

是经济社会发展第一资源，贯彻落实创新、协调、绿色、开放、共享的发展理念，把各方面人才聚集到党和国家的事业发展中来，充分激发人才的创造活力，对于国家的科技强国战略和人才发展方略具有重大现实意义。土壤绿色检察引智制度建设，不仅促进公众参与尤其是专业技术人员在土壤环境司法中的参与和监督，营造信息科技时代农业用地环境多元共治良好氛围，更补强了检察机关履行生态职责时在专业技术层面与被检察相对人的专业平衡性，尤其在检察机关提起土壤环境公益诉讼时各方在知识上的对抗性特征，弥补乡村生态环境检察权司法救济的薄弱环节；专业人才向环境检察司法事业聚集，能够最大限度发挥生态检察制度优势保护农业用地土壤，为贯彻绿色发展理念、推进生态文明、保护好环境公共利益提供最大活力。

第七章　提升生态文明法治下的农业用地土壤污染治理体系能力

生态文明是涉及价值观念、思维习惯、生活方式的深刻变革。以生态文明理念指导农业用地土壤污染整治工作，需要结合新时代环境意识形态、环境应用科技建设新时期土壤污染防治的环境管理制度体系。充分发挥"五位一体"下的生态文明兜底和保障作用，这在土壤污染法治对策上是一个能动的、动态的、系统的、高品质和高科技含量的过程。

第一节　建设农村废弃物的信息化管理制度

农村农业污染问题尤其是固体废弃物污染已成为影响农业生态文明建设的一大顽疾，也是我国贯彻绿色发展理念、建设美丽中国的主要制约因素之一。固体废物管理需要在信息化时代进行技术制度的新突破，以资源化区分利用、无害化降解处理为控制污染之目的，因应智慧科技发展建立起对固体废物资源化利用的大数据管理制度，从中央层面建立起固体废物资源化分类管理的大数据平台，需要社会各方与环境管理机构互动和信息资源共享，拓展农用品生产者关于产品再利用信息的延伸责任，大力发展固体废物回收利用及处置的物联网络市场机制以及实施企业信用管理以应对塑料污染等，对固体废物进行全方位、全流程监测管理，服务于绿色智慧乡村建设、保障农民群众身体健康。

一、农村废弃物管理对新科技的呼唤

近些年，我国城镇化率虽快速推进，然至当前，我国农村地区土地面积占全国土地总面积仍在 50% 以上，有大约 5 亿人口居住于农村，这意味着农村农业环境的改善情况将直接影响我国总体人居环境质量。改善村区生产生活环境，建设环境优美乡村，是实施乡村振兴战略的重要任务，关系到进一步增进广大农民利益福祉、农村社会文明和谐。土壤污染问题成为农村环境建设的瓶颈。[1]时至今日，在一些地区，固体废物污染"垃圾围村""废品堆田"现象仍未得到很好的解决。生产生活垃圾、工农业固体废料甚至危险废物产生量居高不下，导致生态污染、健康损害等诸多不利后果，成为制约我国美丽宜居乡村建设的重要因素之一。在信息科学、物联科技及人工智能高度发展的今天，如果使农村地区搭上科技发展的快车，彻底改变传统的固体废物处理方式，提升其回收利用效率和处理质量，不但能够大大减少土壤污染程度、降低环境损害，而且能为绿色智慧乡村治理、服务美丽中国建设提供巨大助益。

（一）固体废物的特性及对农村农业的影响

随着我国经济社会稳步发展，新农村建设中对资源的需求与挖掘与日俱增，"大饼越摊越大、垃圾越堆越高"，固体废物管理的"无害化、减量化、资源化"原则与实际生产生活的张力也越来越突出。践行绿色发展理念，让乡村"留得住乡愁"，传统固废管理模式已经不能适应现代社会发展对生态环境安全日渐增高的要求。

固体废物包括在工业生产和商业服务生产中产生的固体、半固体、密封液体气体废弃物以及生活中的丢弃杂物，即所谓工业垃圾和生活垃圾。固体废物具有污染性和资源性的二元特性。工业生产技术能力不断提高，越来越多的固体废物的扩展价值、再利用价值得到体

---

[1]　本报评论员.改善农村环境　建设美丽乡村［N］.光明日报，2018-02-06.

现，如废铝铜、废钢铁经过二次加工使用甚至可以和初次原料相媲美，塑料橡胶、碎石废纸等诸多工业、建筑残留物料也开始发挥资源作用。[1] 然而，固体废物在产生、移动、储存及处理中都可能对周围环境产生不利影响。医疗废物、淤积污泥、易燃腐蚀性危险品、实验室废弃物等近十年来全国每年产生数以亿吨计，多有随意弃置排放、管理不善致害的报道。还存在垃圾分类制度难以深度推进，固体废物回收过程中甚至发生将已经分类完毕的物品再次打乱、再行集中混合储存运输处理的现象。我国农村区域的固体废物年均增长约 10%，污染环境问题凸显，乡村生态治理形势严峻。各类固体废物对环境造成的污染给人们正常生活带来潜在危害，农村环境问题不仅对农作物安全和清洁生产造成危害，对健康的损害也甚为明显，表现为身体状况异常、疾病重病多发、各类传染病频发、生育能力降低、婴幼儿成长危害等。并且，推进生态文明所要求的最大限度实现能源集约低耗、废物产生减量、资源无害处置与环境可接受水平的矛盾普遍存在。

（二）固体废物资源利用和无害处置的时代选择

我国的固体废物管理工作起始于 20 世纪 70 年代末，由于"三废"（废渣、废水、废气）处理中的废渣尤其是具有危险性的渣石废污也直接关系水体环境和空气质量。2000 年以后，我国对固体废物的管理更加重视，开始开展医疗卫生领域产生的医疗固体废物登记管理工作。然而，因专门管理机构设置较晚，监测手段单一，应对处置能力较弱，加之一些领域思想认识不清晰、不统一等问题，存在一定程度的瞒报、漏报及误报，回收时无序，管理中混乱，废物处理"一条线"，手段落后单一，废物大量向农村转移，在处理过程中后期埋下对环境的二次污染以及对土壤生态和人体健康持续损害的隐患。至今在我国一些地方仍然仅是简单填埋或者焚烧处理，而且多地用水质量的硬化、土壤环境的重金属超标现象说明传统的固体废物资源化利用是低效率

---

[1]　梅林武.基于大数据背景下的固体废物管理模式［J］.化工管理，2017（14）：207，209.

的，无害化处理也没有真正落实。比如，几乎全国范围内固体废物残存底数、每一种废物废品的流转与应用处理情况、工业园区固废残留与农村生态环境的交互影响关系至今尚未明确；在回收处理中的回收移转、首付联单也不太明晰，也就是说，对于固体废物管理的技术含量有待提高。

　　垃圾是放错了位置的财富，固体废物具有很强的时间、空间和人群属性，彼时无用，此时可能有用；彼处已弃置，此处可能正需要；而在不同人眼中的可利用性亦有不同。在固体废物的管理实践中，对于其形态范围、使用价值、副产品产物等的认识以及识别管理、监测统计等方面存在认识和操作误区，在利用和处理工作中出现一定偏差，致使难以为城市环境管理提供高品质的服务。[1]具体表现为固废申报登记制度的记载周期、审批效率、填报意愿以及表格数据的真实性问题突出，对危废转移处理的工作压力过大，填报收集的基础数据不够科学，而且容易形成信息在各个管理口分别掌握的"信息孤岛"现象，这种管理模式越来越不能适应时代要求。2018年中共中央、国务院《关于全面加强生态环境保护 坚决打赢污染防治攻坚战的指导意见》指出，要提升危险废物处置能力，建立信息化管理体系，实行全程监管。2021年11月，《中共中央 国务院关于深入打好污染防治攻坚战的意见》提出，到2025年，土壤污染风险得到有效管控，固体废物和新污染物治理能力明显增强，生态系统质量和稳定性持续提升。深入打好净土保卫战，包括农业农村污染治理、农用地土壤污染防治和安全利用、加强新污染物（如有毒有害化学物质）治理等。强化对固体废物等的信息化环境监管对于农村生态文明建设具有重大意义，采用最新的科技方法对固体废物进行全流程控制管理已成为数字化时代环境保护工作"智慧环保"的客观需求。[2]

　　而且，数据信息本身已成为促进经济社会发展的重要资源，现代

---

[1]　郝雅琼.关于固体废物管理中的认识误区［J］.环境与可持续发展，2015，40（4）：57-60.

[2]　高文彬.大数据在固体废物管理中的应用［J］.科技与创新，2017（4）：111，113.

信息技术广泛而深入地渗透到人们的日常工作生活中，因此改变传统的固体废物管理方式，加快推进固废信息化机制建设十分必要，也是构建生态文明体系，秉持统筹协调、科学完备、动态性可操作原则的应有之义。

（三）信息技术对固体废物管理的解决方案

根据我国《固体废物污染环境防治法》等法律法规的有关规定，固体废物处理需遵循无害化、减量化和资源化的"三化"要求，其中"资源化"是指对产生的固体废物通过一定的技术手段进行回收处理，将其作为其他用途用料或生产为二次原料加以资源再利用的管理方式；"无害化"是指对于那些依靠当前的技术水平已经无法对其再行利用的固体废物进行一定的科学处置，尽量使其不能对生态环境和社会发展构成任何危害。而当前我们面临的问题，即前已述及的城市固体废物资源化利用率低，因堆积、掩埋、焚烧等容易形成对环境各要素的二次污染，产业行业甚至环境管理部门在固体废物的认定统计归类、回收处置决策、利用跟踪管理方面模糊不清、各行其是，导致对固体废物的资源化利用显得迟滞、随意且容易流于形式；对难以再利用的固体废物进行无害化处置时，处理不彻底、效率低，容易导致对人体健康的直接损害，无害化的标准也因不同地域、不同处理单位的技术水平而有所差异。在数据科技获得巨大成就的信息化时代，对农村地区固废进行数据化管理、建立固废资源化利用的数据信息监测制度乃破解智慧生态乡村发展瓶颈的根本之策，是解决这些问题，促进生态文明新农村建设的必然选择。

在对固体废物进行信息化管理时，大数据技术可以实现对固废全过程管理的这一机制原则，对废物的收集运输、储存利用、处置方式通过网络空间清晰展示，在信息数据及时登记上传的情况下，一宗废物或者一个废物管理单位在某一个动态阶段上长期无变化，则说明对该节点的利用处置方面应作出督办或者调整处理方案。基于互联网络的快速数据处理方案，以物及其信息数据本身为载体的"物联网络"实现了用户端和需求端在任何时间、任何地点的无障碍互联，达到信息任意节点的互通以及物品的畅通物流。"物联网络"对物品的跟踪控制和用需各方通信连接都是即时的、互动的且有效的，通过互联的物联网平台，讯息传输即时到达。

作为信息产业的新宠，物联网技术已经上升到国家战略高度，为更高科技含量的信息沟通所瞩目。在我国广大国土空间分布着种类繁多的固体废物，环保数字化要求以及我国物联技术的长足进步也使得通过物联网技术解决固体废物的监管工作成为一种较佳的选择。利用物联网技术可以建立起固体废物物流设计及运输管理系统，满足智慧乡村建设对物品科学联动应用的方法需求。尤其对特定废弃物的管理，以多层架构设置物联网安全体系和运维系统，选择适当的平台可以建立起固体废物数据信息管理运行模式（如图7-1所示）。

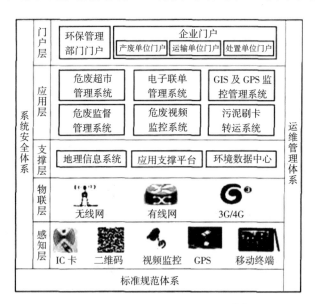

图7-1　危废物联平台建设架构[1]

［1］　潘腾，张弛，陆大根，等.基于物联网的杭州市危险废物智能监管平台设计与应用［J］.中国环境管理，2016（2）：121-125.

二、境外固体废物信息管理制度借鉴

随着可持续的循环发展理念得到普及，绿色素朴生活方式逐渐深入人心，应用现代信息科技工具加强对固体废物的动态管理成为发达工业国家和地区的优先选择。海外普遍重视利用大数据提取数据中隐藏的知识价值，用于解决环境保护难题；通过智能分析和挖掘数据反映的规律性情况，实现对各个地区固体废物分类处理进行有效决策的支撑体系。[1]

（一）固体废物数据管理机制

欧美、日本等在固体废物管理方面已经开展了大数据分析应用和探索，如美国麻省理工学院计算机科学与人工智能实验室的数据科技中心对医药废物的大数据管理；英国牛津大学大数据医疗卫生科研中心为药物综合运用和成本减量等提供科技方案，微软、戴尔、惠普等国际知名企业也纷纷对固体废物资源化分类及无害化处置的大数据解决方案提供应用型研发支持等。[2]

美国是最先提出物联网理念的国家，最初形式是给每一个物品一个专用代码以实现信息传递、物品跟踪管理，[3]目前已形成以互联网为依托的固废数字化分类利用的计算管理制度模式。挪威、德国等国的部分地区建立了利用视频识别技术（RFID）的生活废品运收监管系统，以此作为污染者付费（Paying for The Garbage Thrown Away）制度的依据。[4]法国、英国等国家也有关于应用现代信息技术加强城市固体废物管理、发展区域循环经济的制度和实践。日本对固体废物

［1］　Borgatti S P, Mehra A, Brass D J, et al.Network analysis in the social sciences［J］. Science, 2009, 323（5916）：892–895.

［2］　Lavalle S, Lesser E, Shockley R, et al.Big data, analytics and the path from insights to value［J］. MIT Sloan Management Review, 2011, 52（2）：21–32.

［3］　孔旭.基于物联网技术的固体废物管理监控系统的研究［D］.沈阳：沈阳理工大学, 2013.

［4］　朱玫.垃圾分类回收利用供给侧改革的新思路：物联网＋第三方治理［J］.环境保护, 2016, 44（11）：58–60.

的分类管理尤为细致严格，通过行政和刑事手段加强对废弃物的分类管理、资源再利用与零危害处置。欧美各国注重固体废物分类管理处置的科技研发，进行资源化利用和无害化处置的固废信息制度建设，为保护本国的生态环境贡献良多。

（二）发展生态信息产业园

发展网络化"静脉产业园"成为发达国家引领生态治理的时代潮流。如美国的布朗斯虚拟型生态工业园突破空间区域的限制，通过园区间信息平台搭建生产企业—废弃物回收企业—再生资源企业—再生产品企业联系的纽带，各企业进行数据共享和网上物流交换。该平台对外开放，灵活性强，不受园区、地区制约，各个企业单位或者行业组织根据自身产业定位与需求参与到废弃物回收利用产业之中，并发展出诸如伯利克、弗吉尼亚等一批闻名遐迩的生态示范地区（Eco-town）。

新加坡秉持可持续发展理念，应用大数据建设工业共生生态系统，通过产业园的优化布局促进一个产业共生系统固体废物资源的信息交换，达到节能减排的目的。高密度、多样化的工业分布有利于废物资源化发展，通过网络爬虫技术建立数字地图，收集利用、公开共享有关基础数据，包括企业产品、财务经营、地理信息等。同样也通过大数据关联识别、文本挖掘、检测分析固废分类及利用的模拟场景，结合原料产量、工艺特点，合理匹配废物的产生与利用单位，科学规划园区布局，[1]经过"静脉产业"的发展，几乎可以使固体废物真正排放量降低为零。

---

[1] Bin S, Zhiquan Y, Jonathan L S C, et al.A big data analytics approach to develop industrial symbioses in large cities [J] .Procedia CIRP, 2015, 29：450-455.

三、我国农村固体废物数据信息管理的制度图景

农村固体废物信息化管理应以固废"全生命周期"的大数据为依托，以物联网络动态反馈为指引，形成线上—线下资源化利用和无害化处置的无缝契合过程。建立健全中央层面的固体废物大数据管理中心平台，与各地方、各行业自有系统相连，建立起社会与管理机构的信息资源共享机制，强化应用于农业的原初产品生产者的延伸责任，以物联网市场机制的发展达到固废资源化利用的高效率和村区生态环境保护的高品质。

（一）从中央层面建立并优化固体废物管理的大数据平台

固体废物从"发现—解析—明确—设计—回收"的传统管理模式到网格化、全流程大数据管理模式的转变过程，也是从按流程被动接收到主动探寻物质价值的转换过程。中央建立统一的有关固体废物产生情况及处置利用企业的真实数据网络平台，信息数据窗口向外界展示，把固体废物资源利用的"点—点"流动向"点—面"扩展，提升固体废物的资源化效率和回收处理的社会效果。数据平台不仅记录有关各类固体废物的具体动态信息，还登记各相关无害化处理的先进应用技术及回收资质单位，表明处理后废物应达到的无害化标准及最终处置方案。

由于固体废物呈现分散性、弃置随意性特点，不仅大宗批量废料可以事先建立"信息档案"，各个废物集中回收点也应就初步收集的零星废品分类归整并借助电子数码技术建立物品信息清单，及时向中心固废数据平台上传相关信息，后者将通过与物联网的连接即时感知该数据情况，经过"云计算"等技术筛选信息物品、给出处理建议，待回收中心做出选择后，平台则通过空天一体化遥感监测、GIS电子地图动静态地理信息支持等手段对该批物品实时监控，保障固体废物资源化利用或者无害化处置的技术支撑和规则指引。尤其在经过充分利用后的无害化处置阶段，处理中心处于互联物联大数据平台的在线

监控之下，即时精准掌握固体废物从建立遗废信息档案至最终处理结果的全流程动态变化情况。这些输入与感知指引将全部形成固体废物基础信息总库以提升固废资源化及无害化监管水平。

固体废物管理的大数据管理平台应覆盖各级骨干环境信息系统网络，涵盖信息收集、数据分析、服务与交易目录，通过日常组织管理、安全应用防护形成全领域数据信息的安全阀。对外应具有固体废物全程管理的公众数据查阅功能，不仅有助于领导决策和公众知情参与，也为进一步收集有关固体废物来源走向及处置的建议与方案，为固废污染事件应急处置提供更加科学的法规和技术依据（如图 7-2 所示）。[1]

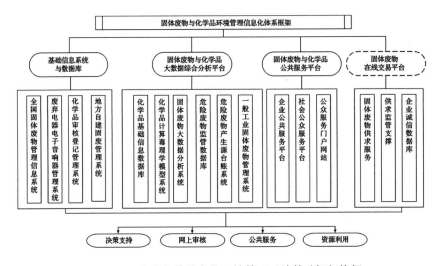

图 7-2 固体废物等信息化环境管理系统基础框架构想

生态环境保护信息化工程中由牵头的十部委联合建设的全国固体废物管理信息系统已初步完成基础数据信息系统建设，并完成要素子系统和 31 个省级固废基础数据收集，成为固废管理工作的一个有力手段。相关部门在此基础上建立起固体废物大数据综合分析平台，推进大数据社会行业应用工作。[2]

［1］ 刘旭东.“智慧环保”物联网建设总体框架研究［J］.淮北职业技术学院学报，2014，13（1）：122-123.

［2］ 周荃，孙京楠，薛宁宁，等.加快我国固体废物与化学品环境管理信息化建设的研究与思考［J］.环境与可持续发展，2019，44（3）：107-110.

（二）社会各方与环境管理机构互动和信息资源共享信息机制

资源利用率低、废品回收率低除技术因素外，关于产品物品状况的信息不对称也是重要原因。工商服务行业产品生产者、使用者能够与环境保护和资源管理部门在有关固体废物原初功能、回收流向、处置建议等方面形成共享机制，可以大大缓解其资源化利用困境。连接中央固体废物管理网络平台的各个地方固废管理网站，应开放设置专用数据端接口连接本地所有产生固体废物的企业以及固废处理站点，通过数据模型对各类废物进行动态监测管理，而后者也通过这一开放性网络表达对可利用物的流动转化利用、对污染物的处置意见。各方信息共享将便于形成区域闭环内的固废统一处理解决方案。《国务院关于加强环境保护重点工作的意见》提出了加强物联网在工业固体废物和危险化学品运输领域的研发、推进数据信息共享的指导意见；生态环境部门也在开展加强危险废物全程管理及处置技术研发的具体行动，应以此为契机，结合社会与行业信息资源构建新型电子政务系统，在固体废物信息化管控、物联网监管方面着力进行信息资源共享平台机制建设。其中，信息管理部门可以在移动网络客户终端实时采集数据、生成电子报表并进行汇总统计，社会各方能够同时看到对这些信息的操作和公开数据，也有利于公众有效参与固体废物资源化利用和管理。

上述固体废物环境信息共享机制向官方、民间、社区、行业等各个主体领域全面开放，在一定地域中（比如省级区域）可以在垂直级（省、市、县、乡）和平行级（输出组织、回收组织、承运组织、处理组织）之间打破职能与地区界限，管理方依托信息平台提升监管效率，经营方利用资讯技术节约企业成本，专家及市民依靠可视化信息公开进一步参与到农村环境管理的研究与实践中。在数据价值的启发下，日渐多样化的乡村工商业产业链容易形成共生互助系统，倒逼着新型节约能源和生态环保技术研究应用，提升地方循环经济发展技术水平，农村生产经营方式将从粗放型向集约型快速迈进。海量信息资源共享机制不仅能够增强广大农村地区抵抗环境风险的能力，也将带来农业从业者整体财富的增加。

（三）拓展生产者关于农用产品利用回收信息的延伸责任

涉农生产型企业组织应成为固体废物处理的重要责任方，在信息循环经济下也应对废弃物资源化利用与无害化处理承担起基础义务。同样适用于固体废物的再循环及处置，固体废物产生者或者生产者延伸责任也可以称为生产者的"环境延伸责任"，它还可以主导建立网络回收体系。生产者应将农用产品（如除草剂、"敌敌畏"、复合肥等）的成分材质、对环境的影响、回收建议、再利用用途与范围等以编码的形式附贴于产品或单独说明，并明确本生产者及进口者关于回收废弃物的环境保护保底责任。在"静脉产业"领域，产品生产者的延伸责任即对废弃物进行回收处理分析，考虑其成为再生资源的可能性并可以将之加工为再利用产品以推动经济链条的良性循环。

产品生产者的公开网络站点应在醒目位置或专门界面载有上述说明，且应与固体废物资源大数据平台联网以信息映照；应加入资源回收利用共享网络以即时收回或批量资源化处置已产生或潜在的固体废弃物。我国《固体废物污染环境防治法》要求相关单位须依法制定危险废物管理规程，向县级以上政府环境保护部门报送种类数量、流向处置等资料。比如，危险固体废物产生单位可以通过该台账联单计划经过审批后移转交接，查询地区内移转动态并参与相关的管理活动（如图7-3所示）。不仅是危险固体废物，其他各类固体废物也可以依法律要求建立台账制度，通过网络信息系统上传生产者管理记录计划，并可适时补充更新，满足固废产生初期数据的真实性和可靠性。生产者延伸责任的信息化对于固体废物分类管理、运输与处置过程中的执法取证工作也将带来便利。应用物联网技术，生产者可自固废的初次运输点开始查阅监控，知悉其运输路线、可能出现的相关风险以及自动拟订的应急预案，至到达控制处置中心，实现固废闭环阶段性行程全控制。后续过程再有需要，仍可开展下一个阶段的物联智能化运行过程。不仅做到心中有数，更减轻了责任承担上的人力成本和不必要的压力。

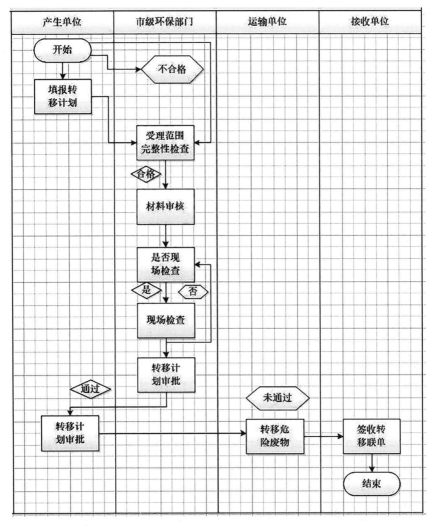

图 7-3　危险废物地区转移管理流程[1]

［1］　周荃，薛宁宁，孙京楠，等.地方危险废物综合管理信息平台建设研究［J］.环境与可持续发展，2019（2）：101-106.

基于市场机制下社会分工细致化的要求，对固体废物的处理一般认为应由具有专业技术的第三方单位从事收集、运输、资源再利用与无害化处置较为妥当。然而，生产者作为固体废物的直接制造者和对于产品性能价值的熟知者，在废物处理方面具有天然优势，即使自身不参与废物的回收消解，那么担负与各个阶段的处理方合作、给出知识指导以便管理工作更有效果的责任是不可回避的。为了解生产者环境延伸责任履行情况，可以通过政府公共电子政务信息网络建立开放式生产者诚信档案，采用信用评级、累加积分等形式对生产者进行政府监管、社会评价和自我提高，保障固体废物基础信息系统的稳定。

（四）大力发展固体废物分类回收利用及无害处理的物联网络市场机制

供需各方的信息不对称和信息缺失成为我国农村固体废弃物交易高效优质达成的瓶颈，网络市场平台可以有效地缓解经济价值难以鉴别、占用农田草地湿地的污染与安全隐患、交易成本高等问题，提升多频次交易，提高企业利润。市场是最有活力的激励制度，是固体废物再利用的重要经济杠杆。线上交易已经成为当下物资用品的主要交易方式，有必要大力发展作为资源的固体废物线上交易市场，同时网络系统的完备也能够促成线下联合回收利用体系的发展。网络市场的参与人群庞大、各类企事业单位众多，固体废物交易的网络市场随着城乡一体化物流物联网络迅速发展将快步突进。政府要建立物联市场网络运行规则，扩大物流联通效益，并进行固体废物全国联动管理监控。对于具有特定用途或需要以重点关注的固体废物，通过信息传感设备把"物"上的标识与虚拟数字市场相连接，达到对固体废物资源利用的智能化定位识别、跟踪监控及全流程管理目标。

信息科技的长足进步开启了固体废物创新管理的时代，并引领、扩大和优化固废市场的业务模式。通过大数据平台的集中统一管理和信息融合，在物联网络市场上各个行业各类人士无障碍接触共享和沟通探讨有关"废物"的回收利用及处置讯息，其资源性特点将得到前所未有地发挥和展现，甚至许多被认为已经完全没有利用价值的固体废物可能不需要经过无害化处理，而给拥有相关技术能够对其加以转化使用的单位以更新利用的机会，"变废为宝"在物联网技术下将成为现实。比如，在产业集聚的城郊区域和城乡接合地区的工业园区内，研究人员通过爬虫技术、数据挖掘、数字地图等收集本地区有关企业信息，结合各种工业产品的原料、产量、工艺等特点，计算出废物生产与利用企业的合理匹配度，规划出工业园区布局模型，甚至可以一定程度上实现园区内固体废物零排放。此外，物联网对于危险废物的移转动态管理还能通过物联数据的反馈大大降低危险品运输中发生突发事件的概率。[1]

事实上，在固体废物信息管理方面，我国已经有了一定的研发和应用实践。例如环境系统工程专家曾设计了智慧型固体废物管理方程；昆明数年前利用 GIS 技术开发了固废地理信息查询系统；福建省固体废物环境技术中心设计了环境监管的政务云平台并正在投入应用（如图 7-4 所示）；杭州研究建设的物联网危险废物智能监管平台应用于"固废超市"调配系统；苏州、东莞、重庆废弃物加工交易网络中心等，为固体废物全程监控、预警管理、分析决策及市场交易的精细智能化管理制度建设提供了生动样本和技术参考，并为整个产业健康发展提供有益尝试。

应借助中央和地方关于固体废物信息化管理实践，积极探索在线交易平台的建设及补强；政府应出台专门政策明确民间主体参与固体废物管理并让渡一定的权力，实行价格补偿、激发社会活力，例如以特许权合作伙伴式协议（PPP）模式试行财政资金和社会资本融合以鼓励固体废物资源利用交易，[2] 以官民合作的"物质云计算""电

---

［1］　高文彬.大数据在固体废物管理中的应用［J］.科技与创新，2017（4）：111-113.

［2］　Lavalle S，Lesser E，Shockley R，et al.Big data，analytics and the path from insights to value[J]. MIT Sloan Management Review，2011，52（2）：21-32.

子回收站"协议框架为契机，以物联网立法制度化建设推动固废环境污染防治工作整体布局，实现固体废物资源利用与处理生态环境信息管理的"一张图"。[1]

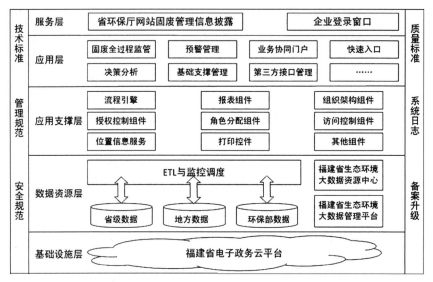

图 7-4　固体废物信息环境监管体系构架（示例）[2]

生态文明建设是实现美丽中国之"关键一招"，垃圾分类是一场涉及价值观念、思维习惯、生活方式的深刻变革。固体废物资源化利用质量关系到农村循环经济发展的前景和品质。以防控风险、优化生态和服务公众为原则，以大数据管理手段对固体废物的资源价值进行深度智能化管理，符合新时代智慧乡村绿色治理的客观要求，能够为新农村建设提供一种新的思维和应用方式，为推进我国生态文明体系的构建和环境治理能力现代化提供新的体制机制支撑。在建设固体废物信息化管理制度中，应优化技术数据支持、信息辅助决策及公开等基础工作，注意提高信息及物流系统的安全性问题，充分发挥数据资源便利，努力提高固废资源化特性，为生态乡村的智慧治理服务，恢

［1］　朱玫.垃圾分类回收利用供给侧改革的新思路：物联网＋第三方治理［J］.环境保护，2016，44（11）：58-60.

［2］　柯瑞荣.福建省固体废物环境监管平台建设应用研究［J］.低碳世界，2017（2）：18-19.

复"留得住乡愁"的美景，打造清洁健康的生产居住环境。

（五）实施企业信用管理以着力应对农村塑料污染

塑料污染是农业用地土壤污染的重要来源之一。据统计，目前农村环境污染物中约80%可归因于塑料制品或与塑料的生产、使用，而能够得到有效回收利用和有效处置的尚不到塑料产品的15%。[1]在广大农村地区，"白色污染"随处可见，制约着社会经济的可持续发展，环境治理压力空前。不仅在我国，即使是在世界范围内数十年广泛开展的"塑战速决"战略也难称佳绩。[2]有证据表明，导致塑料污染问题积重难返的重要因素之一就是没有把握好企业关口、没有充分发挥企业的主体责任，而企业是否进行了塑料制品的管理，管理效果是否得到社会和权威机构的及时确认与反馈，一定程度上给企业造成"管与不管一个样""管理好坏一个样"的错觉，不利于调动其应对塑料制品污染环境风险的积极主动性。例如，近期一项针对外卖使用塑料包装的调查显示，在抽取的30个外卖样本中，外包装提供便携式塑料购物袋的就有23个，占比约77%。其中，只有1家连锁品牌餐饮的塑料袋印制完整标识，有3家的塑料袋有不完整标识，其余的则没有任何标识，无标识的占购物袋提供者的约83%。而且，所有塑料购物袋都未在账单中显示单独收费、未见消费凭证。[3]这些原本存在于城市空间的塑料污染物近些年大量向农村地区转移。

而在农村环境治理层面实施企业信用管理则能够针对上述问题作出有效回应。良好的信用管理机制，可以使责任主体清晰可见，涉规内容一目了然，管理档案有据可查，给塑料生产利用的企业方既增加压力，更提升动力，其基于自身条件作出应对塑料污染的努力是可以

［1］　温宗国.应对挑战，塑料污染防治力度升级——新固废法系列解读之八［N］.中国环境报，2020-08-20（08）.
［2］　赵秋槿.中欧"限塑令"制度比较研究［D］.上海：华东政法大学，2019：16.
［3］　杜悦英.时间节点明晰，塑料污染治理开启新局［J］.中国发展观察，2020（23）：88-91.

预见的。

2020 年 1 月 16 日，国家发展改革委、生态环境部《关于进一步加强塑料污染治理的意见》（发改环资〔2020〕80 号）规定，"探索建立塑料原材料与制成品的生产、销售信息披露制度。探索实施企业法人守信承诺和失信惩戒，将违规生产、销售、使用塑料制品等行为列入失信记录"，体现了应对塑料污染时对企业层面进行信用管理评价的总体要求。具体而言，考量督促相关企业加强塑料制品污染环境的应对，可以从以下几个维度展开：

第一，建立企业塑料原材料和制成品的产销信息披露制度。将企业关于塑料制品的生产、包装、销售和处置情况纳入企业年度报告，包括生产种类数量、标识及销售流向、延伸回收及处理情况等。在涉及企业环境影响评价、征收环境资源税费中将其是否突破塑料制品禁限目录标准、可降解材料与替代产品的使用情况纳入环境行政管理征信系统并进行企业信息公开。利用互联网络将企业履行塑料回收利用责任情况及自建方案体系予以展示，重点考察其从农村地区回收塑料制品的情况以及对流向农村塑材的处置方案。

第二，实施企业塑料制品管理经营状况及风险的工商登记。在企业信用信息公示中如实记载企业环境经营状况，如在"经营风险"中记录对于塑料制售方面存在的风险性行为，在"企业发展"栏标注涉及塑料产品的良好口碑或不良影响事件并登入"历史信息"，在"经营状况"中单独列出涉及塑料制品管理情况等。工商登记部门同时把上述有关事项纳入工商登记内档并可供公众查阅。环境主管部门、土地资源部门和农业主管部门等应限制农村经济组织与环境不良企业进行可能污染农业用地土壤环境的商业合作。

第三，完善企业违规制售和使用等行为的失信惩戒机制。石化、制销、收储、处置等塑料生命周期内的所有利益相关企业，尤其是涉农企业组织都应被纳入信用评价系统，参考并结合银行信贷管理体系、企业款项支付权益保障机制、司法失信人惩戒系统等构建对违规者的失信惩戒制度。同时，对从源头投入塑料污染解决、参与废弃塑料制品无害化处理及资源回收的行为进行积极的信用登记和评价。

如上所述，探索实施信用惩戒也必然会发展"信用奖励"，对于一般性环境守法运营、合法合规经营制售塑料制品并及时有效处置，对农村地区塑料污染的治理具有重大贡献的企业将探索分不同层次和等级分别进行信用加分、物质奖励、政策税贷优惠等实质性奖励，以之为农业用地塑料污染企业信用管理之一翼，助力生态农业和美丽中国建设。

第二节　立足法治提升农业用地治理体系现代化

近年发生的公共卫生事件加剧了我国农业用地土壤污染问题，对粮食生产和需求带来了较大冲击，农粮安全的不稳定、难以预期因素明显增多，为农地保护与安全生产问题增加了新挑战，也为我们一举解决农业环境问题提供了新的视角，对我国土地土壤治理体系能力现代化提出了时代要求。[1]

一、公共卫生事件给农业用地保护与粮食安全的冲击和制度需求

我国农业用地保护制度经历了从"保数量"到"质、量并重"再到"数量、质量、环境三位一体"的发展过程，近期中央发文要求完善资源要素市场化配置体制机制，并将土地资源市场化配置作为首要改革任务来抓，充分说明国家对突破和改革阻碍资源要素市场化自由流动的体制机制的决心与定力，将以时代的重要性和紧迫感优化土地

---

[1]　土地法制研究院.专家为耕地保护与粮食安全建言：立足法治提升中国土地治理能力和治理体系现代化［EB/OL］.民主与法制网，2020–05–13.

要素市场化配置。这对于减轻当前全球公共卫生事件带来的不良影响，激发各类主体潜能与活力，加快我国经济复苏具有重要意义。中国是世界最大的农粮进口国之一，虽然当前我们的粮食安全尚未出现过大的危机，但隐患已然凸显，这就需要对确保粮食安全的制度进行一次全面检视，以农业为基础的食品卫生长效机制才能保证国家的长治久安、保障国民健康权益。粮食安全问题从来都与农业用地保护密切关联。如何保障粮食安全，如何促使新时期农业用地保护制度目的落实见效，对我国土壤污染治理体系和治理能力现代化提出了时代挑战。

农业用地保护形势已然严峻，国际公共卫生事件的频发又给我国的粮食安全尤其是境外粮棉供应带来了前所未有的冲击。而机遇同时寓于危机之中，应以稳定粮油豆谷供应为中心，加强政策措施帮扶力度，加快推进粮食进口渠道多元化，主动参与国际粮食贸易机制体系改革和海外农地投资国际规则制定。公共卫生事件提高了民众对粮食霸权风险和粮食进口不确定性的认知，农业用地保护意识和提升耕地利用效能的预期得以强化，应通过构建弹性保护空间框架、配合地肥生态良田休养生息机制促进本地农业环境安全，通过生态权益资产化的途径实现粮食安全。

正确、全面认识我国农业用地土壤状况是保护土地、维护农业生产安全的前提。自 20 世纪 80 年代以来，我国耕地面积和土壤质量双重下降是不争的事实，而只要能守住农业用地的质量和生态"红线"，辅以不断改进的恢复型修复方式和科技化生产方法，粮食供应的库存与安全就能够得到保障。在保持耕殖农作面积基本稳定的基础上提高产能，提升安全度的"严格控制增量、稳步消减存量"污染应对应为治理土壤环境的主要保障策略。[1] 从农业用地资源地域分布来看，东部地区土地开发空间有限，而川渝青陕等西部地区面临撂荒严重、劳动人口外移、科技人才缺乏等问题。土地管理要素缺失、农地占补

---

[1] 谷庆宝，张倩，卢军，等.我国土壤污染防治的重点与难点[J].环境保护，2018，46（1）：14-18.

不平衡、资源利用不合理造成农业用地生态环境问题难以在短期内解决。应长期坚持最严格的土地保护政策，用最严密的制度体系约束土地开发行为，树立科学利用理念，借鉴应用海外土地资源管理方式服务国内农业市场，将法治化治理与现代科学相结合，突出中国特色农业用地环境管理体制优势。[1]

二、农业用地保护与粮食安全的治理理念与治理方式

农业用地保护与粮食安全的法治思维方式需要根据经济社会发展不断深化和创新。农业经营以保障农民群众的生活为第一要务，既要满足其自身生活需求，还要解决全国的粮食供给；农民的生产活动是保障食品供应的前提，应鼓励农民进行生态化安全生产经营。对当代粮食内涵的界定应反映人们膳食结构的变化，以之调整耕地红线的测定来完善新时期的农村土地保护制度；粮食安全体现在多个方面，耕地保护与土壤污染防控是重要内容。当前在"三权"分置的制度设计下仍存在一些可能的障碍，农业生产的脆弱性和高危性在工业资本无情掠夺下一览无余，首先应承认市场条件下农民对土地享有开发利用之权，但鉴于法律、政策及能力限制，比如对于永久性基本农田事实上不能以市场行为进行开发利用，从而牺牲了作为财富之源的土地的商业化利益，故应予以一定的补偿。对于因发展农村经济需要转化开发农村土地的管制性征收，应有可行的方案区别开发权与用途管制权；政府通过税收等取得的开发收益分享以财政转移方式向农民倾斜补偿、释放经济发展红利。这些也需要科学的制度予以保障和支持。

从管理角度到治理角度分析、研究农业用地土壤污染和粮食安全问题有助于推动国家农村治理体系和治理能力现代化进程。农业用地的生态环境安全总体上应重视三个方向性问题：（1）调整土地功能

［1］ 土地法制研究院.专家为耕地保护与粮食安全建言：立足法治提升中国土地治理能力和治理体系现代化［EB/OL］.民主与法制网，2020-05-13.

以适应经济发展新形态。弱化土地所具有的拉动经济增长的"发动机"价值，适当回归原初状态审视土地功能于经济社会建设之中。（2）重新看待土地利用关系。在生产保障和环境维护的关系上，土地的生态功能应置于生产价值之前，将农业用地生态安全为主要内容的土地安全摆在首位，将土壤生态维护放置于比经济增长更加重要的位置而优先规划。（3）实现土地治理方式由计划管制转向区域规划治理。依靠土地供应制度推动大规模工业化和城镇化的进程应告终结，经济发展不能以牺牲农产品安全、超过土壤承受能力为代价，对农业用地要进行更加科学合理的规制，落实并发展土壤保护治理机制；同时严格审查对农业用地土地征收的"公共利益"的解读，从征收范围、程序、补偿各方面严加控制和限制。

充分激发农村集体组织在乡村治理和土壤保护中的积极性。农村基层组织主导的有偿承包与"结平衡账"措施具有增强集体组织主体性、提高土地利用效率、维护土地保持能力的作用，为村委之间横向联合建设乡镇发展中心、发展规模化农业生产提供了便利。可以通过在土地治理中"确权确利不动地"，确认各方土地利用保护法律关系中的权利义务关系来恢复并坚持这些制度。只有充分发挥村社集体主体的地位方能更好地实现农业用地治理不走样。在统分结合的双层经营机制下，土地的占有、使用、收益制度构建尚未完全明确，统一经营理念和方式存在一定偏差。农村集体经济组织是农业用地的规划利用者和管理收益者，事关粮食生产安全。发挥集体经济组织的能动性，一是落实强化集体组织成员权，确认土地所有权的边界；二是积极推动、充实农业用地法律体系工作，以缓解土地过度撂荒和流转不畅问题；三是推动实施主体管理能力以及所得收益管理分配的制度建设，从制度上保障集体经济组织在土地使用和生态维护中的核心作用。

在乡村振兴战略大背景下探索农业用地土壤污染多主体协同治理路径。农业用地土壤污染源多面广，土地的所有者、管理者、承包者、生产者多主体可能并存于同样的地块，其权利多样，关系复杂，在土壤污染防治中具有不同的需求与面向。需要在共同的环境维护目标下，聚合政府、生产者、社会组织、社会公众以及其他市场主体的力量，明确各方权利、义务和责任，协商协同实现多元共治，以协作合力多措并举，打好"净土保卫战"，促进农业用地土壤环境的彻底改善。[1]

　　法治保障是土地土壤治理能力和治理体系现代化的重要依托。粮食安全具有复杂多维性特征，从作物种植生产、销售运输到存贮消费等环节，关系到政府市场、各级各地、国际国内的诸多关系，依靠一部《土壤污染防治法》难以从根本上解决农业用地土壤污染问题。应构建粮食安全制度保障体系，平衡粮食的生产销售、管理消费等主体的权利利益，从法治维度规划中央权力和地方利益、行政权力与民事权利、集体功能与社员动能、农业用地和建设用地的土地资源合理利用分配。通盘考虑农业用地土壤保护与建设用地增量开发之间的关系，在清晰界定集体与个人权利义务基础上引入市场机制，将地方政府的环境考核外施压力转化为修复维护的内生动力。农业用地土壤污染防控目标涉及公共利益与私人利益的平衡，不仅在私法限度，更多的是在行政管理范畴之中。因在污染法视角下无法构建起权属清晰、用管高效的私权利体系，行政权力现实中经常在农业用地生态保护中发生一定的目标偏离，无法有效保护公民环境利益。应限制公权力，提升行使规范化。此外，全球粮食安全理念已由注重供给安全转为侧重品质享受，而从《土壤污染防治法》及相关规定来看，立法的指导思想上仍然缺乏土地生态文明观念，制度设计上仍倾向于重数量、轻质量、缺环保。在以后的农业用地土壤保护制度完善中，应顺应时代作选择性调整，结合硬约束尤其是软激励规范，发展稳定有效的农业用地土壤安全法律法规，推进农业土地要素生态化、资源化和市场化的法治体系建设。[1]

三、农业用地保护与粮食安全的法治创新

农业用地保护须适应思想更新，持续进行法治创新，以确保现行制度能及时跟进客观情况的发展变化。我国粮食生产与土地政策经过了从政府计划性管理到市场化转变的历史变革，虽两者具有一定的关系，但在这个转变过程中，土地仍是以政府管制为主，辅以高程度的农粮市场化。农业用地安全与政府控制之间并不是非此即彼的关系，法律制度供给须准确判断未来的发展趋势；政府的职责应侧重于保护农地生态红线，主要通过市场机制进行土地资源的优化配置；综合立法与微观措施需充分结合，创新监督管理模式。政府单方面管制是耕地保护制度陷入困顿的深层次因素之一，以激发农民内生动力为核心的耕地保护制度改革应突出农民群体的主体性，畅通村民参与国土空间规划和土壤环境督察监管的有效渠道，从群众中汲取力量，鼓励农民集体在实践中探索农业用地综合治理方式。以满足保障农民及基层自治组织的生态权益和居住发展利益等需求为目标，对土壤污染进行源头控制、系统整治，由农民参与主导土壤修复整理和复垦的利益分配，坚持和优化实施农村基本经济制度，壮大和提升农村集体组织的环境监管力量。

对于农业用地保护补偿机制，应确定补偿支付的责任主体，理清费用交接中政府、村集体与村民之间的关系，整合纵向与横向移转资金。补偿范围为全部农业用地，主要客体为被污染土地以及需要提升、整理的土地，可以根据合理评估确定的耕地面积或者土壤质量进行有差别的补偿；综合考虑农业用地的粮食安全价值和生态文化功能统一标准。程序方面，明确补偿方式与落实条件等环节，在确认补偿性质

［1］ 土地法制研究院.专家为耕地保护与粮食安全建言：立足法治提升中国土地治理能力和治理体系现代化［EB/OL］.民主与法制网，2020-05-13.

时做好权利救济配套举措。根据国内外形势变化的客观要求构建可行的、适合我国物质条件和制度形态的农业用地战略储备机制，在区域界定、用途规划、资金保障、污染整治等方面，实现对资源保护、国土空间管制、生态维护、村区转型发展以及国家粮食安全战略制定等制度的跨越式创新。应在新形势下重新探讨耕地范围、基本农田与污染地块等问题，特别是国家战略储备耕地的保障问题；农民群众只可负担保障粮食安全和土壤环境清洁的部分成本，在政府指导、法律引导和市场激励下让其有更大范围的选择空间。

值得注意的是，国有农业土地使用权与农村的农业用地使用权不同，并不牵涉农民集体与集体成员关系等，但其特殊性与农村土地承包经营权是否具有根本差别，从避免权利关系复杂化的角度看，立法是否有必要专章规制国有农业用地使用权问题值得探讨。然而《土地管理法实施条例》中应纳入国有农业用地使用权条款，确认国家所有的农业用地以划拨转让、等价出让、授权经营等方式可以取得其使用权，以取得方式的不同，确立不同类型国有农业用地使用权的存续期间和收回条件，或者根据"参照国家有关规定执行"的转引条款另行设立附属权利义务。

在多个主体的协同合作问题上，《宪法》上有轮作休耕制度的条款规定，实际为土地利用行政规划对财产权的一定限制，在理论上仍属财产权行使中的社会责任问题，不能理解为权利人为土地保护的"特别牺牲义务"。应利用"行政引导"的工具由中央及地方政府筹措资金，对安全生产者和环境维护者进行高于一般补偿的货币激励，并赋予村民自治组织以土地复垦等合作监督主体资格作为配套举措的权利，以实现土壤生态的综合治理规制目标。

徒法亦可自行，农业用地保护与粮食安全的良法善治因赖高效执行而得始终。应完善农业用地保护的制度内容体系以提升体制效能，提高污染控制法律规范的社会认同度以营造执行氛围，健全绿色执法保障机制以激发执行动力，运用现代科学技术手段监督制度落实以提升我国农业用地保护法律的执行力。我国制度优势与潜力较大，今后立法供给应结合现状，以农业用地等级划定分区、土地质量状况登记等为基础，着重在发挥基层管理组织（如乡镇政府、村委会）的能动作用和促成土地生态资源产业链的构建方面加以推进。

公共卫生危机的严峻形势将对我国粮食安全生产和农业用地土壤环境造成一定的不利影响，农业用地土壤污染控制面临新形势和新任务；土地安全涉及多种因素，除农业用地的量与质，农产技术、经营主体、治理责任等均应予以重视。在法治研究和实践中，农业用地和建设用地之间的关系、生态用地与粮食供应之间的矛盾以及土地管理制度改革的市场化推进都是新形势下的重大课题。建立健全国土空间规制方向的科学体系，应充分尊重涉农相关主体的合法权益，并通过激励机制调动其积极性，加紧释放集体土地物权动能的制度优势，不断提升政府管理治理能力，以实现对农业用地土壤生态的有效维护。[1]

2020年5月28日，第十三届全国人民代表大会第三次会议表决通过了《中华人民共和国民法典》，在第七编"侵权责任"中专门规定了"环境污染和生态破坏责任"，增加了生态环境损害的惩罚性赔偿制度并确立了生态环境损害的修复和赔偿规则。通过有效立法、严格执法司法等手段严厉惩处破坏生态环境的侵权者，将在很大程度上兜住底线、避免发生最坏的结果。这一生态环境损害救济的实体法反映的立法智慧，对于进一步健全我国农业用地生态法治，完善生态文明制度体系，进而推进国家治理体系和治理能力现代化具有重要意义。[2]上述规定虽在民事层次范围，但民事侵权责任的承担是对农业用地私权保护中各类责任追究的首要一环，对农业用地土壤污染控

［1］　土地法制研究院.专家为耕地保护与粮食安全建言：立足法治提升中国土地治理能力和治理体系现代化［EB/OL］.民主与制法网，2020-05-13.
［2］　竺效.以法治建设守护美丽中国［N］.人民日报，2020-06-23（5）.

制、生态破坏损失救济有了赖以维权的制度依据。它将成为农业用地污染被害者维护自身权益的法律武器，用"带着牙齿的法典"追击环境不法和恣意妄为，让污染行为远离土地。相信以有关实施细则和司法解释为主的规范性文件将接续出台，为打造美丽乡村、守护一方净土再登法治新阶。

附 录 中华人民共和国土壤污染防治法

中华人民共和国土壤污染防治法

（2018 年 8 月 31 日第十三届全国人民代表大会常务委员会第五
次会议通过）

目 录

第一章 总则

第一条 为了保护和改善生态环境，防治土壤污染，保障公众健
康，推动土壤资源永续利用，推进生态文明建设，促进经济社会可持

续发展，制定本法。

第二条　在中华人民共和国领域及管辖的其他海域从事土壤污染防治及相关活动，适用本法。

本法所称土壤污染，是指因人为因素导致某种物质进入陆地表层土壤，引起土壤化学、物理、生物等方面特性的改变，影响土壤功能和有效利用，危害公众健康或者破坏生态环境的现象。

第三条　土壤污染防治应当坚持预防为主、保护优先、分类管理、风险管控、污染担责、公众参与的原则。

第四条　任何组织和个人都有保护土壤、防止土壤污染的义务。

土地使用权人从事土地开发利用活动，企业事业单位和其他生产经营者从事生产经营活动，应当采取有效措施，防止、减少土壤污染，对所造成的土壤污染依法承担责任。

第五条　地方各级人民政府应当对本行政区域土壤污染防治和安全利用负责。

国家实行土壤污染防治目标责任制和考核评价制度，将土壤污染防治目标完成情况作为考核评价地方各级人民政府及其负责人、县级以上人民政府负有土壤污染防治监督管理职责的部门及其负责人的内容。

第六条　各级人民政府应当加强对土壤污染防治工作的领导，组织、协调、督促有关部门依法履行土壤污染防治监督管理职责。

第七条　国务院生态环境主管部门对全国土壤污染防治工作实施统一监督管理；国务院农业农村、自然资源、住房城乡建设、林业草原等主管部门在各自职责范围内对土壤污染防治工作实施监督管理。

地方人民政府生态环境主管部门对本行政区域土壤污染防治工作实施统一监督管理；地方人民政府农业农村、自然资源、住房城乡建设、林业草原等主管部门在各自职责范围内对土壤污染防治工作实施监督管理。

第八条　国家建立土壤环境信息共享机制。

国务院生态环境主管部门应当会同国务院农业农村、自然资源、住房城乡建设、水利、卫生健康、林业草原等主管部门建立土壤环境基础数据库，构建全国土壤环境信息平台，实行数据动态更新和信息共享。

第九条　国家支持土壤污染风险管控和修复、监测等污染防治科学技术研究开发、成果转化和推广应用，鼓励土壤污染防治产业发展，加强土壤污染防治专业技术人才培养，促进土壤污染防治科学技术进步。

国家支持土壤污染防治国际交流与合作。

第十条　各级人民政府及其有关部门、基层群众性自治组织和新闻媒体应当加强土壤污染防治宣传教育和科学普及，增强公众土壤污染防治意识，引导公众依法参与土壤污染防治工作。

第二章　规划、标准、普查和监测

第十一条　县级以上人民政府应当将土壤污染防治工作纳入国民经济和社会发展规划、环境保护规划。

设区的市级以上地方人民政府生态环境主管部门应当会同发展改革、农业农村、自然资源、住房城乡建设、林业草原等主管部门，根据环境保护规划要求、土地用途、土壤污染状况普查和监测结果等，编制土壤污染防治规划，报本级人民政府批准后公布实施。

第十二条　国务院生态环境主管部门根据土壤污染状况、公众健康风险、生态风险和科学技术水平，并按照土地用途，制定国家土壤污染风险管控标准，加强土壤污染防治标准体系建设。

省级人民政府对国家土壤污染风险管控标准中未作规定的项目，可以制定地方土壤污染风险管控标准；对国家土壤污染风险管控标准中已作规定的项目，可以制定严于国家土壤污染风险管控标准的地方土壤污染风险管控标准。地方土壤污染风险管控标准应当报国务院生态环境主管部门备案。

土壤污染风险管控标准是强制性标准。

国家支持对土壤环境背景值和环境基准的研究。

第十三条　制定土壤污染风险管控标准，应当组织专家进行审查和论证，并征求有关部门、行业协会、企业事业单位和公众等方面的意见。

土壤污染风险管控标准的执行情况应当定期评估，并根据评估结果对标准适时修订。

省级以上人民政府生态环境主管部门应当在其网站上公布土壤污染风险管控标准，供公众免费查阅、下载。

第十四条　国务院统一领导全国土壤污染状况普查。国务院生态环境主管部门会同国务院农业农村、自然资源、住房城乡建设、林业草原等主管部门，每十年至少组织开展一次全国土壤污染状况普查。

国务院有关部门、设区的市级以上地方人民政府可以根据本行业、本行政区域实际情况组织开展土壤污染状况详查。

第十五条　国家实行土壤环境监测制度。

国务院生态环境主管部门制定土壤环境监测规范，会同国务院农业农村、自然资源、住房城乡建设、水利、卫生健康、林业草原等主管部门组织监测网络，统一规划国家土壤环境监测站（点）的设置。

第十六条　地方人民政府农业农村、林业草原主管部门应当会同生态环境、自然资源主管部门对下列农用地地块进行重点监测：

（一）产出的农产品污染物含量超标的；

（二）作为或者曾作为污水灌溉区的；

（三）用于或者曾用于规模化养殖，固体废物堆放、填埋的；

（四）曾作为工矿用地或者发生过重大、特大污染事故的；

（五）有毒有害物质生产、贮存、利用、处置设施周边的；

（六）国务院农业农村、林业草原、生态环境、自然资源主管部门规定的其他情形。

第十七条　地方人民政府生态环境主管部门应当会同自然资源主管部门对下列建设用地地块进行重点监测：

（一）曾用于生产、使用、贮存、回收、处置有毒有害物质的；

（二）曾用于固体废物堆放、填埋的；

（三）曾发生过重大、特大污染事故的；

（四）国务院生态环境、自然资源主管部门规定的其他情形。

第三章　预防和保护

第十八条　各类涉及土地利用的规划和可能造成土壤污染的建设项目，应当依法进行环境影响评价。环境影响评价文件应当包括对土壤可能造成的不良影响及应当采取的相应预防措施等内容。

第十九条　生产、使用、贮存、运输、回收、处置、排放有毒有害物质的单位和个人，应当采取有效措施，防止有毒有害物质渗漏、流失、扬散，避免土壤受到污染。

第二十条　国务院生态环境主管部门应当会同国务院卫生健康等主管部门，根据对公众健康、生态环境的危害和影响程度，对土壤中有毒有害物质进行筛查评估，公布重点控制的土壤有毒有害物质名录，并适时更新。

第二十一条　设区的市级以上地方人民政府生态环境主管部门应当按照国务院生态环境主管部门的规定，根据有毒有害物质排放等情况，制定本行政区域土壤污染重点监管单位名录，向社会公开并适时更新。

土壤污染重点监管单位应当履行下列义务：

（一）严格控制有毒有害物质排放，并按年度向生态环境主管部门报告排放情况；

（二）建立土壤污染隐患排查制度，保证持续有效防止有毒有害物质渗漏、流失、扬散；

（三）制定、实施自行监测方案，并将监测数据报生态环境主管部门。

前款规定的义务应当在排污许可证中载明。

土壤污染重点监管单位应当对监测数据的真实性和准确性负责。生态环境主管部门发现土壤污染重点监管单位监测数据异常，应当及时进行调查。

设区的市级以上地方人民政府生态环境主管部门应当定期对土壤污染重点监管单位周边土壤进行监测。

第二十二条　企业事业单位拆除设施、设备或者建筑物、构筑物的，应当采取相应的土壤污染防治措施。

土壤污染重点监管单位拆除设施、设备或者建筑物、构筑物的，应当制定包括应急措施在内的土壤污染防治工作方案，报地方人民政府生态环境、工业和信息化主管部门备案并实施。

第二十三条　各级人民政府生态环境、自然资源主管部门应当依法加强对矿产资源开发区域土壤污染防治的监督管理，按照相关标准和总量控制的要求，严格控制可能造成土壤污染的重点污染物排放。

尾矿库运营、管理单位应当按照规定，加强尾矿库的安全管理，采取措施防止土壤污染。危库、险库、病库以及其他需要重点监管的尾矿库的运营、管理单位应当按照规定，进行土壤污染状况监测和定期评估。

第二十四条　国家鼓励在建筑、通信、电力、交通、水利等领域的信息、网络、防雷、接地等建设工程中采用新技术、新材料，防止土壤污染。

禁止在土壤中使用重金属含量超标的降阻产品。

第二十五条　建设和运行污水集中处理设施、固体废物处置设施，应当依照法律法规和相关标准的要求，采取措施防止土壤污染。

地方人民政府生态环境主管部门应当定期对污水集中处理设施、

固体废物处置设施周边土壤进行监测；对不符合法律法规和相关标准要求的，应当根据监测结果，要求污水集中处理设施、固体废物处置设施运营单位采取相应改进措施。

地方各级人民政府应当统筹规划、建设城乡生活污水和生活垃圾处理、处置设施，并保障其正常运行，防止土壤污染。

第二十六条　国务院农业农村、林业草原主管部门应当制定规划，完善相关标准和措施，加强农用地农药、化肥使用指导和使用总量控制，加强农用薄膜使用控制。

国务院农业农村主管部门应当加强农药、肥料登记，组织开展农药、肥料对土壤环境影响的安全性评价。

制定农药、兽药、肥料、饲料、农用薄膜等农业投入品及其包装物标准和农田灌溉用水水质标准，应当适应土壤污染防治的要求。

第二十七条　地方人民政府农业农村、林业草原主管部门应当开展农用地土壤污染防治宣传和技术培训活动，扶持农业生产专业化服务，指导农业生产者合理使用农药、兽药、肥料、饲料、农用薄膜等农业投入品，控制农药、兽药、化肥等的使用量。

地方人民政府农业农村主管部门应当鼓励农业生产者采取有利于防止土壤污染的种养结合、轮作休耕等农业耕作措施；支持采取土壤改良、土壤肥力提升等有利于土壤养护和培育的措施；支持畜禽粪便处理、利用设施的建设。

第二十八条　禁止向农用地排放重金属或者其他有毒有害物质含量超标的污水、污泥，以及可能造成土壤污染的清淤底泥、尾矿、矿渣等。

县级以上人民政府有关部门应当加强对畜禽粪便、沼渣、沼液等收集、贮存、利用、处置的监督管理，防止土壤污染。

农田灌溉用水应当符合相应的水质标准，防止土壤、地下水和农产品污染。地方人民政府生态环境主管部门应当会同农业农村、水利主管部门加强对农田灌溉用水水质的管理，对农田灌溉用水水质进行监测和监督检查。

第二十九条　国家鼓励和支持农业生产者采取下列措施：

（一）使用低毒、低残留农药以及先进喷施技术；

（二）使用符合标准的有机肥、高效肥；

（三）采用测土配方施肥技术、生物防治等病虫害绿色防控技术；

（四）使用生物可降解农用薄膜；

（五）综合利用秸秆、移出高富集污染物秸秆；

（六）按照规定对酸性土壤等进行改良。

第三十条　禁止生产、销售、使用国家明令禁止的农业投入品。

农业投入品生产者、销售者和使用者应当及时回收农药、肥料等农业投入品的包装废弃物和农用薄膜，并将农药包装废弃物交由专门的机构或者组织进行无害化处理。具体办法由国务院农业农村主管部门会同国务院生态环境等主管部门制定。

国家采取措施，鼓励、支持单位和个人回收农业投入品包装废弃物和农用薄膜。

第三十一条　国家加强对未污染土壤的保护。

地方各级人民政府应当重点保护未污染的耕地、林地、草地和饮用水水源地。

各级人民政府应当加强对国家公园等自然保护地的保护，维护其生态功能。

对未利用地应当予以保护，不得污染和破坏。

第三十二条　县级以上地方人民政府及其有关部门应当按照土地利用总体规划和城乡规划，严格执行相关行业企业布局选址要求，禁止在居民区和学校、医院、疗养院、养老院等单位周边新建、改建、扩建可能造成土壤污染的建设项目。

第三十三条　国家加强对土壤资源的保护和合理利用。对开发建设过程中剥离的表土，应当单独收集和存放，符合条件的应当优先用于土地复垦、土壤改良、造地和绿化等。

禁止将重金属或者其他有毒有害物质含量超标的工业固体废物、生活垃圾或者污染土壤用于土地复垦。

第三十四条　因科学研究等特殊原因，需要进口土壤的，应当遵守国家出入境检验检疫的有关规定。

第四章　风险管控和修复

第一节　一般规定

第三十五条　土壤污染风险管控和修复，包括土壤污染状况调查和土壤污染风险评估、风险管控、修复、风险管控效果评估、修复效果评估、后期管理等活动。

第三十六条　实施土壤污染状况调查活动，应当编制土壤污染状况调查报告。

土壤污染状况调查报告应当主要包括地块基本信息、污染物含量是否超过土壤污染风险管控标准等内容。污染物含量超过土壤污染风险管控标准的，土壤污染状况调查报告还应当包括污染类型、污染来源以及地下水是否受到污染等内容。

第三十七条　实施土壤污染风险评估活动，应当编制土壤污染风险评估报告。

土壤污染风险评估报告应当主要包括下列内容：

（一）主要污染物状况；

（二）土壤及地下水污染范围；

（三）农产品质量安全风险、公众健康风险或者生态风险；

（四）风险管控、修复的目标和基本要求等。

第三十八条　实施风险管控、修复活动，应当因地制宜、科学合理，提高针对性和有效性。

实施风险管控、修复活动，不得对土壤和周边环境造成新的污染。

第三十九条　实施风险管控、修复活动前，地方人民政府有关部门有权根据实际情况，要求土壤污染责任人、土地使用权人采取移除污染源、防止污染扩散等措施。

第四十条　实施风险管控、修复活动中产生的废水、废气和固体废物，应当按照规定进行处理、处置，并达到相关环境保护标准。

实施风险管控、修复活动中产生的固体废物以及拆除的设施、设备或者建筑物、构筑物属于危险废物的，应当依照法律法规和相关标准的要求进行处置。

修复施工期间，应当设立公告牌，公开相关情况和环境保护措施。

第四十一条　修复施工单位转运污染土壤的，应当制定转运计划，将运输时间、方式、线路和污染土壤数量、去向、最终处置措施等，提前报所在地和接收地生态环境主管部门。

转运的污染土壤属于危险废物的，修复施工单位应当依照法律法规和相关标准的要求进行处置。

第四十二条　实施风险管控效果评估、修复效果评估活动，应当编制效果评估报告。

效果评估报告应当主要包括是否达到土壤污染风险评估报告确定的风险管控、修复目标等内容。

风险管控、修复活动完成后，需要实施后期管理的，土壤污染责任人应当按照要求实施后期管理。

第四十三条　从事土壤污染状况调查和土壤污染风险评估、风险管控、修复、风险管控效果评估、修复效果评估、后期管理等活动的单位，应当具备相应的专业能力。

受委托从事前款活动的单位对其出具的调查报告、风险评估报告、风险管控效果评估报告、修复效果评估报告的真实性、准确性、完整性负责，并按照约定对风险管控、修复、后期管理等活动结果负责。

第四十四条　发生突发事件可能造成土壤污染的，地方人民政府及其有关部门和相关企业事业单位以及其他生产经营者应当立即采取应急措施，防止土壤污染，并依照本法规定做好土壤污染状况监测、调查和土壤污染风险评估、风险管控、修复等工作。

第四十五条　土壤污染责任人负有实施土壤污染风险管控和修复的义务。土壤污染责任人无法认定的，土地使用权人应当实施土壤污染风险管控和修复。

地方人民政府及其有关部门可以根据实际情况组织实施土壤污染风险管控和修复。

国家鼓励和支持有关当事人自愿实施土壤污染风险管控和修复。

第四十六条　因实施或者组织实施土壤污染状况调查和土壤污染风险评估、风险管控、修复、风险管控效果评估、修复效果评估、后期管理等活动所支出的费用，由土壤污染责任人承担。

第四十七条　土壤污染责任人变更的，由变更后承继其债权、债务的单位或者个人履行相关土壤污染风险管控和修复义务并承担相关费用。

第四十八条　土壤污染责任人不明确或者存在争议的，农用地由地方人民政府农业农村、林业草原主管部门会同生态环境、自然资源主管部门认定，建设用地由地方人民政府生态环境主管部门会同自然资源主管部门认定。认定办法由国务院生态环境主管部门会同有关部门制定。

第二节　农用地

第四十九条　国家建立农用地分类管理制度。按照土壤污染程度和相关标准，将农用地划分为优先保护类、安全利用类和严格管控类。

第五十条　县级以上地方人民政府应当依法将符合条件的优先保护类耕地划为永久基本农田，实行严格保护。

在永久基本农田集中区域，不得新建可能造成土壤污染的建设项目；已经建成的，应当限期关闭拆除。

第五十一条　未利用地、复垦土地等拟开垦为耕地的，地方人民政府农业农村主管部门应当会同生态环境、自然资源主管部门进行土壤污染状况调查，依法进行分类管理。

第五十二条　对土壤污染状况普查、详查和监测、现场检查表明有土壤污染风险的农用地地块，地方人民政府农业农村、林业草原主管部门应当会同生态环境、自然资源主管部门进行土壤污染状况调查。

对土壤污染状况调查表明污染物含量超过土壤污染风险管控标准的农用地地块，地方人民政府农业农村、林业草原主管部门应当会同生态环境、自然资源主管部门组织进行土壤污染风险评估，并按照农用地分类管理制度管理。

第五十三条　对安全利用类农用地地块，地方人民政府农业农村、林业草原主管部门，应当结合主要作物品种和种植习惯等情况，制定并实施安全利用方案。

安全利用方案应当包括下列内容：

（一）农艺调控、替代种植；

（二）定期开展土壤和农产品协同监测与评价；

（三）对农民、农民专业合作社及其他农业生产经营主体进行技术指导和培训；

（四）其他风险管控措施。

第五十四条　对严格管控类农用地地块，地方人民政府农业农村、林业草原主管部门应当采取下列风险管控措施：

（一）提出划定特定农产品禁止生产区域的建议，报本级人民政府批准后实施；

（二）按照规定开展土壤和农产品协同监测与评价；

（三）对农民、农民专业合作社及其他农业生产经营主体进行技术指导和培训；

（四）其他风险管控措施。

各级人民政府及其有关部门应当鼓励对严格管控类农用地采取调整种植结构、退耕还林还草、退耕还湿、轮作休耕、轮牧休牧等风险管控措施，并给予相应的政策支持。

第五十五条　安全利用类和严格管控类农用地地块的土壤污染影响或者可能影响地下水、饮用水水源安全的，地方人民政府生态环境主管部门应当会同农业农村、林业草原等主管部门制定防治污染的方案，并采取相应的措施。

第五十六条　对安全利用类和严格管控类农用地地块，土壤污染责任人应当按照国家有关规定以及土壤污染风险评估报告的要求，采取相应的风险管控措施，并定期向地方人民政府农业农村、林业草原主管部门报告。

第五十七条　对产出的农产品污染物含量超标，需要实施修复的农用地地块，土壤污染责任人应当编制修复方案，报地方人民政府农业农村、林业草原主管部门备案并实施。修复方案应当包括地下水污染防治的内容。

修复活动应当优先采取不影响农业生产、不降低土壤生产功能的生物修复措施，阻断或者减少污染物进入农作物食用部分，确保农产品质量安全。

风险管控、修复活动完成后，土壤污染责任人应当另行委托有关单位对风险管控效果、修复效果进行评估，并将效果评估报告报地方人民政府农业农村、林业草原主管部门备案。

农村集体经济组织及其成员、农民专业合作社及其他农业生产经营主体等负有协助实施土壤污染风险管控和修复的义务。

第三节　建设用地

第五十八条　国家实行建设用地土壤污染风险管控和修复名录制度。

建设用地土壤污染风险管控和修复名录由省级人民政府生态环境

主管部门会同自然资源等主管部门制定，按照规定向社会公开，并根据风险管控、修复情况适时更新。

第五十九条　对土壤污染状况普查、详查和监测、现场检查表明有土壤污染风险的建设用地地块，地方人民政府生态环境主管部门应当要求土地使用权人按照规定进行土壤污染状况调查。

用途变更为住宅、公共管理与公共服务用地的，变更前应当按照规定进行土壤污染状况调查。

前两款规定的土壤污染状况调查报告应当报地方人民政府生态环境主管部门，由地方人民政府生态环境主管部门会同自然资源主管部门组织评审。

第六十条　对土壤污染状况调查报告评审表明污染物含量超过土壤污染风险管控标准的建设用地地块，土壤污染责任人、土地使用权人应当按照国务院生态环境主管部门的规定进行土壤污染风险评估，并将土壤污染风险评估报告报省级人民政府生态环境主管部门。

第六十一条　省级人民政府生态环境主管部门应当会同自然资源等主管部门按照国务院生态环境主管部门的规定，对土壤污染风险评估报告组织评审，及时将需要实施风险管控、修复的地块纳入建设用地土壤污染风险管控和修复名录，并定期向国务院生态环境主管部门报告。

列入建设用地土壤污染风险管控和修复名录的地块，不得作为住宅、公共管理与公共服务用地。

第六十二条　对建设用地土壤污染风险管控和修复名录中的地块，土壤污染责任人应当按照国家有关规定以及土壤污染风险评估报告的要求，采取相应的风险管控措施，并定期向地方人民政府生态环境主管部门报告。风险管控措施应当包括地下水污染防治的内容。

第六十三条　对建设用地土壤污染风险管控和修复名录中的地块，地方人民政府生态环境主管部门可以根据实际情况采取下列风险管控措施：

（一）提出划定隔离区域的建议，报本级人民政府批准后实施；

（二）进行土壤及地下水污染状况监测；

（三）其他风险管控措施。

第六十四条　对建设用地土壤污染风险管控和修复名录中需要实施修复的地块，土壤污染责任人应当结合土地利用总体规划和城乡规划编制修复方案，报地方人民政府生态环境主管部门备案并实施。修复方案应当包括地下水污染防治的内容。

第六十五条　风险管控、修复活动完成后，土壤污染责任人应当另行委托有关单位对风险管控效果、修复效果进行评估，并将效果评估报告报地方人民政府生态环境主管部门备案。

第六十六条　对达到土壤污染风险评估报告确定的风险管控、修复目标的建设用地地块，土壤污染责任人、土地使用权人可以申请省级人民政府生态环境主管部门移出建设用地土壤污染风险管控和修复名录。

省级人民政府生态环境主管部门应当会同自然资源等主管部门对风险管控效果评估报告、修复效果评估报告组织评审，及时将达到土壤污染风险评估报告确定的风险管控、修复目标且可以安全利用的地块移出建设用地土壤污染风险管控和修复名录，按照规定向社会公开，并定期向国务院生态环境主管部门报告。

未达到土壤污染风险评估报告确定的风险管控、修复目标的建设用地地块，禁止开工建设任何与风险管控、修复无关的项目。

第六十七条　土壤污染重点监管单位生产经营用地的用途变更或者在其土地使用权收回、转让前，应当由土地使用权人按照规定进行土壤污染状况调查。土壤污染状况调查报告应当作为不动产登记资料送交地方人民政府不动产登记机构，并报地方人民政府生态环境主管部门备案。

第六十八条　土地使用权已经被地方人民政府收回，土壤污染责任人为原土地使用权人的，由地方人民政府组织实施土壤污染风险管控和修复。

第五章　保障和监督

第六十九条　国家采取有利于土壤污染防治的财政、税收、价格、金融等经济政策和措施。

第七十条　各级人民政府应当加强对土壤污染的防治，安排必要的资金用于下列事项：

（一）土壤污染防治的科学技术研究开发、示范工程和项目；

（二）各级人民政府及其有关部门组织实施的土壤污染状况普查、监测、调查和土壤污染责任人认定、风险评估、风险管控、修复等活动；

（三）各级人民政府及其有关部门对涉及土壤污染的突发事件的应急处置；

（四）各级人民政府规定的涉及土壤污染防治的其他事项。

使用资金应当加强绩效管理和审计监督，确保资金使用效益。

第七十一条　国家加大土壤污染防治资金投入力度，建立土壤污染防治基金制度。设立中央土壤污染防治专项资金和省级土壤污染防治基金，主要用于农用地土壤污染防治和土壤污染责任人或者土地使用权人无法认定的土壤污染风险管控和修复以及政府规定的其他事项。

对本法实施之前产生的，并且土壤污染责任人无法认定的污染地块，土地使用权人实际承担土壤污染风险管控和修复的，可以申请土壤污染防治基金，集中用于土壤污染风险管控和修复。

土壤污染防治基金的具体管理办法，由国务院财政主管部门会同国务院生态环境、农业农村、自然资源、住房城乡建设、林业草原等主管部门制定。

第七十二条　国家鼓励金融机构加大对土壤污染风险管控和修复

项目的信贷投放。

国家鼓励金融机构在办理土地权利抵押业务时开展土壤污染状况调查。

第七十三条　从事土壤污染风险管控和修复的单位依照法律、行政法规的规定，享受税收优惠。

第七十四条　国家鼓励并提倡社会各界为防治土壤污染捐赠财产，并依照法律、行政法规的规定，给予税收优惠。

第七十五条　县级以上人民政府应当将土壤污染防治情况纳入环境状况和环境保护目标完成情况年度报告，向本级人民代表大会或者人民代表大会常务委员会报告。

第七十六条　省级以上人民政府生态环境主管部门应当会同有关部门对土壤污染问题突出、防治工作不力、群众反映强烈的地区，约谈设区的市级以上地方人民政府及其有关部门主要负责人，要求其采取措施及时整改。约谈整改情况应当向社会公开。

第七十七条　生态环境主管部门及其环境执法机构和其他负有土壤污染防治监督管理职责的部门，有权对从事可能造成土壤污染活动的企业事业单位和其他生产经营者进行现场检查、取样，要求被检查者提供有关资料、就有关问题作出说明。

被检查者应当配合检查工作，如实反映情况，提供必要的资料。

实施现场检查的部门、机构及其工作人员应当为被检查者保守商业秘密。

第七十八条　企业事业单位和其他生产经营者违反法律法规规定排放有毒有害物质，造成或者可能造成严重土壤污染的，或者有关证据可能灭失或者被隐匿的，生态环境主管部门和其他负有土壤污染防治监督管理职责的部门，可以查封、扣押有关设施、设备、物品。

第七十九条　地方人民政府安全生产监督管理部门应当监督尾矿库运营、管理单位履行防治土壤污染的法定义务，防止其发生可能污染土壤的事故；地方人民政府生态环境主管部门应当加强对尾矿库土壤污染防治情况的监督检查和定期评估，发现风险隐患的，及时督促尾矿库运营、管理单位采取相应措施。

地方人民政府及其有关部门应当依法加强对向沙漠、滩涂、盐碱地、沼泽地等未利用地非法排放有毒有害物质等行为的监督检查。

第八十条　省级以上人民政府生态环境主管部门和其他负有土壤污染防治监督管理职责的部门应当将从事土壤污染状况调查和土壤污染风险评估、风险管控、修复、风险管控效果评估、修复效果评估、后期管理等活动的单位和个人的执业情况，纳入信用系统建立信用记录，将违法信息记入社会诚信档案，并纳入全国信用信息共享平台和国家企业信用信息公示系统向社会公布。

第八十一条　生态环境主管部门和其他负有土壤污染防治监督管理职责的部门应当依法公开土壤污染状况和防治信息。

国务院生态环境主管部门负责统一发布全国土壤环境信息；省级人民政府生态环境主管部门负责统一发布本行政区域土壤环境信息。生态环境主管部门应当将涉及主要食用农产品生产区域的重大土壤环境信息，及时通报同级农业农村、卫生健康和食品安全主管部门。

公民、法人和其他组织享有依法获取土壤污染状况和防治信息、参与和监督土壤污染防治的权利。

第八十二条　土壤污染状况普查报告、监测数据、调查报告和土壤污染风险评估报告、风险管控效果评估报告、修复效果评估报告等，应当及时上传全国土壤环境信息平台。

第八十三条　新闻媒体对违反土壤污染防治法律法规的行为享有舆论监督的权利，受监督的单位和个人不得打击报复。

第八十四条　任何组织和个人对污染土壤的行为，均有向生态环境主管部门和其他负有土壤污染防治监督管理职责的部门报告或者举报的权利。

生态环境主管部门和其他负有土壤污染防治监督管理职责的部门应当将土壤污染防治举报方式向社会公布，方便公众举报。

接到举报的部门应当及时处理并对举报人的相关信息予以保密；对实名举报并查证属实的，给予奖励。

举报人举报所在单位的，该单位不得以解除、变更劳动合同或者其他方式对举报人进行打击报复。

第六章　法律责任

第八十五条　地方各级人民政府、生态环境主管部门或者其他负有土壤污染防治监督管理职责的部门未依照本法规定履行职责的，对直接负责的主管人员和其他直接责任人员依法给予处分。

依照本法规定应当作出行政处罚决定而未作出的，上级主管部门可以直接作出行政处罚决定。

第八十六条　违反本法规定，有下列行为之一的，由地方人民政府生态环境主管部门或者其他负有土壤污染防治监督管理职责的部门责令改正，处以罚款；拒不改正的，责令停产整治：

（一）土壤污染重点监管单位未制定、实施自行监测方案，或者未将监测数据报生态环境主管部门的；

（二）土壤污染重点监管单位篡改、伪造监测数据的；

（三）土壤污染重点监管单位未按年度报告有毒有害物质排放情况，或者未建立土壤污染隐患排查制度的；

（四）拆除设施、设备或者建筑物、构筑物，企业事业单位未采取相应的土壤污染防治措施或者土壤污染重点监管单位未制定、实施土壤污染防治工作方案的；

（五）尾矿库运营、管理单位未按照规定采取措施防止土壤污染的；

（六）尾矿库运营、管理单位未按照规定进行土壤污染状况监测的；

（七）建设和运行污水集中处理设施、固体废物处置设施，未依照法律法规和相关标准的要求采取措施防止土壤污染的。

有前款规定行为之一的，处二万元以上二十万元以下的罚款；有前款第二项、第四项、第五项、第七项规定行为之一，造成严重后果的，处二十万元以上二百万元以下的罚款。

第八十七条　违反本法规定，向农用地排放重金属或者其他有毒有害物质含量超标的污水、污泥，以及可能造成土壤污染的清淤底泥、尾矿、矿渣等的，由地方人民政府生态环境主管部门责令改正，处十万元以上五十万元以下的罚款；情节严重的，处五十万元以上二百万元以下的罚款，并可以将案件移送公安机关，对直接负责的主管人员和其他直接责任人员处五日以上十五日以下的拘留；有违法所得的，没收违法所得。

第八十八条　违反本法规定，农业投入品生产者、销售者、使用者未按照规定及时回收肥料等农业投入品的包装废弃物或者农用薄膜，或者未按照规定及时回收农药包装废弃物交由专门的机构或者组织进行无害化处理的，由地方人民政府农业农村主管部门责令改正，处一万元以上十万元以下的罚款；农业投入品使用者为个人的，可以处二百元以上二千元以下的罚款。

第八十九条　违反本法规定，将重金属或者其他有毒有害物质含量超标的工业固体废物、生活垃圾或者污染土壤用于土地复垦的，由地方人民政府生态环境主管部门责令改正，处十万元以上一百万元以下的罚款；有违法所得的，没收违法所得。

第九十条　违反本法规定，受委托从事土壤污染状况调查和土壤污染风险评估、风险管控效果评估、修复效果评估活动的单位，出具虚假调查报告、风险评估报告、风险管控效果评估报告、修复效果评估报告的，由地方人民政府生态环境主管部门处十万元以上五十万元以下的罚款；情节严重的，禁止从事上述业务，并处五十万元以上一百万元以下的罚款；有违法所得的，没收违法所得。

前款规定的单位出具虚假报告的，由地方人民政府生态环境主管部门对直接负责的主管人员和其他直接责任人员处一万元以上五万元以下的罚款；情节严重的，十年内禁止从事前款规定的业务；构成犯罪的，终身禁止从事前款规定的业务。

本条第一款规定的单位和委托人恶意串通，出具虚假报告，造成他人人身或者财产损害的，还应当与委托人承担连带责任。

第九十一条　违反本法规定，有下列行为之一的，由地方人民政府生态环境主管部门责令改正，处十万元以上五十万元以下的罚款；情节严重的，处五十万元以上一百万元以下的罚款；有违法所得的，没收违法所得；对直接负责的主管人员和其他直接责任人员处五千元以上二万元以下的罚款：

（一）未单独收集、存放开发建设过程中剥离的表土的；

（二）实施风险管控、修复活动对土壤、周边环境造成新的污染的；

（三）转运污染土壤，未将运输时间、方式、线路和污染土壤数量、去向、最终处置措施等提前报所在地和接收地生态环境主管部门的；

（四）未达到土壤污染风险评估报告确定的风险管控、修复目标的建设用地地块，开工建设与风险管控、修复无关的项目的。

第九十二条　违反本法规定，土壤污染责任人或者土地使用权人未按照规定实施后期管理的，由地方人民政府生态环境主管部门或者其他负有土壤污染防治监督管理职责的部门责令改正，处一万元以上五万元以下的罚款；情节严重的，处五万元以上五十万元以下的罚款。

第九十三条　违反本法规定，被检查者拒不配合检查，或者在接受检查时弄虚作假的，由地方人民政府生态环境主管部门或者其他负有土壤污染防治监督管理职责的部门责令改正，处二万元以上二十万元以下的罚款；对直接负责的主管人员和其他直接责任人员处五千元以上二万元以下的罚款。

第九十四条　违反本法规定，土壤污染责任人或者土地使用权人有下列行为之一的，由地方人民政府生态环境主管部门或者其他负有土壤污染防治监督管理职责的部门责令改正，处二万元以上二十万元以下的罚款；拒不改正的，处二十万元以上一百万元以下的罚款，并委托他人代为履行，所需费用由土壤污染责任人或者土地使用权人承担；对直接负责的主管人员和其他直接责任人员处五千元以上二万元以下的罚款：

（一）未按照规定进行土壤污染状况调查的；

（二）未按照规定进行土壤污染风险评估的；

（三）未按照规定采取风险管控措施的；

（四）未按照规定实施修复的；

（五）风险管控、修复活动完成后，未另行委托有关单位对风险管控效果、修复效果进行评估的。

土壤污染责任人或者土地使用权人有前款第三项、第四项规定行为之一，情节严重的，地方人民政府生态环境主管部门或者其他负有土壤污染防治监督管理职责的部门可以将案件移送公安机关，对直接负责的主管人员和其他直接责任人员处五日以上十五日以下的拘留。

第九十五条　违反本法规定，有下列行为之一的，由地方人民政府有关部门责令改正；拒不改正的，处一万元以上五万元以下的罚款：

（一）土壤污染重点监管单位未按照规定将土壤污染防治工作方案报地方人民政府生态环境、工业和信息化主管部门备案的；

（二）土壤污染责任人或者土地使用权人未按照规定将修复方案、效果评估报告报地方人民政府生态环境、农业农村、林业草原主管部门备案的；

（三）土地使用权人未按照规定将土壤污染状况调查报告报地方人民政府生态环境主管部门备案的。

第九十六条　污染土壤造成他人人身或者财产损害的，应当依法承担侵权责任。

　　土壤污染责任人无法认定，土地使用权人未依照本法规定履行土壤污染风险管控和修复义务，造成他人人身或者财产损害的，应当依法承担侵权责任。

　　土壤污染引起的民事纠纷，当事人可以向地方人民政府生态环境等主管部门申请调解处理，也可以向人民法院提起诉讼。

　　第九十七条　污染土壤损害国家利益、社会公共利益的，有关机关和组织可以依照《中华人民共和国环境保护法》《中华人民共和国民事诉讼法》《中华人民共和国行政诉讼法》等法律的规定向人民法院提起诉讼。

　　第九十八条　违反本法规定，构成违反治安管理行为的，由公安机关依法给予治安管理处罚；构成犯罪的，依法追究刑事责任。

　　第七章　附则

　　第九十九条　本法自 2019 年 1 月 1 日起施行。

主要参考文献

（一）著作类

［1］任效乾，王荣祥，王守信，等.环境保护及其法规［M］.北京：冶金工业出版社，2005.

［2］曾鸣，谢淑娟.中国农村环境问题研究——制度透析与路径选择［M］.北京：经济管理出版社，2007.

［3］武汉大学环境法研究所《土壤污染防治法》起草研究项目组.《中华人民共和国土壤污染防治法》起草研究成果汇编（一）［G］.北京：中国法学会环境资源法学研究会，2007.

［4］沈守愚，孙佑海.生态法学与生态德学［M］.北京：中国林业出版社，2010.

［5］施茂林.医病关系与法律风险管理防范［M］.台北：五南图书，2015.

［6］宋明哲.风险管理新论：全方位与整合［M］.台北：五南图书出版股份有限公司，2012.

［7］徐冬根，薛桂芳.国际法律秩序的不确定性与风险［M］.上海：上海三联书店，2017.

［8］郑灿堂.风险管理：理论与实务［M］.台北：五南图书，2016.

［9］秦鹏，李奇伟.污染场地风险规制与治理转型［M］.北京：法律出

版社，2015.

［10］王曦.美国环境法概论［M］.武汉：武汉大学出版社，1992.

［11］文伯屏.西方国家环境法［M］.北京：法律出版社，1988.

［12］李建良.台碱安顺厂污染事件之法律分析——以高雄高等行政法院
93 年诉字第 941 号判决、94 年诉字第 296 号判决及 94 年简字第
193 号简易判决为探讨中心［M］∥汤德宗，李建良.2006 行政管
制与行政争讼.台北：新学林出版社，2007.

［13］李挚萍，陈春生，等.农村环境管制与农民环境权保护［M］.北京：
北京大学出版社，2009.

［14］李佐军，刘英奎.社会主义新农村建设与"三农"问题干部学习读
本［M］.北京：中共中央党校出版社，2007.

［15］高利红.环境资源法的伦理基础［M］∥韩德培.环境资源法论
丛.北京：法律出版社，2001.

［16］李慧玲.环境税费法律制度研究［M］.北京：中国法制出版社，
2007.

［17］张文显.法理学［M］.2 版.北京：高等教育出版社，2003.

［18］常纪文.环境法律责任原理研究［M］.长沙：湖南人民出版社，
2001.

［19］曹明德.环境侵权法［M］.北京：法律出版社，2000.

［20］张辉.美国环境法研究［M］.北京：中国民主法制出版社，2015.

［21］贾峰.美国超级基金法研究——历史遗留污染问题的美国解决之
道［M］.北京：中国环境出版社，2015.

［22］竺效.生态损害综合预防和救济法律机制研究［M］.北京：法律
出版社，2016.

［23］王胜明.中华人民共和国侵权责任法释义［M］.北京：法律出版社，

2010.

［24］邱聪智．公害法原理［M］．台北：三民书局股份有限公司，1984.

［25］蔡守秋．环境资源法学教程［M］．武汉：武汉大学出版社，2000.

［26］金瑞林．环境法学［M］．北京：北京大学出版社，1994.

［27］吕忠梅．环境法新视野［M］．北京：中国政法大学出版社，2000.

［28］陈德敏．环境法原理专论［M］．北京：法律出版社，2008.

［29］林尚立．两种社会建构：中国共产党与非政府组织［M］//清华大学公共管理学院 NGO 研究所．中国非盈利评论．北京：社会科学文献出版社，2007.

［30］吕忠梅，赵军，黄凯，等．环境司法专门化：现状调查与制度重构［M］．北京：法律出版社，2017.

［31］蕾切尔·卡森．寂静的春天［M］．吕瑞兰，李长生，译．上海：上海译文出版社，2011.

［32］张庆丰，罗伯特·克鲁克斯．迈向环境可持续的未来：中华人民共和国国家环境分析［M］．《迈向环境可持续的未来》翻译组，译．北京：中国财政经济出版社，2012.

［33］乌尔里希·贝克．风险社会［M］．何博闻，译．南京：译林出版社，2004.

［34］中共中央马克思恩格斯列宁斯大林著作编译局．马克思恩格斯选集（第 4 卷）［M］．北京：人民出版社，1995.

［35］约翰·泰勒．环境与贫困：中国实践与国际经验［M］．李小云，左亭，等译．北京：社会科学文献出版社，2005.

［36］Arbuckle J G，G.W.Fleck．美国环境法手册［M］．文伯屏，宋迎跃，译．北京：中国环境科学出版社，2008.

［37］法兰西共和国．法国民法典［M］．罗结珍，译．北京：中国法制出

版社，2002.

［38］穗积陈重.法典论［M］.李求轶，译.北京：商务印书馆，2014.

（二）论文类

［1］李干杰.中国正面临土壤环境保护重大挑战［J］.中国报道，2015
（4）：36-39.

［2］杨朝飞.环境污染损害鉴定与评估是根治"违法成本低和守法成
本高"顽疾的重要举措［J］.环境保护，2012（5）：18-24.

［3］王宏巍，张炳淳.新《环保法》背景下我国农业用地土壤污染防治
立法的思考［J］.环境保护，2014，42（23）：58-60.

［4］李兴锋.系统论视野下我国土壤污染防治之立法完善［J］.技术经
济与管理研究，2013（2）：125-128.

［5］黎霆，杨良敏，胡仙芝.农业污染的现状、规律及治理思路——基
于"十二五"规划及农业经济结构调整的研究［J］.农业经济，
2012（11）：9-11.

［6］熊冬洋.保护我国耕地质量的财税政策研究［J］.税务与经济，
2015（2）：77-81.

［7］田义文，吉普辉.土壤污染防治立法的自然基础与基本原则［J］.
陕西农业科学，2016，62（8）：116-119.

［8］李挚萍.土壤修复制度的立法探讨［C］// 中国环境资源法治高端论
坛论文集.武汉：中国环境资源法学研究会，2016.

［9］彭巨水.耕地土壤污染问题须高度关注［J］.中国国情国力，2012
（5）：10-13.

［10］王俊，马成胜，尚磊.国外农业清洁生产对中国西部地区土壤污染
治理的若干启示［J］.世界农业，2011（1）：71-75.

［11］陈印军，杨俊彦，方琳娜.我国耕地土壤环境质量状况分析［J］.

中国农业科技导报，2014，16（2）：14-18.

［12］王静，林春野，陈瑜琦，等.中国村镇耕地污染现状、原因及对策分析［J］.中国土地科学，2012，26（2）：25-30，43.

［13］田瑞云，张力浩，米雅竹，等.农用地土壤污染修复工程项目实施流程简述［J］.安徽农学通报，2023，29（1）：143-146，169.

［14］张立东，于惠惠.治不胜治的环境问题：问题驱动型到预防回应型环境法的选择——论土壤环境污染防治立法的基本理念［C］//中国环境资源法治高端论坛论文集.武汉：中国环境资源法学研究会，2016.

［15］曾晖，吴贤静.法国土壤污染防治法律及其对我国的启示［J］.华中农业大学学报（社会科学版），2013（4）：107-112.

［16］李爱年，刘爱良.司法视角下的土壤污染治理的主要问题与立法对策——以2015年67份土壤污染案件裁判文书为分析样本［C］//中国环境资源法治高端论坛论文集.武汉：中国环境资源法学研究会，2016.

［17］赵其国，黄国勤，马艳芹.中国南方红壤生态系统面临的问题及对策［J］.生态学报，2013，33（24）：7615-7622.

［18］韩冬梅，金书秦.我国土壤污染分类、政策分析与防治建议［J］.经济研究参考，2014（43）：42-48.

［19］虞锡君，刘晓红，胡勇.长三角地区农用土壤污染防治的制度创新探讨［J］.农业经济问题，2011，32（3）：21-26.

［20］胡静.污染场地修复的行为责任和状态责任［J］.北京理工大学学报（社会科学版），2015，17（6）：129-137.

［21］蔡美芳，李开明，谢丹平，等.我国耕地土壤重金属污染现状与防治对策研究［J］.环境科学与技术，2014，37（S2）：223-230.

［22］刘鹏，王干.我国农田土壤环境保护主体法制化研究［J］.生态经济，2014，30（7）：43-47.

［23］史丹，吴仲斌．土壤污染防治中央财政支出：现状与建议［J］．生态经济，2015，31（4）：121-124.

［24］王伟．典型国家和地区农产品产地土壤污染防治立法对我国的启示［J］．农业资源与环境学报，2015，32（2）：149-153.

［25］蒋裕平．国外工业和农业聚集地农业环境管理研究——以美国和日本为例［J］．世界农业，2013（5）：52-55.

［26］陈立．借鉴台湾经验完善大陆土壤污染法律责任的思考［J］．台湾农业探索，2014（4）：13-18.

［27］任丽华．浅议完善国家土壤污染防治立法［J］．新西部（理论版），2014（12）：84，100.

［28］宋才发，向叶生．我国耕地土壤污染防治的法律问题探讨［J］．中央民族大学学报（哲学社会科学版），2014，41（6）：28-32.

［29］罗丽．论土壤环境的保护、改善与风险防控［J］．北京理工大学学报（社会科学版），2015，17（6）：124-128.

［30］朱燕婷．探析我国土壤污染修复法律制度［C］//中国环境资源法治高端论坛论文集．武汉：中国环境资源法学研究会，2016.

［31］刘霈珈，吴克宁，赵华甫．基于农用地分等与土地质量地球化学评估的耕地质量监测类型研究［J］．资源科学，2015，37（1）：37-44.

［32］路婕，李玲，吴克宁，等．基于农用地分等和土壤环境质量评价的耕地综合质量评价［J］．农业工程学报，2011，27（2）：323-329.

［33］王玉军，刘存，周东美，等．客观地看待我国耕地土壤环境质量的现状——关于《全国土壤污染状况调查公报》中有关问题的讨论和建议［J］．农业环境科学学报，2014，33（8）：1465-1473.

［34］余勤飞，侯红，白中科，等．中国污染场地国家分类体系框架构建［J］．农业工程学报，2013，29（12）：228-234.

［35］严立冬，麦琼翎，屈志光，等.生态资本运营视角下的农地整理［J］.中国人口·资源与环境，2012，22（12）：79–84.

［36］郝春旭，唐星涵，董战峰，等.我国土壤污染防治经济政策体系构建研究［J］.环境保护，2023，51（3）：40–44.

［37］陈德敏.污染场地风险治理的国际经验与中国启示［C］∥中国环境资源法治高端论坛论文集.武汉：中国环境资源法学研究会，2016.

［38］卢信，罗佳，高岩，等.土壤污染对农产品质量安全的影响及防治对策［J］.江苏农业科学，2014，42（7）：288–293.

［39］周昱，刘美云，徐晓晶，等.德国污染土壤治理情况和相关政策法规［J］.环境与发展，2014，26（5）：32–36.

［40］赵娴.我国土壤污染防治立法构建的再思考［C］∥中国环境资源法治高端论坛论文集.武汉：中国环境资源法学研究会，2016.

［41］刘志坚.论土地污染防治专门法中环境行政监管规范的设定——基于现行环境保护立法缺失的思考［C］∥中国环境资源法治高端论坛论文集.武汉：中国环境资源法学研究会，2016.

［42］杨婧.环保法视野下的土壤污染防治对策［J］.山西化工，2023，43（1）：236–238.

［43］杨骐瑛，阮一帆，杨姗姗.美国《超级基金法》及其对我国土壤污染防治政策的启示［J］.领导科学论坛，2023（1）：63–69.

［44］郑菲菲，贾爱玲.土壤污染防治责任机制研究——以土壤污染纠纷案件为切入点［C］∥中国环境资源法治高端论坛论文集.武汉：中国环境资源法学研究会，2016.

［45］赵金金.土壤污染刑法惩治机制探究［C］∥中国环境资源法治高端论坛论文集.武汉：中国环境资源法学研究会，2016.

［46］陈海嵩.土壤污染整治中政府责任的范围与边界［C］∥中国环境资源法治高端论坛论文集.武汉：中国环境资源法学研究会，

2016.

［47］苏喆.土壤污染损害者不明的责任追究——论土壤立法中引进"方圆法则"理论［C］//中国环境资源法治高端论坛论文集.武汉：中国环境资源法学研究会，2016.

［48］胡静.环保组织提起的公益诉讼之功能定位——兼评我国环境公益诉讼的司法解释［J］.法学评论，2016，34（4）：168-176.

［49］杨芳，张昕.权利贫困视角下农民群体维权困境及出路——基于农地污染群体性维权事件的实证分析［J］.西北农林科技大学学报（社会科学版），2014，14（4）：22-31.

［50］王雅琴，方圆，李汇莹.土壤污染防治责任与救济制度新论［C］//中国环境资源法治高端论坛论文集.武汉：中国环境资源法学研究会，2016.

［51］邓小云.农业面源污染防治法律制度研究［D］.青岛：中国海洋大学，2013.

［52］那艳华.环境权制度性保障研究［D］.长春：吉林大学，2016.

［53］周慧.突发事件问责研究——基于突发事件防范的视角［D］.北京：中国政法大学，2012.

［54］张莉.1978—2011：中国广电传媒改革路径研究——基于制度分析视角［D］.武汉：武汉大学，2016.

［55］陈科皓.我国农用地土壤污染现状及安全保障措施［J］.农村经济与科技，2017，28（23）：7-8.

［56］金名.哭泣的大地：中国土壤污染警示录［J］.生态经济，2011（1）：14-17.

［57］吴二社，张松林，刘焕萍，等.农村畜禽养殖与土壤重金属污染［J］.中国农学通报，2011，27（3）：285-288.

［58］刘可贞.农地土壤污染防治法律初探［J］.法制与经济（中旬），

2012（3）：83-84.

［59］陈勇.湖南省土壤污染防治立法的几个关键问题思考［J］.现代商贸工业，2020，32（12）：108-110.

［60］孙学标.农用地土壤污染问题及其治理研究［J］.农家参谋，2020（21）：40-42.

［61］林玉锁.我国土壤污染问题现状及防治措施分析［J］.环境保护，2014，42（11）：39-41.

［62］王建平.土壤污染致灾性控制的逻辑理路［J］.四川大学学报（哲学社会科学版），2013（6）：126-139.

［63］宋伟，陈百明，刘琳.中国耕地土壤重金属污染概况［J］.水土保持研究，2013，20（2）：293-298.

［64］隋洪明.风险社会背景下食品安全综合规制法律制度研究［D］.重庆：西南政法大学，2015.

［65］黄凯东，张建兵，张涛.风险社会视野下污染土壤犯罪之治理［C］//中国环境资源法治高端论坛论文集.武汉：中国环境资源法学研究会，2016.

［66］施茂林.法律风险管理图像与效益［C］//第五届两岸和平发展法学论坛论文集.哈尔滨：海峡两岸关系法学研究会，2016.

［67］张宝，吴星翰.历史遗留污染的法律规制——以石门砷污染为例［C］//中国环境资源法治高端论坛论文集.武汉：中国环境资源法学研究会，2016.

［68］魏旭.土壤污染修复标准的法律解读—— 一种风险社会的分析思路［C］//中国环境资源法治高端论坛论文集.武汉：中国环境资源法学研究会，2016.

［69］肖峰.论我国土壤污染防治立法的效果导向及其实现［C］//中国环境资源法治高端论坛论文集.武汉：中国环境资源法学研究会，2016.

［70］肖雄.供给侧改革下土地资源司法保护路径选择——以土地行政非诉执行审查裁量基准为例［C］//中国环境资源法治高端论坛论文集.武汉：中国环境资源法学研究会，2016.

［71］谷晓坤，范春晓，等.不同类型区农用地整治对农田生产能力的影响［J］.自然资源学报，2013，28（5）：745–753.

［72］史玉成.生态扶贫：精准扶贫与生态保护的结合路径［J］.甘肃社会科学，2018（6）：169–176.

［73］李挺.我国的土壤污染防治现状及立法研究［J］.湖北函授大学学报，2017，30（3）：101–103，113.

［74］张成利.中国特色社会主义生态文明观研究［D］.北京：中共中央党校，2019.

［75］董斌，凌晨.土壤污染防治基金制度建构：域外经验与本土实践［J］.大连海事大学学报（社会科学版），2019，18（6）：55–61.

［76］丛晓男，单菁菁.化肥农药减量与农用地土壤污染治理研究［J］.江淮论坛，2019（2）：17–23.

［77］王夏晖.以法为基，全面推进土壤环境管理制度体系建设［J］.环境保护，2018，46（18）：7–10.

［78］孙宁，彭小红，丁贞玉，等.部分省级土壤污染防治行动方案的对比分析与思考［J］.环境保护科学，2017，43（6）：1–8.

［79］常春英，吴俭，邓一荣，等.中国土壤污染防治地方立法思路与探索——以广东省为例［J］.生态环境学报，2018，27（11）：2170–2178.

［80］王夏晖，刘瑞平，孟玲珑.以生态环境保护督察推动土壤污染防治责任有效落实［J］.环境保护，2019，47（14）：13–16.

［81］生态环境部.生态环境部举行11月例行新闻发布会［J］.中国环境监察，2019（12）：19–29.

［82］冯汝.论我国土壤污染防治基金及其法律制度的构建——以台湾地区土壤及地下水污染整治基金制度为鉴［C］//中国环境资源法治高端论坛论文集.武汉：中国环境资源法学研究会，2016.

［83］赵腾宇.《土壤污染防治法》下的农用地污染防治［J］.黑龙江省政法管理干部学院学报，2019（4）：113-117.

［84］张宝.从危害防止到风险预防：环境治理的风险转身与制度调适［J］.法学论坛，2020，35（1）：22-30.

［85］朱静.美、日土壤污染防治法律度对中国土壤立法的启示［J］.环境科学与管理，2011，36（11）：21-26.

［86］竺效.环保重罚措施对法律实施的影响［J］.中国高校社会科学，2016（4）：125-131.

［87］蔡伟凤，官泓.美国"超级基金"对我国土壤修复制度的启示［C］//中国环境资源法治高端论坛论文集.武汉：中国环境资源法学研究会，2016.

［88］沈百鑫，沃尔夫冈·科克.德国水管理和水体保护制度概览（上）——德国水法和水管理理念［J］.水利发展研究，2012，12（8）：73-78.

［89］韩梅.德国土壤环境保护立法及其借鉴［J］.法制与社会，2014（30）：239-240，246.

［90］刘可贞.土壤污染刑法惩治机制研究［D］.长沙：中南林业科技大学，2012：17-19.

［91］梅宏，马心如.德国《联邦土壤保护法》中义务承担制度和资金承担制度研究［C］//中国环境资源法治高端论坛论文集.武汉：中国环境资源法学研究会，2016.

［92］何嘉男，王有强.日本农用地土壤污染修复对我国的启示［J］.法制与社会，2018（8）：139-140.

［93］杨张蕾.农用地土壤污染防治法律对策研究［J］.乡村科技，2018

（1）：99-100.

［94］籍瑞芬，李廷轩，张锡洲.茶园土壤污染及其防治［J］.土壤通报，2005（6）：151-154.

［95］李博.我国土壤立法名称及其理念之探析——"土壤环境污染防治立法"与"土壤环境保护法"之争［C］//中国环境资源法治高端论坛论文集.武汉：中国环境资源法学研究会，2016.

［96］赵进斌.新农村建设中加强农村污染治理的思考与建议［J］.理论学习，2015（9）：35-38.

［97］何宇，梁晓曦，潘润西，等.国内土壤环境污染防治进程及展望［J］.中国农学通报，2020，36（28）：99-105.

［98］蔡宁宁.土壤污染治理防扩大损害研究［C］//中国环境资源法治高端论坛论文集.武汉：中国环境资源法学研究会，2016.

［99］倪依琳，王晓，廖原，等.土壤修复行业政策市场研究与"十四五"展望［J］.环境保护，2021，49（2）：19-24.

［100］冼艳.土壤污染防治中的刑事责任制度研究［C］//中国环境资源法治高端论坛论文集.武汉：中国环境资源法学研究会，2016.

［101］项波，严丽玉堂.经济发展与生态保护的并行：生态物权是物权的新发展［J］.江西理工大学学报，2016（2）：29-35.

［102］胡静.污染场地修复责任的属性和类型［C］//中国环境资源法治高端论坛论文集.武汉：中国环境资源法学研究会，2016.

［103］范珍良，李代全，聊升福.生态文明视野下农业用地土壤污染防治修复机制的司法应略——以"绿色发展"理念为中心展开思考［C］//中国环境资源法治高端论坛论文集.武汉：中国环境资源法学研究会，2016.

［104］陈卫平，谢天，李笑诺，等.中国土壤污染防治技术体系建设思考［J］.土壤学报，2018，55（3）：557-568.

［105］周珂，罗晨煜.论食品安全与土壤污染防治［C］//中国环境资源
法治高端论坛论文集.武汉：中国环境资源法学研究会，2016.

［106］刘俊杰.我国土壤污染防治的责任机制研究［C］//中国环境资
源法治高端论坛论文集.武汉：中国环境资源法学研究会，2016.

［107］闫民.流域生态补偿机制的构建和相关法律制度研究——以生
态补偿市场参与模式为视角［D］.成都：四川省社会科学院，
2014.

［108］黄锡生，张天泽.论生态补偿的法律性质［J］.北京航空航天大
学学报（社会科学版），2015，28（4）：53-59.

［109］罗士俐.外部性理论价值功能的重塑——从外部性理论遭受质疑
和批判谈起［J］.当代经济科学，2011，33（2）：27-33.

［110］郭琳琳.建立土壤生态修复基金的法律经济分析——以农村土壤
污染为视角［C］//中国环境资源法治高端论坛论文集.武汉：中
国环境资源法学研究会，2016.

［111］王伟，包景岭.农用地土壤污染防治的立法思考［J］.环境保护，
2017，45（13）：55-58.

［112］王爱敏.水源地保护区生态补偿制度研究［D］.泰安：山东农
业大学，2016.

［113］王璇，郭红燕，宁少尉.中国土壤污染防治公众参与现状及完善
对策研究［J］.环境污染与防治，2019，41（7）：864-868.

［114］马欢欢.守护脚下的土地：土壤修复机制探究——以成立土壤修
复基金为依托［C］//中国环境资源法治高端论坛论文集.武汉：
中国环境资源法学研究会，2016.

［115］周骁然.论村民自治组织在集体土地污染防治中的主体地位［C］//
中国环境资源法治高端论坛论文集.武汉：中国环境资源法学研
究会，2016.

［116］焦一多.农村土壤污染治理体制中的问题——以基层群众性自治

组织为研究进路［C］// 中国环境资源法治高端论坛论文集 . 武汉：中国环境资源法学研究会，2016.

［117］张懿丹 . 风险社会下土壤污染防治责任机制研究［C］// 中国环境资源法治高端论坛论文集 . 武汉：中国环境资源法学研究会，2016.

［118］李秋艳 . 环境法基本制度的伦理诉求分析［J］. 江西理工大学学报，2016，37（2）：36-41.

［119］高晗 . 土壤污染治理中的多元共治模式研究［C］// 中国环境资源法治高端论坛论文集 . 武汉：中国环境资源法学研究会，2016.

［120］李会 . 这个"秘密"挺荒唐［J］. 经济研究参考，2013（30）：38.

［121］周芳，金书秦 . 日本土壤污染防治政策研究［J］. 世界农业，2014（11）：47-52.

［122］崔轩，刘瑞平，王夏晖 . 中国省级土壤污染防治立法实践及建议［J］. 环境污染与防治，2020，42（7）：879-883.

［123］郭倩 . 生态文明视阈下环境集体抗争的法律规制［J］. 河北法学，2014，32（2）：124-131.

［124］吴宇 . 论按日计罚的法律性质及在我国环境法上的适用［J］. 理论月刊，2012（4）：92-95.

［125］陶亮，邢东 . 浅议"按日计罚"制与"一事不再罚"原则的冲突——以"重庆天价罚款"事件为例［J］. 法制与经济，2011（3）：63-64.

［126］吴凯 . 我国环境行政罚体系的重心迁移与价值调适：以《环境保护法》修订案第五十九条"按日计罚"制度为中心［J］. 南京工业大学学报（社会科学版），2014，13（4）：41-50.

［127］潘阿鸿 . 护好源头方有活水来——论我国土壤污染防治法律制度之污染预防［C］// 中国环境资源法治高端论坛论文集 . 武汉：中国环境资源法学研究会，2016.

［128］常维娜，周慧平，高燕．种养平衡——农业污染减排模式探讨
　　　　［J］．农业环境科学学报，2013，32（11）：2118-2124.

［129］李文杰．以"生态法益"为中心的环境犯罪立法完善研究［D］.
　　　　长春：吉林大学，2015.

［130］张梓太，席悦．生态环境损害赔偿纠纷解决机制分析与重构［J］.
　　　　江淮论坛，2018（6）：128-135，197.

［131］吕忠梅．"生态环境损害赔偿"的法律辨析［J］．法学论坛，
　　　　2017，32（3）：5-13.

［132］李一丁．生态环境损害赔偿行政磋商：性质考辩、意蕴功能解读
　　　　与规则改进［J］．河北法学，2020，38（7）：82-95.

［133］孙洪坤．环境公益诉讼立法研究［D］．济南：山东大学，2015.

［134］李爱年，彭本利．生态环境损害赔偿诉讼规则的审视与重构——
　　　　以《关于审理生态环境损害赔偿案件的若干规定（试行）》为视
　　　　角［J］．广西大学学报（哲学社会科学版），2019，41（6）：
　　　　138-142.

［135］冯汝．论生态环境损害赔偿责任违法性要件的确立［J］．南京工
　　　　业大学学报（社会科学版），2018，17（5）：22-29.

［136］晋海．生态环境损害赔偿归责宜采过错责任原则［J］．湖南科技
　　　　大学学报（社会科学版），2017，20（5）：89-96.

［137］梅宏．海洋生态环境损害赔偿的新问题及其解释论［J］．法学论
　　　　坛，2017，32（3）：28-36.

［138］巩固．2015年中国环境民事公益诉讼的实证分析［J］．法学，
　　　　2016（9）：16-33.

［139］吕忠梅课题组．"绿色原则"在民法典中的贯彻论纲［J］．中
　　　　国法学，2018（1）：5-27.

［140］卢瑶．马克思主义公共产品理论视域下的生态环境损害赔偿研究

［D］.武汉：华中科技大学，2018.

［141］黄锡生，段小兵.生态侵权的理论探析与制度构建［J］.山东社会科学，2011（10）：63.

［142］蔡学恩.专门环境诉讼研究［D］.武汉：武汉大学，2015.

［143］王浴勋.我国环境行政权与环境司法权关系研究［D］.北京：北京理工大学，2017.

［144］黄锡生，张天泽.论环境污染民事法律责任的形式［J］.江西理工大学学报，2015，36（4）：22-26.

［145］汪榆森，林燕梅.如何处理土壤污染损害赔偿案——华宇电源制造有限公司被诉环境污染侵权案件解析［J］.环境保护，2013，41（10）：54-56.

［146］胡学军.环境侵权中的因果关系及其证明问题评析［J］.中国法学，2013（5）：163-177.

［147］汪劲.《环境保护法》修改：矫枉必须过正——对《环境保护法修正案草案》有关"八加一"条文修改的评析［J］.甘肃政法学院学报，2013（1）：6-10.

［148］许清清，颜运秋，周晓明.好事者除外：公益诉讼原告资格标准［J］.湖南科技大学学报（社会科学版），2012，15（2）：75-79.

［149］陈红梅.生态损害的私法救济［J］.中州学刊，2013，1（1）：55-61.

［150］李玲.铬渣污染公益诉讼案件的评析［J］.环境保护，2013，41（Z1）：74-76.

［151］孙佑海.《环境保护法》修改的来龙去脉［J］.环境保护，2013，41（16）：13-16.

［152］乔世明，林森.论合法性视角下的政府环境公共权力［J］.内蒙

古社会科学，2013，34（4）：86-90.

［153］龚学德.行政机关不宜作为环境公益诉讼之原告论［J］.求索，
2013（1）：186-188.

［154］孙颖."消法"修改语境下中国消费者组织的重构［J］.中国法学，
2013（4）：87-98.

［155］杨立新，陶盈.日本消费者法治建设经验及对中国的启示［J］.
广东社会科学，2013（5）：227-235.

［156］肖建华.现代型诉讼之程序保障——以2012年《民事诉讼法》修
改为背景［J］.比较法研究，2012（5）：44-54.

［157］曾翀.论构建检察机关民事公益诉讼制度的正当性［J］.河北法
学，2013，31（3）：194-200.

［158］张加林.检察机关参与环境公益诉讼的实证分析［J］.河北法学，
2013，31（5）：190-194.

［159］李向前.运用法治思维建造土壤污染防治的等腰三角形结构［C］//
中国环境资源法治高端论坛论文集.武汉：中国环境资源法学研
究会，2016.

［160］李平，刘合臻.论检察机关就土壤污染提起环境公益诉讼的制约
因素及解决路径［C］//中国环境资源法治高端论坛论文集.武汉：
中国环境资源法学研究会，2016.

［161］刘畅.多元共治：环境非政府组织的行动逻辑——以长沙湘和化
工厂土壤污染事件为个案的研究［C］//中国环境资源法治高端
论坛论文集.武汉：中国环境资源法学研究会，2016.

［162］安祺，王华，胡诗沫.环保CSO如何参与全球环境治理大格局
［J］.环境保护，2013，41（5）：74-77.

［163］熊晓青.建立系统、超脱和灵活的环境监管体制——以《环境保
护法》的修改为契机［J］.郑州大学学报（哲学社会科学版），
2013，46（4）：51-53.

［164］张锋，陈晓阳.论我国环境公益制度的构建［J］.山东社会科学，2012（8）：85-89.

［165］王翠敏.论中国溢油污染索赔机制的完善——从索赔康菲案展开［J］.中国人口·资源与环境，2013（2）：102-107.

［166］高雁.环境公益诉讼制度：美国的经验与中国的制度选择［J］.求索，2012（9）：96-98.

［167］马明飞.自然遗产保护中的环境公益诉讼［J］.求索，2012（2）：141-143.

［168］孙佑海.对修改后的《民事诉讼法》中公益诉讼制度的理解［J］.法学杂志，2012，33（12）：89-93.

［169］李战，张琴.论我国消费者群体诉讼制度的构建——从小额多数侵权纠纷解决的角度思考［J］.东南大学学报（哲学社会科学版），2012，14（S1）：110-114，121.

［170］孙元明.论公益诉讼制度的法理基础和制度构建［J］.学术界，2012（9）：176-183.

［171］李强，唐保银.民事公益诉讼制度优化研究［J］.学术界，2012（9）：184-190.

［172］傅贤国.在实践与制度之间：环境公益民事诉讼的中国面向——以贵州省贵阳市"环保两庭"司法实践为例的考察［J］.内蒙古社会科学（汉文版），2013，34（2）：79-83.

［173］刘兵红.自然资源损害赔偿制度的国际考察及启示［J］.生态经济，2013，29（4）：157-160，169.

［174］刘建珍.破解公众参与难题推动空气污染防治［J］.环境保护，2013，41（11）：25-27.

［175］潘怀平.《国家人权行动计划》中的"环境权利"保护思考——基于马克思主义生态观的视角［J］.中共中央党校学报，2013，17（3）：82-86.

［176］杨武松.尝试抑或突破：我国环境公害诉讼司法实践实证分析
　　　　［J］.河北法学，2013，31（4）：96–102.

［177］王彦明，赵鑫.从新《民事诉讼法》探讨检察机关的环境诉
　　　　权［J］.环境保护，2013，41（8）：51–53.

［178］幸红.广东跨界水污染纠纷处理机制探讨［J］.广西民族大学学
　　　　报（哲学社会科学版），2013，35（1）：176–180.

［179］陈亮.环境公益诉讼"零受案率"之反思［J］.法学，2013（7）：
　　　　129–135.

［180］吴三军，步效民，李保勤，等.论消费者权益保护之集团诉讼
　　　　［J］.华中师范大学学报（人文社会科学版），2013，52（S3）：
　　　　70–73.

［181］张天泽，杨凌雁.环境公益诉讼与消费者权益保护公益诉讼当事
　　　　人研究［J］.争议解决，2015，1（3）：21–28.

［182］沃耘.民事私力救济的边界及其制度重建［J］.中国法学，2013
　　　　（5）：45.

［183］叶锋.论我国环境侵权责任因果关系裁判规则之构建——以
　　　　2010—2014年120份民事判决书为分析样本［C］//中国环境资
　　　　源法治高端论坛论文集.武汉：中国环境资源法学研究会，2016.

［184］秦海彬，甘芳.论我国土壤污染防治责任机制的构建——以美
　　　　国《超级基金法》和我国《环境保护法》为参照［C］//中国环
　　　　境资源法治高端论坛论文集.武汉：中国环境资源法学研究会，
　　　　2016.

［185］王世进，周志兴.论恢复性正义在环境刑事司法中的适用［J］.
　　　　江西理工大学学报，2016，37（2）：25–28.

［186］林莉红，邓嘉咏.论生态环境损害赔偿诉讼与环境民事公益诉讼
　　　　之关系定位［J］.南京工业大学学报（社会科学版），2020（1）：
　　　　37–46.

［187］曹明德.检察院提起公益诉讼面临的困境和推进方向［J］.法学评论，2020，38（1）：118-125.

［188］李永盛，张祥建.环境信息公开有助于我国的污染防治攻坚战吗［J］.中国环境管理，2020，12（1）：87-94.

［189］黑玉莹.环境行政公益诉讼举证责任问题研究［D］.武汉：华中科技大学，2019.

［190］周烨岚.检察机关提起行政公益诉讼的实证研究［D］.武汉：武汉大学，2018.

［191］王嘎利.环境公益诉讼中科学证据效力之认定［J］.公民与法，2015（1）：45-46.

［192］裴育.检察机关提起环境类行政公益诉讼举证问题研究［D］.兰州：兰州大学，2018.

［193］张正.检察机关提起环境民事公益诉讼若干问题的探究［D］.长春：吉林大学，2018.

［194］方印，陶文娟.生态检察权探究［J］.中国矿业大学学报（社会科学版），2018（1）：13-25.

［195］梅林武.基于大数据背景下的固体废物管理模式［J］.化工管理，2017（5）：207-209.

［196］郝雅琼.关于固体废物管理中的认识误区［J］.环境与可持续发展，2015（4）：57-60.

［197］高文彬.大数据在固体废物管理中的应用［J］.科技与创新，2017（4）：111-113.

［198］潘腾，张弛，陆大根，等.基于物联网的杭州市危险废物智能监管平台设计与应用［J］.中国环境管理，2016（2）：121-125.

［199］孔旭.基于物联网技术的固体废物管理监控系统的研究［D］.沈阳：沈阳理工大学，2013.

［200］朱玫.垃圾分类回收利用供给侧改革的新思路：物联网＋第三方治理［J］.环境保护，2016，44（11）：58-60.

［201］赵秋槿.中欧"限塑令"制度比较研究［D］.上海：华东政法大学，2019.

［202］杜悦英.时间节点明晰，塑料污染治理开启新局［J］.中国发展观察，2020（23）：88-91.

［203］李道季.海洋塑料污染及应对［J］.世界环境，2020（1）：71-73.

［204］谷庆宝，张倩，卢军，等.我国土壤污染防治的重点与难点［J］.环境保护，2018，46（1）：14-18.

［205］刘迪川，来亚红.乡村振兴视角下农用地土壤污染多主体协同治理探讨［J］.绿色科技，2018（20）：129-132.

［206］刘旭东."智慧环保"物联网建设总体框架研究［J］.淮北职业技术学院学报，2014，13（1）：122-123.

［207］周荃，孙京楠，薛宁宁，等.加快我国固体废物与化学品环境管理信息化建设的研究与思考［J］.环境与可持续发展，2019（3）：107-110.

［208］周荃，薛宁宁，孙京楠，等.地方危险废物综合管理信息平台建设研究［J］.环境与可持续发展，2019（2）：101-106.

［209］柯瑞荣.福建省固体废物环境监管平台建设应用研究［J］.低碳世界，2017（2）：18-19.

（三）外文类

［1］Ostrom E，Schroeder L D，Wynne S G.Institutional incentives and sustainable development：infrastructure policies in perspective［M］.Boulder：Westview Press，1993.

［2］Foerster A F，Christine Gregorski Rolph.Toxic Tort Litigation［M］.

Chicago: American Bar Association, 2015.

[3] 内藤克彦. 土壌汚染対策法の概要［M］. 东京: 化学工業日報社, 2003.

[4] くりすとふぁー・ふれいヴぃん. ちきゅうはくしょ（2006-07）［M］. 東京: ワールドウォッチジャパン, 2007.

[5] 大塚直, 大歳幸男. 土壌汚染対策法のすべて［M］. 東京: 化学工業日報社, 2003.

[6] 環境庁総務課. 環境六法［M］. 東京: 中央法規出版株式会社, 2013.

[7] 加藤一郎, 大塚直. 土壌汚染と企業責任［M］. 東京: 有斐閣, 1995.

[8] 川井健. 民法判例と時代思潮［M］. 東京: 日本評論社, 2011.

[9] Taylor P W.Respect for nature: a theory of environmental ethics［M］. Princeton, NJ: Princeton University Press, 2011

[10] Ellerman D, Convery F, de Perthuis C.The European carbon market in action: Lessons from the first trading period［J］.Journal for European Environmental & Planning Law, 2008, 5（2）: 215-233.

[11] Martella R.Market-based regulation under the clean air act［J］.Carbon & Climate Law Review, 2010, 4（2）: 8.

[12] Stavins R N.A meaningful U.S.cap-and-trade system to address climate change［J］.SSRN Electronic Journal, 2008, 32（82）: 293-371.

[13] Driesen D M.Capping carbon［J］.SSRN Electronic Journal, 2009.

[14] Zhang L, Song B, Huang F Y, et al.Characteristics of antimony migration and transformation and pollution evaluation in a soil-crop system around a tin mine in Hunan Province［J］.Huan Jing Ke Xue=

Huanjing Kexue, 2022, 43（3）: 1558-1566.

［15］Duan K X, Zhao B W, Zhang S L, et al.Contamination characteristics, source analysis, and ecological risk assessment of toxic metals and metalloid in agricultural soil in Yuzhong, China［J］.Journal of Environmental Quality, 2021, 50（1）: 122-133.

［16］Qi S, Liu W, Shu H P, et al.Soil NO_3-storage from oasis development in deserts: Implications for the prevention and control of groundwater pollution［J］.Hydrological Processes, 2020, 34（20）: 3941-3954.

［17］Ferrey S.Auctioning the building blocks of life: Carbon auction, the law, and global warming［J］. Notre Dame Journal of Law, Ethics & Public Policy, 2009, 23（2）: 317-379.

［18］Borgatti S P, Mehra A, Brass D J, et al.Network analysis in the social sciences［J］.Science, 2009, 323（5916）: 892-895.

［19］Lavalle S, Lesser E, Shockley R, et al.Big data, analytics and the path from insights to value［J］. MIT Sloan Management Review, 2011, 52（2）: 21-32.

［20］Bin S, Zhiquan Y, Jonathan L S C, et al.A big data analytics approach to develop industrial symbioses in large cities［J］. Procedia CIRP, 2015, 29: 450-455.

［21］Pagiola S, Gunars Platais.Payment for Environmental Services: From Theory to Practice［R］.Washington, D.C.: The World Bank, 2007.

［22］中央環境審議会.答申［R］// 今後土壌環境保全についての対策の部分, 2002-01-25.

［23］Ferguson C, Risk Assessment for Contaminated Sites in Europe［R］. Land Contamination & Reclamation, 1999, 7（2）.

［24］German Federal Ministry for the Environment, Nature Protection,

Nuclear Safety.German federal government soil protection report ［R］. Bonn，2002.

［25］Shira K J. Returning Common Sense to Cleanup? The Small Business Liability Relief and Brownfields Revitalization Act ［J］，Arizona State Law Journal，2002，34（3）：991.

［26］Levine A S.The brownfields revitalization and environmental restoration act of 2001：The benefits and limitations ［J］. The Villanova Environmental Law Journal，2002，13（2）：217.

［27］Dennison M S，Brownfields redevelopment programs and strategies for rehabilitating contaminated real estate ［M］. Government Institutes，1998.

（四）其他类

［1］霍桃，刘晓星.土壤污染防治立法如何"洋为中用"？学习借鉴超级基金法经验，建立追责制度，明确修复治理经费来源［N］.中国环境报，2015-06-10（6）.

［2］张明禄.《酸雨和酸雨区等级》：为酸雨防治提供科学依据［N］.中国气象报，2017-04-10（3）.

［3］乔子轩.加快土壤污染防治立法步伐［N］.农民日报，2015-06-06.

［4］罗沙，王茜.污染者无论有无过错均应担责 环评机构弄虚作假应连带担责［N］.人民日报，2015-06-02（10）.

［5］张杰，李维.治土路线明确 任务仍然艰巨——二〇一六年土壤污染防治工作综述［N］.中国环境报，2017-01-10（1）.

［6］杨文刚.安徽省环境公益诉讼第一案亳州立案［N］.亳州晚报，2015-10-23.

［7］竺效.以法治建设守护美丽中国［N］.人民日报，2020-06-23（5）.